# REALSCHULE 2014

Abschluss-Prüfungs-
aufgaben mit Lösungen



## Englisch

Bayern

2008–2013

**mit MP3-CD**

STARK

J. Spreiter
2013/14

ISBN 978-3-8490-0586-3


15. ergänzte Auflage
www.stark-verlag.de

# Inhalt

## Abschlussprüfungen für Realschulen in Bayern



## MP3-CD

Jeweils im Herbst erscheinen die neuen Ausgaben
der Abschlussprüfungsaufgaben mit Lösungen.

Sollten nach Erscheinen dieses Bandes noch wichtige Änderungen in der Abschlussprüfung 2014 vom Kultusministerium bekannt gegeben werden, findest du aktuelle Informationen dazu im Internet unter www.stark-verlag.de/info.asp?zentrale-pruefung-aktuell

**Autoren:**

Konrad Huber: Lernhilfen, Übungsaufgaben 1, 2, 3, 4, 5, 8, 9
Lösungen der Aufgaben
Kurzgrammatik: Redaktion

# Vorwort

**Liebe Schülerin, lieber Schüler,**

dieses Buch enthält die Prüfungsaufgaben der letzten Jahre, die du als Realschülerin oder als Realschüler in Bayern im Rahmen deiner Abschlussprüfung bearbeiten musst, um den Realschulabschluss zu erlangen. Es ist zum Selbststudium gedacht und sollte den schulischen Unterricht ergänzend begleiten.
Für eine erfolgreiche Arbeit mit diesem Buch solltest du die Hinweise und Tipps gründlich und in Ruhe durcharbeiten. Die Kurzgrammatik dient dir als Hilfe bei der Bearbeitung der Aufgaben.
Du findest in diesem Buch auch Übungsaufgaben zum *Speaking*-Test. Vielleicht kannst du diesen Teil mit einem Freund oder einer Freundin aus deiner Klasse üben. Zusammen findet ihr bestimmt auch noch weitere Themen, die sich für diesen Prüfungsteil eignen und die ihr gemeinsam vorbereiten könnt.

Bei der Bearbeitung der schriftlichen Abschlussprüfungen empfiehlt es sich, folgendermaßen vorzugehen:

1. Lies als Erstes den Text gründlich durch.
2. Bearbeite dann die Abschlussprüfung schriftlich, indem du evtl. zuerst die Aufgaben bearbeitest, die dir am leichtesten fallen. Danach setzt du dich mit den restlichen Aufgaben auseinander.
3. Vergleiche anschließend deine Antworten mit den Lösungen und streiche deine Fehler farbig an.
4. Verbessere nun deine Fehler und überlege, warum deine Antwort falsch ist.
5. Schlage unbekannte Wörter im Lexikon nach und lerne sie.
6. Bearbeite die Aufgaben, die du falsch gemacht hast, zu einem späteren Zeitpunkt noch einmal und vergleiche sie mit der Lösung. So kannst du überprüfen, ob du das Problem tatsächlich verstanden hast.

Bei der Bearbeitung der Hörverstehenstests solltest du so vorgehen:

1. Lies zunächst die Aufgabenstellung gut durch, damit du dir einen groben Überblick verschaffen kannst.
2. Du hörst dann jeden Text zweimal an (das ist auch in der Prüfung so) und versuchst dabei, die Aufgaben zu lösen.
3. Nach dem Hören siehst du dir deine Lösungen noch einmal genau an.
4. Erst jetzt vergleichst du deine Lösungen mit unserem Lösungsvorschlag. Du erkennst dann, wo du noch Schwierigkeiten hast.

Du wirst dich sicherlich manchmal überwinden müssen, die Aufgaben durchzuarbeiten, doch der Arbeitsaufwand lohnt sich, weil man nur durch konsequentes Üben seine Ergebnisse verbessern kann.

Für deine Abschlussprüfung wünsche ich dir viel Erfolg! Du kannst stolz auf deinen Realschulabschluss sein. Er ist weit über Bayern hinaus sowohl bei den Betrieben als auch für die schulische Weiterbildung als sehr hochwertiger Abschluss anerkannt.

# Hinweise und Tipps zur Abschlussprüfung

## A. Reading

Seit mehreren Jahren wird das Leseverstehen nicht mehr anhand von Fragen zum Text geprüft, die in ganzen Sätzen zu beantworten sind. Stattdessen musst du vor allem *Multiple-Choice*-Aufgaben, *True-false-Statements* und Zuordnungsaufgaben lösen. Einige Übungsaufgaben dazu findest du in diesem Buch. Du wirst sehen, dass sie sich ohne größere Probleme lösen lassen, wenn du den Inhalt des Textes verstanden hast.

Es können unterschiedliche Texte zum *Reading*-Bereich gestellt werden. Manchmal musst du dich mit Tabellen und Grafiken beschäftigen und die geforderten Informationen herausfinden bzw. die Abschnitte des Textes in die richtige Reihenfolge bringen. Die Aufgaben sind nicht schwer und du verlierst keine Punkte durch Schreibfehler. Du musst auch bei diesen Aufgaben nicht jedes einzelne Wort verstehen. Vieles kannst du aus dem Sinnzusammenhang erschließen. Es geht um das Leseverstehen und nicht um das Beantworten von Fragen.
→ siehe Übungsaufgaben 1 und 2

Die Abschlussprüfungen enthalten auch eine **Mediation** oder **Sprachmittlungs-Aufgabe** im *Reading*-Bereich, denn auch hier wird das Leseverstehen überprüft. Der Unterschied zu den übrigen Aufgaben besteht darin, dass du die Kernaussagen auf Deutsch wiedergeben musst. Es geht also darum, die **wesentlichen Aussagen** eines Textes herauszufinden und auf Deutsch wiederzugeben. Eine Mediation ist also **keine wörtliche Übersetzung**. Der tiefere Sinn dieser Aufgabe liegt darin, dass du später in privaten oder beruflichen Situationen sicherlich auch hin und wieder gefragt werden wirst, worum es in einem bestimmten englischen Text geht. In der Mediationsaufgabe zeigst du also, dass du jemandem, der kein Englisch spricht, eine inhaltliche Zusammenfassung eines Textes geben kannst. Du musst den entsprechenden Text nach den geforderten Informationen durchsuchen und die erwähnten Aspekte stichpunktartig auf Deutsch notieren. Die angegebenen Punkte sind ein wichtiger Hinweis, wie viele Aspekte oder Teilinformationen von dir verlangt werden.
→ siehe Übungsaufgaben 3, 4 und 5

Ein recht komplexer Aufgabentyp im *Reading*-Bereich ist auch das **Error Spotting**. Bei dieser Aufgabe schlüpfst du sozusagen in die Rolle einer Lehrkraft und kontrollierst, ob die einzelnen Zeilen richtig oder falsch sind. Wenn die Zeile keinen Fehler enthält, dann machst du links auf die Zeile ein Häkchen. Der Text enthält aber auch Wörter, die keinen Sinn ergeben. Diese überflüssigen Wörter musst du auf die vorgegebenen Zeilen schreiben. Du erhältst pro Zeile einen Punkt.

## B. Use of English

Die Fragen zum Wortschatz beinhalten im Allgemeinen folgende Gebiete:

### Synonyms

Bei diesen Aufgabentypen musst du ein **bedeutungsgleiches oder bedeutungsähnliches Wort** finden, das in den Satzzusammenhang passt.

*Tipps:*

- Achte darauf, dass die **Wortart** (Substantiv/Adjektiv/Verb/Adverb/Partizip) des Ausgangswortes mit dem neu gefundenen Synonym übereinstimmt.
- Bei Verben musst du zusätzlich darauf achten, dass die **Zeitstufe** beibehalten wird.
- Denke auch immer an das ***-s*** in der **3. Person Singular**.

### Opposites

Es wird das **Gegenteil** von dem angegebenen Wort verlangt.

*Tipps:*

Achte auch hierbei wieder auf

- die **Wortart** (Substantiv/Adjektiv/Verb/Adverb/Partizip),
- die **Zeitstufe**,
- das ***-s*** in der **3. Person Singular**.

### Paraphrasieren und Zuordnen

Diese Aufgabenstellung verlangt z. B., dass du ein Wort oder einen Ausdruck aus einem Text einem vorgegebenen Ausdruck oder einem Teilsatz zuordnest, der inhaltlich dasselbe aussagt. Es kann auch vorkommen, dass du aus verschiedenen Textstellen diejenige auswählen musst, die inhaltlich am besten zu einem vorgegebenen Ausdruck passt.

*Tipps:*

- Es ist nicht notwendig, die Bedeutung jedes einzelnen Wortes zu kennen. Oft kannst du aus dem Sinnzusammenhang heraus den am besten geeigneten Ausdruck finden.
- Achte auf die Sätze, die in nächster Nähe zu dem gesuchten Ausdruck stehen. So kannst du dir seine Bedeutung leichter erschließen.

### Key Word Transformation

Hier werden sprachliche und grammatikalische Strukturen sowie dein Sprachgefühl getestet. Deine Aufgabe ist es, den zweiten Satz jeweils so zu vervollständigen, dass er inhaltlich in etwa der Bedeutung des ersten Satzes entspricht. Dabei musst du aber unbedingt das vorgegebene *key word* verwenden, darfst dieses jedoch nicht verändern. Insgesamt darfst du nur zwei bis fünf Wörter einschließlich des *key word* ergänzen.

### Dictionary

Viele Wörter in der englischen Sprache haben gleich mehrere Bedeutungen. Manche Wörter füllen sogar mehr als eine Seite im Wörterbuch. Bei den Aufgaben zur Wörterbucharbeit werden immer mehrere Bedeutungen eines Wortes oder eines Ausdrucks zur Auswahl gestellt. Du sollst dann entscheiden, welche der angegebenen Bedeutungen für die jeweilige Textstelle zutrifft. Zur Überprüfung kannst du den entsprechenden Satz im Kopf übersetzen und so feststellen, ob er mit der ausgewählten Bedeutung einen Sinn ergibt.

### Word families

Du musst zu einem unterstrichenen Wort, das in einen Satz eingebettet ist, eine **Ableitung innerhalb der Wortfamilie** finden. Meistens ist angegeben, welche Wortart du suchen sollst. So kann z. B. eine Arbeitsanweisung lauten: "Find the corresponding noun". Von einem Begriff kannst du oft drei oder vier andere Wörter ableiten. Es ist also wichtig, dass du die Wortbildungsregeln gut beherrschst und beim Wörterlernen gleich die *word families* mitlernst. Du wirst sehen, du kannst dir so die Wörter noch viel besser merken, weil das Gehirn mehr Anknüpfungspunkte hat. Eine beliebte Aufgabenform ist dabei auch der Lückentext. Häufig sind dir am Rand Wörter vorgegeben, die zu derselben Wortfamilie gehören wie der gesuchte Begriff.

### Grammar

Bestimmte Grammatikthemen (wie z. B. *tenses, participle constructions, if-clauses, adverbs, prepositions*) werden in den Abschlussprüfungen immer wieder verlangt. Deshalb empfiehlt es sich, diese Kapitel in Verbindung mit der Schulgrammatik zu lernen. Du solltest jedoch pro Tag nie mehr als ein Kapitel bearbeiten und dieses am nächsten Tag zur Festigung wiederholen, bevor du ein neues beginnst.
Die Grammatikthemen werden nicht einzeln abgefragt, sondern in einem zusammenhängenden Text, der sich inhaltlich am Abschlussprüfungsthema orientiert. Dieser *Mixed-Grammar*-Teil (Bereich: *Use of English*) ist immer auch in das Gesamtthema der Abschlussprüfung eingebettet und behandelt einen Teilaspekt. Achte auf die Signalwörter! Bei den Lücken mit den drei Fragezeichen helfen dir oft der Sinnzusammenhang und die Wörter vor oder hinter der Lücke.

## C. Writing

Hier wird verlangt, dass du anhand von Stichwörtern, die entweder auf Deutsch oder auf Englisch vorgegeben sind, einen zusammenhängenden Text zu einer bestimmten Situation erstellst. Dabei werden Inhalt, Rechtschreibung und Grammatikstrukturen sowie das sprachliche Niveau bewertet. Auch der Stil ist wichtig. Deshalb solltest du besonders auf eine gewandte, flüssige Ausdrucksweise und auf gelungene Überleitungen achten.
Insgesamt sollst du ungefähr 200 Wörter schreiben. Es ist aber nicht nötig, dass du die Wörter zählst und damit unnötig Zeit verschwendest. Es macht nämlich nichts, wenn dein Text mehr als 200 Wörter hat. Wenn du die Aufgabe vollständig und umfassend bearbeitest, dann ist auch der Umfang in Ordnung. Mach dir also deswegen keine Sorgen.
Es ist wichtig, dass du einen möglichst vielfältigen Wortschatz verwendest. Bemühe dich um Abwechslung im Ausdruck und vermeide zu häufige Wiederholungen. Außerdem solltest du die Sätze inhaltlich miteinander zu verbinden. Die Lösungsvorschläge in den einzelnen Abschlussprüfungen geben dir hier wichtige Anhaltspunkte.

Die Lehrkräfte beurteilen deine Leistung nun nach fünf Kriterien:

**Task Achievement:**
Hier wird bewertet, ob du die Aufgabe vollständig bearbeitet und alle Aspekte berücksichtigt hast.

**Coherence und Cohesion:**
Die Lehrkräfte bewerten hier, ob die Sätze gut miteinander verbunden sind und ob der Aufbau logisch und sinnvoll ist.

**Grammar:**
Die grammatikalische Richtigkeit spielt natürlich auch eine Rolle. Ebenso wird bewertet, ob du auch unterschiedliche Strukturen beherrschst.

**Vocabulary:**
Es geht auch darum, welchen Wortschatz du verwendest und ob du dich abwechslungsreich ausdrücken kannst.

**Impression of General Quality:**
Der Gesamteindruck spielt ebenso eine große Rolle. Hier bewerten die Lehrkräfte, wie du die Aufgabe insgesamt gelöst hast.

Für die ersten vier Bereiche kannst du jeweils maximal 7 Punkte erhalten. Für den letzten Bereich sind maximal 2 Punkte vorgesehen. Insgesamt kannst du beim *guided writing* folglich maximal 30 Punkte erreichen. Das ist ein Fünftel der Abschlussprüfung und macht etwas mehr als eine Notenstufe aus. Es ist also wichtig, dass du hier möglichst viele Punkte sammelst.
Es gibt verschiedene Anlässe für *Writing*-Aufgaben. So kann ein Brief oder eine E-Mail, ein Tagebucheintrag bzw. ein Blog oder ein *report*, z. B. für eine Schülerzeitung, verlangt sein. Lies den Vorspann mit der vorgestellten Situation immer genau durch, denn oft kannst du daraus bereits einen Teil des Wortschatzes verwerten. Halte dich exakt an die Aufgabenstellung. In jeder Abschlussprüfung werden zwei Schreibaufgaben gestellt. Du kannst dich zwischen einer Aufgabe, die stärker gelenkt ist, und einer Aufgabe, bei der du in der Bearbeitung etwas freier bist, entscheiden.
→ siehe Übungsaufgaben 6 und 7

### Letter writing

*Tipp:*

**Datumsangabe**

- Du kannst das Datum (date) unterschiedlich schreiben:

| | |
|---|---|
| **entweder:** | January 1st, 2013 |
| | February 2nd, 2013 |
| | March 3rd, 2013 |
| | July 7th, 2013 |
| **oder:** | January 1, 2013 |
| | February 2, 2013 |

### Anrede und Schluss eines Briefes oder einer E-Mail

Anrede und Schluss eines Briefes oder einer E-Mail hängen davon ab, wie vertraut dem Verfasser des Textes der Empfänger des Briefes oder der E-Mail ist und wie förmlich der Vorgang ist. Es macht also einen Unterschied, ob du einem Freund schreibst oder ob du dich um einen Ferienjob bewerben möchtest.

| | **an eine Firma, eine Organisation, ein Hotel** | **an eine Person, die man nicht oder kaum kennt** | **an einen Freund** |
|---|---|---|---|
| **Anrede (start)** | Dear Sir or Madam,<br>Dear Sir, Dear Madam, | Dear Mr Miller,<br>Dear Mrs Miller, | Dear John,<br>Dear Sarah, |
| **Schluss (end)** | Yours faithfully, | Yours sincerely, | Yours, / See you, /<br>Bye, / Best wishes /<br>Lots of love |

**Grüße, Wünsche** an eine andere Person
Regards to your parents. / Give my regards to all your family. / Best wishes to Gwen.

**Writing a letter / an e-mail**

Die Aufgabenstellungen zum Verfassen von Briefen und E-Mails sind in der Abschlussprüfung sehr unterschiedlich. Es können sowohl formelle als auch persönliche Briefe oder E-Mails verlangt sein, wie z. B. Bewerbungsschreiben für einen Au-Pair-Job, Beschwerdebriefe, Antwortschreiben an einen Briefpartner, Leserbriefe etc. Grundsätzlich ist es auch hier sehr wichtig, dass du die Aufgabenstellung genau beachtest und wirklich alle geforderten Aspekte bearbeitest. Oft musst du dabei in die Rolle einer vorgegebenen Person schlüpfen und aus deren Sicht schreiben. Wenn du die verschiedenen Abschlussprüfungen bearbeitest, dann wirst du mit einer ganzen Bandbreite an möglichen Aufgabenstellungen vertraut und bist bestens auf die Abschlussprüfung vorbereitet.

**Writing a report**

Manchmal gibt es auch Aufgabenstellungen, bei denen du anhand von sprachlichen Vorgaben einen Bericht über ein vergangenes Erlebnis oder einen vergangenen Urlaub schreiben sollst. Das Wichtigste dabei ist, dass du in der Vergangenheit schreibst, also *simple past* bzw. *past progressive* verwendest. Auch die Fragestellungen und Verneinungen müssen in dieser Zeitform stehen. Am besten ist es, wenn du die Zeitformen bei der Vorbereitung auf die Abschlussprüfung nochmals gründlich wiederholst. Die unregelmäßigen Verben und die Umschreibung mit *did / didn't* musst du „im Schlaf" beherrschen. Bevor du mit deinem Bericht beginnst, muss dir auch klar sein, aus welcher Perspektive du schreiben sollst. Es könnte z. B. sein, dass du aus dem Blickwinkel einer anderen Person berichten sollst, beispielsweise aus der Perspektive von Phil oder Mary. In einem solchen Fall darfst du also nicht aus deiner Ich-Perspektive schreiben.
Es gibt aber auch Berichte oder Artikel, die du beispielsweise für eine Schülerzeitung verfassen sollst. Wenn es dabei wie in Übungsaufgabe 7 um ein bestimmtes Thema *(Inline Skating)* geht, dann schreibst du meistens im *simple present,* weil es ja um allgemeingültige Aspekte oder um Gewohnheiten geht. Es ist immer wichtig, dass du alle vorgegebenen *prompts* umzusetzen versuchst und auch die *additional aspects* nicht vergisst.
→ siehe Übungsaufgabe 7

*Tipp:*
Im Buch „**Training Abschlussprüfung 2014**" (mit MP3-CD, Titel-Nr.: 915502) findest du weitere wertvolle Hinweise zum *guided writing* und auch hilfreiche Formulierungen, die du in deine Textproduktion gut einbauen kannst.

## D. Listening Comprehension

Die schriftliche Abschlussprüfung im Fach Englisch besteht aus mehreren Teilen. Zunächst findet ein 30-minütiger ***Listening Test*** statt, danach folgt der ***Written Test*** (früher: *Reading Comprehension Test),* für den 105 Minuten zur Verfügung stehen. Er ist wiederum unterteilt in Leseverstehen *(Reading)*, Wortschatz und Grammatik *(Use of English)* und Textproduktion *(Guided Writing)*. Alle Teile werden – wie die übrigen Prüfungsteile – zentral vom Bayerischen Staatsministerium für Unterricht und Kultus gestellt. Die beiden Prüfungsteile finden am gleichen Tag statt. Die Bearbeitung des *Written Test* beginnt nach einer kurzen Pause im Anschluss an den Hörverstehenstest.
Bei dem *Listening Test* wird deine Fähigkeit geprüft, gesprochenen Texten Informationen zu entnehmen. Deshalb genügt es, wenn du den Sinn verstehst. Rechtschreib- und Grammatikfehler in deiner Lösung werden nur dann als Fehler gewertet, wenn sie sinnentstellend sind, d. h., wenn sie den Sinn verfälschen und für einen *native speaker* nicht mehr verständlich sind.

Die MP3-CD enthält alle *Listening Comprehension Tests* ab 2008. Zu den Texten musst du verschiedene Aufgaben in einer bestimmten Zeit bearbeiten.

*Tipp:*
Beim ersten Hören trägst du die Lösungen ein, die du sofort weißt, beim zweiten Hören konzentrierst du dich auf die noch fehlenden Antworten.

## E. Speaking

Seit mehreren Jahren wird auch deine mündliche Kommunikationsfähigkeit überprüft. Der 15-minütige ***Speaking Test*** findet in der Regel in der Woche vor den Osterferien statt. Die erzielten Punkte fließen direkt in das Gesamtergebnis der Abschlussprüfung Englisch ein. Es gibt also keine gesonderte Note für den *Speaking Test*. Insgesamt kannst du beim *Speaking Test* 30 Punkte erzielen.

Allgemeine Informationen für dich:
- Es werden immer zwei Schüler gleichzeitig geprüft. Du musst dich also mit einem Mitschüler / einer Mitschülerin auf Englisch unterhalten. Wer mit wem zusammenkommt, wird per Los entschieden. Du brauchst aber keine Angst zu haben, denn auch wenn dein Partner vielleicht nicht so gut in Englisch ist, kannst du trotzdem die volle Punktzahl bekommen. Deine Leistung wird unabhängig vom Partner bewertet.
- Es sind immer zwei Lehrkräfte anwesend. In der Regel sind das dein Englischlehrer bzw. deine Englischlehrerin und noch eine zweite Fachlehrkraft. Eine Lehrkraft führt das Prüfungsgespräch mit dir und deinem Mitschüler, die andere Lehrkraft sitzt dabei und hört genau zu.
- Der *Speaking Test* dauert etwa 15 Minuten und findet während der Unterrichtszeit statt. Du wirst rechtzeitig aus dem Unterricht geholt.

Prüfungsteile:
Der *Speaking Test* besteht aus drei Teilen mit unterschiedlichen Aufgabenstellungen:
- *Part I:* ***General Conversation:*** Hier musst du so tun, als ob du deinen Mitschüler nicht kennen würdest. Du sollst versuchen, möglichst viel über ihn oder sie herauszufinden, z. B. Herkunft, Wohnort, Familie, Hobbys und Interessen, Freunde, Vorlieben und Abneigungen, schulische oder berufliche Pläne. Wichtig ist auch, dass du auf die Antworten deines Gesprächspartners eingehst, selbst Fragen stellst und eventuell seine Antworten und Bemerkungen ergänzt, sodass es wirklich zu einem natürlichen Gespräch kommen kann. Du musst auch deinen Nachnamen oder ein anderes Wort buchstabieren. Wiederhole also unbedingt noch einmal das *spelling alphabet.* Der erste Prüfungsteil dauert ungefähr 4 Minuten.
- *Part II:* ***Responding to visual prompts:*** Hier musst du ein Bild bzw. ein Foto beschreiben und näher analysieren. Dabei sollst du auch über deine Vorlieben und Abneigungen sprechen. Du kannst alles sagen, was dir zu dem jeweiligen Bild einfällt. Wichtig ist, dass du Englisch sprichst. Kleinere Grammatikfehler sind nicht so gravierend. Du kannst trotz einiger Grammatikfehler immer noch die volle Punktzahl erhalten. Entscheidend ist, dass der Inhalt deiner Äußerungen verständlich ist. Bei diesem Aufgabenteil erhält jeder Schüler ein Bild, zu dem er sich äußert. Nach etwa einer Minute werden die Rollen getauscht. Im Anschluss daran stellt euch die Lehrkraft zu diesen Bildern eine weiterführende Frage, über die du dann mit deinem Mitschüler sprechen sollst. Dieser Prüfungsteil dauert ungefähr 5 Minuten.
  → siehe Übungsaufgabe 8

- *Part III: **Responding to visual prompts:*** Hier wird dir und deinem Mitschüler eine bestimmte Situation vorgestellt, in die ihr euch hineinversetzen müsst. Zu dieser Situation wird euch eine Bildreihe vorgelegt. Ihr müsst euch nun miteinander unterhalten, Informationen austauschen und eure Meinungen und Gefühle ausdrücken. Am Ende sollt ihr dann zu einer Entscheidung gelangen. Wichtig ist, dass ihr jeweils auf die Äußerungen des anderen eingeht und dass ein echter Dialog entsteht. Rückfragen an den Gesprächspartner eignen sich hierfür auch sehr gut. Im Gespräch sollt ihr wirklich miteinander sprechen und nicht einfach etwas sagen, das nicht zum Redebeitrag des anderen passt.
  → siehe Übungsaufgabe 9

## Hilfreiche Wendungen und Ausdrücke

Damit du die Arbeitsanweisungen in der Abschlussprüfung verstehst, solltest du folgende Wörter und Ausdrücke beherrschen:

| | |
|---|---|
| *bold print* | Fettdruck |
| *corresponding* | entsprechend |
| *in brackets* | in Klammern |
| *to define* | bestimmen, definieren |
| *to complete* | vervollständigen |
| *equivalent* | Entsprechung |
| *in complete sentences* | in ganzen Sätzen |
| *to explain* | erklären |
| *expression* | Ausdruck |
| *noun* | Substantiv, Hauptwort |
| *homophone* | Wort mit gleicher Aussprache |
| *opposite* | Gegenteil |
| *to insert* | einsetzen |
| *phrase* | Satzteil, Ausdruck |
| *italics* | Kursivdruck |
| *to paraphrase* | umschreiben |
| *to replace by* | ersetzen durch |
| *meaning* | Bedeutung |
| *to rewrite* | neu formulieren |
| *to mention* | erwähnen |
| *sentence* | Satz |
| *missing word* | fehlendes Wort |
| *similar* | ähnlich |
| *to name* | nennen |
| *to add* | hinzufügen |
| *below* | unten |
| *to compare* | vergleichen |
| *to fill in* | einsetzen |
| *to link* | verbinden |
| *suitable* | passend |
| *task* | Aufgabe |
| *to underline* | unterstreichen |
| *to use* | gebrauchen, verwenden |
| *prompt* | sprachliche Vorgabe |
| *additional aspects* | zusätzliche Aspekte |

**Nützliche Ausdrücke und Redewendungen,** die dir beim *Speaking Test* helfen können:

- Die Ausdrücke „well", „actually", „really", „I think" klingen sehr authentisch und sie geben dir Zeit, um deinen nächsten Gedanken zu formulieren.
  Beispielsätze: "Well, one of my hobbies is ... but I prefer ..."/"I think he would like a book because ..."/"I really don't agree with you, because ..."
- "What about you?", "What do you think?"
  Diese Fragen kannst du gut verwenden, wenn du deinen Gesprächspartner ins Gespräch einbeziehen möchtest und ihn nach seiner Meinung fragen willst.
- "Yes, you are right, but ...", "Yes, I agree with you, but ..."
  Mit diesen Äußerungen machst du klar, dass du auf deinen Mitschüler eingehst.

- "On the one hand ... but on the other ...", "I agree ... but I would prefer ..."
  Hier machst du klar, dass du Dinge abwägst. Das ist vor allem in Teil III wichtig.
- "I'm not sure, but I think ..."
  Wenn du dir bei einem Bild nicht ganz sicher bist, was du siehst, dann könntest du mit diesem Satz beginnen.
- "Sorry, could you please repeat this question?", "Sorry, I didn't quite understand you. Could you say that again, please?"
  Diese Äußerungen könntest du verwenden, wenn du entweder die Lehrkraft oder auch deinen Gesprächspartner nicht ganz verstanden hast.
- "I think ...", "I feel ...", "I guess ...", "I reckon ..."
  Mit diesen Ausdrücken kannst du Äußerungen beginnen, in denen du deine Gedanken und Gefühle deutlich machen willst.

## Übungsaufgabe 1
## Aufgabenteil „Reading“

### Zuordnungsaufgabe „Holidays“

***Hinweis:*** *In der folgenden Aufgabe werden dir acht Urlaubsorte vorgestellt. Es werden auch fünf Personen beschrieben, die in den Urlaub fahren wollen. Du musst nun entscheiden, welcher Urlaubsort am besten zu welcher Person passt. Lies die Texte sorgfältig durch. In ihnen findest du viele Hinweise auf die richtigen Lösungen, auch die Überschriften können dir weiterhelfen.*

**Arbeitsauftrag:**

- The people below all want to go on holiday.
- You will find descriptions of eight holiday destinations.
- Decide which country (**letters A–H**) would be the most suitable for each person (**numbers 1–5**).
- For each of these numbers mark the correct answer **on your answer sheet**.

**1** David is studying environmental science. He loves nature and being outdoors. He wants to go on holiday somewhere where he can do a lot of hiking and put up his tent wherever he happens to be.

**2** Elizabeth is a history student and enjoys sightseeing. This year she would like to spend her holiday visiting a few old sights. She doesn't like it to be too hot, though, because she's got very pale skin.

**3** Ben works for the post office. He loves the sea and hot weather, and would like to do some sightseeing on his holiday. He likes to travel around though, so doesn't want to stay in one place all the time.

**4** Emma is a Geography teacher. She likes to go on holiday to exotic places. This year she would like to go somewhere warm, and see nature, but she says she's too old for camping, and wants to stay in a posh hotel.

**5** Sophie owns a small company and has to work very hard. When she goes on holiday, she doesn't want to do anything except lie in the sun by the sea, and stay in a luxury hotel.

## Holiday destinations

**A** *Africa*
Come to Namibia on safari! Stay in a luxury hotel and enjoy the excellent local cuisine. Ride like a king on an elephant's back and see the wild animals of Africa in their natural habitat.

**B** *Switzerland*
The Swiss Alps are the perfect place for skiing and hiking, and for people who want to get away from it all. Stay at our hostel and enjoy the magnificent views, white mountain tops and sunny valleys.

**C** *Ireland*
You'll never meet friendlier people than in Ireland. Go on a biking tour through the green countryside, drop into the cosy pubs for a chat and a drink, and hear some real Irish music.

**D** *Mauritius*
If you've never been to paradise, you'll find it here! Sun, sea, beautiful beaches and our exquisite 5 star hotel. Come here and relax!

**E** *England*
For those who don't like the heat, this is the perfect place to be! Visit the land of Shakespeare, theatres and castles. Stay in a homely B&B in a quaint old English village.

**F** *Egypt*
You've always wanted to sail down the Nile and see the pyramids? Well, this will be the holiday of a lifetime. Stay in our luxury hotel and have everything you ever wanted!

**G** *USA*
Come to Yosemite National Park. Go camping in the wilderness like the first pioneers, go hiking and rock-climbing and enjoy nature. Remember though, don't go near the elks!

**H** *Corfu*
Spend two weeks on a beautiful yacht sailing around Corfu. Sunbathe on the deck, enjoy amazing seafood, and visit the lovely sights of the island.

| 1 | 2 | 3 | 4 | 5 |
|---|---|---|---|---|
| | | | | |

## Lösungsvorschlag

| 1 | 2 | 3 | 4 | 5 |
|---|---|---|---|---|
| G | E | H | A | D |

***Hinweise:***
*1 G: David liebt die Natur, will viel wandern und möchte zelten. Deswegen passt der Yosemite Nationalpark am besten.*

*2 E: Elizabeth mag eher kühles Wetter und interessiert sich für Geschichte. Sie würde gern einige Sehenswürdigkeiten im Urlaub besichtigen. England passt hier am besten wegen der Temperatur.*

*3 H: Ben mag warmes Wetter und will auch Sehenswürdigkeiten besichtigen. Da er mobil bleiben möchte, wäre eine Schifffahrt um Korfu optimal.*

*4 A: Emma interessiert sich für exotische Länder. Sie mag auch warmes Wetter und die Natur. Da sie auch gern in einem tollen Hotel wohnen möchte, ist Afrika hier die beste Wahl.*

*5 D: Sophie will sich nur entspannen. Sie will sich sonnen können und möchte in einem guten Hotel wohnen. Mauritius passt hier am besten.*

## Übungsaufgabe 2
## Aufgabenteil „Reading“

### True-false-Statements „Summer Festival Programme“

***Hinweis:*** *Dieser Text ist ein Programm für ein Sommer Festival mit allen Programmpunkten und Veranstaltungen. Die in der Aufgabe gestellten zehn Aussagen beziehen sich alle auf dieses Programm. Du musst für jedes Statement entscheiden, ob es richtig oder falsch ist. Am besten liest du zuerst alle Statements und dann erst den Text. Im nächsten Schritt arbeitest du dich Statement für Statement durch. Wenn du bei einer Aussage Probleme hast, dann lasse sie am besten zuerst einmal aus und bearbeite die anderen, vielleicht lässt sich dann das Problem klären.*

**Arbeitsauftrag:**

- Look at the statements below about a summer festival programme.
- Read the text on the opposite page to decide if each statement is true or false.

| | | true | false |
|---|---|---|---|
| 1 | Students from the USA are going to dance with local youth groups. | ☐ | ☐ |
| 2 | The youth groups and the students are only going to sing songs from England. | ☐ | ☐ |
| 3 | The events on the river bank will have a Russian theme. | ☐ | ☐ |
| 4 | Hundreds of people sing with the *Phoenix Singers*. | ☐ | ☐ |
| 5 | You can hear songs about love in the afternoon. | ☐ | ☐ |
| 6 | Sandy Gibbons and his band will play jazz all day. | ☐ | ☐ |
| 7 | The *Out to Lunch Company* have performed in public very often. | ☐ | ☐ |
| 8 | Lots of teenagers act in Cat Armstrong's plays. | ☐ | ☐ |
| 9 | Children should not go to the performance on August 10th. | ☐ | ☐ |
| 10 | Everyone can take part in the *Karaoke Night*. | ☐ | ☐ |

# Summer Festival Programme

August 4th to 11th 2011

**Friends International**
Local youth groups and students from countries like France, Sweden, Turkey and Estonia are each performing three dances. After the dances they will join together in a play about peace. The evening will end with songs from all over the world.
*Date:* August 4th *Time:* 3 p.m. to 7 p.m.

**Bridge Festival**
A day of fun by the river, with a Russian theme. Traditional Russian food and entertainment during the day, with an amazing firework display after dark. Something for everyone, both adults and children.
*Date: August 5th* *Time:* 12 a.m. to 10 p.m.

**Love Songs**
The *Phoenix Singers* consists of twelve voices singing music from hundreds of years ago to the present. The group will perform songs, old and new, all of which are about love.
*Date:* August 6th *Time:* 7 p.m. to 11 p.m.

**Open Air**
Well-known for their cool jazz, Sandy Gibbons and his band play throughout the day in the park – if the weather allows!
*Date:* August 7th *Time:* 3 p.m. to 9 p.m.

**Out to Lunch**
Don't miss this: the first performance of a new group called the *Out to Lunch Company.* The group will perform comic sketches about current stars.
*Date:* August 8th *Time:* 3 p.m. to 8 p.m.

**Cool Cat**
Director Cat Armstrong produces plays with six- to ten-year-olds, to be performed at schools and children's events. The children write the plays themselves, and audience participation is very welcome.
*Date:* August 9th *Time:* 3 p.m. to 5 p.m.

**Jack the Ripper**
The *Stage Theatre Company* dramatises the bloodthirsty story of Jack the Ripper. Unsuitable for children.
*Date:* August 10th *Time:* 7.30 p.m. to 11 p.m.

**Karaoke Night**
A great night with the audience singing pop songs from the last 30 years. Special guest stars Jig the Juggler and the Kronkers. Anyone can join in, and prize tickets to a theatre show go to the best performer!
*Date:* August 11th *Time:* 7.30 p.m. to 11:30 p.m.

**Lösungsvorschlag**

1 false, 2 false, 3 true, 4 false, 5 false, 6 true, 7 false, 8 false, 9 true, 10 true

## Übungsaufgabe 3
## Aufgabenteil „Sprachmittlung“

**Reisebroschüre**

***Hinweis:*** *Du arbeitest in einem Reisebüro und hast nur die englische Ausgabe des Prospekts von* Gull Tours *bekommen. Dein Chef, der kein Englisch versteht, fragt dich nach den Angeboten dieses Reiseveranstalters. Du sollst ihm nun seine Fragen auf Deutsch beantworten und die wesentlichen Informationen der Reisebroschüre entnehmen. Du brauchst meistens keine vollständigen Sätze schreiben.*

# Experience the wonder and excitement of the ancient world – in luxury!

***Gull Tours*** **offer personalised and package holidays and tours of the Greek Islands, suitable for families as well as single travellers and group tours.**

### Family Packages

Take the ***complete island tour***, lasting 15 days, starting on **Crete** and ending in **Athens**. Full board and all meals included, € 897,60 per adult and € 356,90 per child under fourteen. Children under the age of 5 travel free.

Or the ***budget island tour***, which takes one week, starting on **Crete** and ending in **Athens**; € 579,50 per person, € 245,90 per child under fourteen. Children under the age of 5 travel free.

### Group packages

Groups of more than five people can book special *group rate tours* of the Greek Islands with Gull tours. For a fourteen-day tour with full board and all meals included, starting on Crete and ending in Athens, the rates are

- ▶ 5 to 8 people: € 790,90 per person
- ▶ 10 to 25 people: € 720,50 per person
- ▶ Groups of more than 25: € 685,00 per person

Companies and registered clubs can also take advantage of the on-shore offers of our partners in Athens, including casinos, hotels, restaurants and night clubs. Please check out our website (www.gull-tours/greek-islands.co.uk/partners_athens) for details of these exciting offers.

### Individual Packages

If you would like to enjoy a tour of the Greek islands in solitude or with a partner, please feel free to take advantage of our special yachting tours – highly-qualified and experienced captains with extensive knowledge of the local islands, waters and history provide a leisurely, personalised holiday experience, in your own time and at your own pace. Please don't hesitate to get in contact with us via phone or e-mail for further details of the available boats and captains, and the specific services and routes on offer.

*There is a 15% discount on all bookings made online. Please see www.gull-tours/greek-islands.co.uk/reg/members for further details. Payment can be made with credit or charge card or bank transfer.*

**Arbeitsauftrag:**

❶ Welche Arten von Reisen bietet Gull Tours an? 2 pts.

________________________________________________

________________________________________________

❷ Was ist der Unterschied zwischen „personalized“ und „package“ holidays? 2 pts.

________________________________________________

________________________________________________

❸ Gibt es besondere Bedingungen für Kinder? Welche? 2 pts.

________________________________________________

________________________________________________

❹ Welche Vergünstigungen gibt es für Firmen und Clubs? (2 Beispiele) 2 pts.

________________________________________________

________________________________________________

❺ Nenne drei Besonderheiten der Segeltouren! 2 pts.

________________________________________________

________________________________________________

---

## Lösungsvorschlag

❶ Familienreisen, Gruppenreisen, Individualreisen

❷ persönlich abgestimmte Reisen und Urlaube, die als Gesamtes im Paket gebucht und organisiert werden

❸ reduzierter Preis für Kinder unter 14 Jahren; kostenlos für Kinder unter 5 Jahren

❹ besondere Angebote an Land von den Partnern in Athen, z. B. Casinos, Hotels, Restaurants

❺ – hoch qualifizierte und erfahrene Kapitäne
– auf persönliche Interessen abgestimmte Segeltour
– im Angebot sind besondere Routen

## Übungsaufgabe 4
## Aufgabenteil „Sprachmittlung"

**Bedienungsanleitung**

***Hinweis:*** *Du arbeitest in den Ferien in einem Elektronikfachgeschäft. Ein Kunde will einen MP3-Player zum Musikhören kaufen und versteht kein Englisch. Es gibt aber nur eine Bedienungsanleitung in englischer Sprache. Du sollst nun für diesen Kunden die wichtigsten Informationen auf Deutsch festhalten. Gängige englische Begriffe aus der Computersprache, die wir auch in der deutschen Sprache verwenden, wie z. B. MP3-Player oder „drag and drop", brauchst du nicht zu übersetzen.*

**CREATING AND MANAGING YOUR MEDIA LIBRARY**

Insert the mp3 player into the USB port on your computer. After you have installed the software, your computer will automatically open a window containing your library. To view your library, click on MEDIA LIBRARY. Your library will appear on screen. You can sort it according to *artist*, *title*, *genre*, *filename*, or *rating*. The files in your media library can be deleted using DELETE.

*Creating a playlist* – You can select titles from your media library to upload to your mp3 player by selecting "CREATE PLAYLIST" from the menu, and then dragging and dropping titles from the library into the new playlist. You can also drag and drop titles directly into the mp3 player, if you wish. See below for more information.

*Managing your media library* – You can make as many changes and additions to your media library as you want. Simply insert an audio CD in your CD-ROM drive, and in the screen COPY MEDIA, click on the titles you wish to copy. The titles will be copied into your media library.

**USING YOUR mp3 PLAYER**

Your Sonic mp3 player is in two parts – the USB Flash stick and the battery module. When you have uploaded music to the USB Flash stick, unplug it from your computer and slot it into the USB port in the battery module. Your *Sonic* mp3 player requires one AAA micro battery. Once the two parts are connected, press the ON/OFF button – you have to hold it for about five seconds before the player will turn on or off. This is to prevent accidental contact with the button switching your player on or off. The dial on the lower edge of the player can be used to access the various functions of your mp3 player. These include: *skip song*, *make a recording* and *delete file*.

**Arbeitsauftrag:**

**Creating and managing your media library**

❶ Nach welchen Kriterien kann man die Liedersammlung ordnen? 5 pts.

__________________________________________________________

__________________________________________________________

❷ Wie funktioniert das Erstellen einer Songliste? 3 pts.

__________________________________________________________

__________________________________________________________

❸ Wie kopiert man Titel in die Liedersammlung hinein? 3pts.

__________________________________________________________

__________________________________________________________

**Using your MP3 player**

❶ Was ist zu beachten beim Gebrauch dieses MP3-Players? 3 pts.

__________________________________________________________

__________________________________________________________

❷ Welche drei besonderen Funktionen bietet dieser MP3-Player? 3 pts.

__________________________________________________________

__________________________________________________________

---

## Lösungsvorschlag

**Creating and managing your media library**

❶ Künstler, Titel, Musiktyp, Dateiname, Klassifizierung

❷ auf dem Menü „Create Playlist“ auswählen; dann mit der „drag and drop“-Funktion die Titel von der Sammlung in die neue Songliste ziehen; das Ganze geht auch direkt

❸ eine Audio CD einlegen; im Fenster „Copy Media“ die gewünschten Titel anklicken; die Titel werden dann in die Liedersammlung kopiert

**Using your MP3 player**

❶ er besteht aus zwei Teilen: „Flash stick“ und Batteriemodul; er braucht eine AAA Mikrobatterie; wenn die beiden Teile verbunden sind und der ON/OFF-Schalter gedrückt ist, dauert es fünf Sekunden, bis er reagiert
*(Hinweis: Hier könntest du auch noch andere Lösungen angeben. Im Text stehen noch mehr Informationen.)*

❷ Lieder überspringen; Aufnahmen machen; Dateien löschen

**Übungsaufgabe 5**
**Aufgabenteil „Sprachmittlung“**

## The Union Jack

***Hinweis:*** *Du liest einen Text über die Entstehung des „Union Jack“ und machst dir auf Deutsch zu jedem der vorgegebenen Stichworte Notizen mit zwei wichtigen Informationen.*

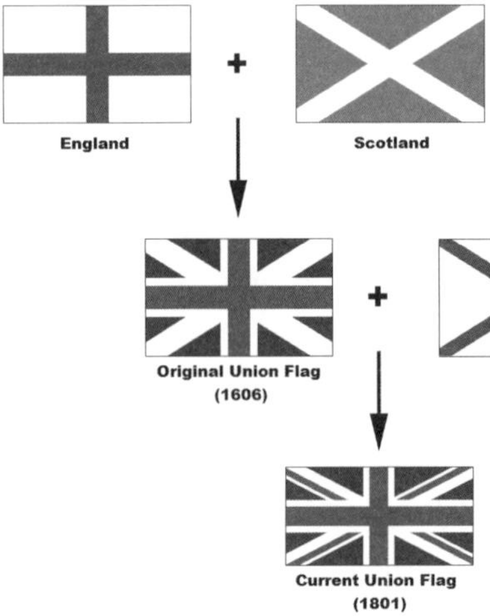


The flag of Great Britain, or the United Kingdom of Great Britain and Ireland, is most commonly known as the union jack. It dates from 1801, when Great Britain and Ireland were unified. The flag design consists of three different crosses – one cross (straight lines up and down and from left to right, like a plus sign "+") and two saltires (diagonal crosses, like an "X"). The three designs are derived from the individual countries which together make up Great Britain.

The red cross on the white background is the English and Welsh flag, known as Saint George's Cross. The white saltire on the blue background is the Scottish flag, and was joined to the St George's Cross in 1606, when the Scottish James I was king of England and Scotland and unified the two countries. It was not until January 1, 1801 that the Irish flag (red saltier on a white background, called Saint Patrick's flag) was incorporated in the design, thus creating the union jack as it known today. The Irish section of the flag is not without controversy, as the design itself has no real meaning in Ireland; many believe that it was created specifically for use in the union jack.

Wales has no individual flag, as this small western region was conquered by England in the 13th century, and has since been recognised as being a part of the kingdom of England.

**Arbeitsauftrag:**

❶ England: 2 pts.

___

___

❷ Scotland: 2 pts.

___

___

❸ Original Union Flag (1606): 2 pts.

___

___

❹ Ireland: 2 pts.

___

___

❺ Current Union Flag (1801): 2 pts.

___

___

## Lösungsvorschlag

❶ *England:* rotes Kreuz mit weißem Hintergrund; St.-Georgs-Kreuz

❷ *Scotland:* weißes X auf blauem Hintergrund; James I einigte England und Schottland

❸ *Original Union Flag* (1606): Flagge von England und Schottland zusammen; James I war König von England und Schottland

❹ *Ireland:* rotes X auf weißem Hintergrund; St.-Patricks-Flagge (keine richtige Bedeutung in Irland)

❺ *Current Union Flag* (1801): heute bekannt als *Union Jack*; Wales wurde schon seit dem 13. Jahrhundert als Teil des Königreichs von England gesehen.

## Übungsaufgabe 6
## Aufgabenteil „Writing an e-mail / a letter“

***Hinweis:*** *Diese Aufgabe ist sehr ausführlich gestaltet, da dir ein möglichst breiter Fragenkatalog angeboten werden soll. Die Fragestellung in der Abschlussprüfung ist natürlich kürzer. Auch sind die* Items *hier auf Deutsch angegeben, damit du den typischen Wortschatz gleich mitlernen kannst. Achte bei der Ausarbeitung auf Überleitungen und auf die Ausgestaltung eines zusammenhängenden Textes.*

**Arbeitsanweisung:**
Your family plans to stay in London for four days. In a brochure you have read an advertisement of the Beverley House Hotel. As your parents don't speak English they want you to write an e-mail asking for details. The German hints will help you. Use the following notes.

1. Anrede
2. Höfliche Einleitung
3. Ende Juli/21.–25. Juli
4. Zimmer frei?
5. Doppelzimmer mit Bad für Eltern/Einzelzimmer für dich mit Dusche
6. Preis für Halbpension (HP) und Vollpension (VP) pro Person? Preisnachlass für Jugendliche unter 15 Jahren?
7. Frühstück eingeschlossen im Preis? Englisch oder kontinental? Wann Abendessen?
8. Vegetarier
9. Hund mitbringen?
10. Zimmer ruhig/zur Straße hin/zum Garten hin? Videogerät/Farbfernseher im Zimmer? Einrichtungen: Swimmingpool, Sauna?
11. Anschluss an U-Bahn-Station?
12. Führungen oder Ausflüge/Besichtigungen/Stadtrundfahrten vom Hotel organisiert?
13. Karten besorgen für ein Musical? Kosten?
14. Höflicher Schluss

## Lösungsvorschlag

***Hinweis:*** *Um der Übersichtlichkeit willen sind die einzelnen* Items *durchnummeriert; dies darfst du bei der Prüfung natürlich nicht machen. Die Überleitungen sind fett gedruckt, damit sie besser auffallen.*

(1) Dear Sir or Madam,

(2) My family plans to stay in London for four days. In a brochure we (have) read an advertisement of your hotel and so we would like to get some more information. / We saw your advertisement in a brochure and would like to get more detailed information about your hotel. (3) We intend/plan to stay in London at the end of July/from July 21st to 25th. (4) Are there any rooms available for these days?/Do you have any vacancies for the end of July? (= Haben Sie Ende Juli noch Zimmer frei?) (5) There are three of us **and so** we need a double room with (a) bath for my parents and I would prefer a single room with (a) shower (for myself).

(6) How much is/What is the price for/What do you charge for half board and if possible full board per person? **As** I am 15 years old is there a reduction/do you offer a reduction (in price)? (7) **Concerning** the meals I have some more questions. **As** we would like to have breakfast at/in your hotel what kind of breakfast do you offer? The English or the Continental one? We would prefer the traditional English breakfast. Is it included in the price? When/What time do you serve the meals/dinner? (8) **As** I don't like to eat meat at all I would like to know whether you serve vegetarian food as well. (9) **We have got a dog** and maybe it is possible to bring the dog with us. (10) I'd also like to get further information about the rooms. Are they quiet/facing the street/facing the garden? Do you have a video set or a colour TV in your rooms? Do you offer facilities (Einrichtungen, Möglichkeiten) such as a swimming-pool or a sauna where we could relax in the evening?

(11) **We are also** interested in visiting some sights, but we won't have our car with us. **So** I want to know whether your hotel is close to/near an underground station. (12) **Besides** do you organize sightseeing tours/guided tours or trips to places of interest? (13) **We would also be grateful if** you could get us tickets for a musical.

(14) Thank you very much for your answer.

I am looking forward to hearing from you soon.

Yours faithfully,

Susanna Kirsten

## Übungsaufgabe 7
## Aufgabenteil „Writing a report“

***Hinweise:*** *Bei der folgenden Aufgabe ist die Fragestellung recht weit gefasst, sodass sich für die Lösung verschiedene Möglichkeiten anbieten. Außerdem sind die Anweisungen sowohl auf Englisch als auch auf Deutsch gegeben, da beide Varianten in der Prüfung vorkommen können.*

**Arbeitsanweisung:**
You want to write a report for your school magazine on in-line skating. Use the items given below and write in detail about the topic. Find a suitable heading and don’t forget to connect the sentences properly.

**1. Variante**
Write in detail about the following aspects:
1. Interesting beginning
2. Who does in-line skating?
3. Where can you learn it?
4. Which equipment do you need?
5. Where can young people go in-line skating?
6. Why do people like this kind of sport?
7. Summary/Nice Ending

**2. Variante**
Write in detail about the following aspects:
1. Einleitung
2. Inlineskaten immer beliebter/Erwachsene, Jugendliche, Kinder
3. Anfänger-, Fortgeschrittenenkurse – richtig fallen
4. Richtige Ausrüstung: Welche? Warum?
5. Wo? Gemeinden spezielle Plätze zur Verfügung stellen/Attraktionen wie …
6. Gründe für die Beliebtheit des Sports (at least 2)
7. Zusammenfassender Schluss

## Lösungsvorschlag

***Hinweis:*** *Um der Übersichtlichkeit willen sind die einzelnen* Items *durchnummeriert. Dies darfst du in der Prüfung allerdings nicht machen, denn der Bericht soll ein zusammenhängender Text sein. Die Überleitungen sind fett gedruckt, damit sie besser auffallen.*

### In-line Skating – a Popular Spare-Time/Leisure Activity

(1) In-line skating has become more and more popular in the last few years. (2) Children, young people and even adults like to do this new kind of sport in their spare time.

(3) **In order to get better** at in-line skating courses for beginners as well as for advanced skaters are offered everywhere. The first thing (which/that) beginners have to learn is how to fall the right way, otherwise they could hurt themselves seriously/easily.

(4) **What is also very important/essential** is that you need suitable equipment which protects you from injuries (because you can stumble easily and fall). Experts advise skaters to use safety pads for their elbows, their wrists and knees. Of course you mustn't forget to wear a helmet to protect your head. **Last but not least** good skaters need/want good skates which can be rather expensive.

(5) **Now, where** do young people go in-line skating? More and more communities have established/opened skating grounds with attractions like quarterpipes, halfpipes or miniramps. So they are rather safe because there is no motor traffic there.

(6) **Non-skaters certainly want to know why** this new kind of sport has become so popular/why people of all age groups like this kind of sport. **Well, especially young people** like the challenge when they skate on halfpipes, jump in the air, spin/turn round in miniramps or grind along a rail. **Others** prefer to keep fit or run in a group at top speed. If you practise a lot, you can even take part in skating competitions and marathon runs.

(7) **Although** in-line skating can sometimes be a bit dangerous/risky it is worth a try. So/Therefore: Let's start!

NO RISK NO FUN!

## Übungsaufgabe 8
## Aufgabenteil „Speaking, Part II“

***Hinweise:*** *In Teil II des* Speaking Tests *legt man dir und deinem Mitschüler/deiner Mitschülerin nacheinander jeweils ein Bild vor, zu dem ihr etwas sagen sollt. Du musst zunächst beschreiben, was du auf deinem Bild siehst, und dann ein paar persönliche Gedanken äußern. Du kannst alles sagen, was dir zu dem Bild einfällt. Danach beschreibt dein Mitschüler/ deine Mitschülerin sein bzw. ihr Bild. Am Ende dieses Prüfungsteils bekommt ihr dann eine gemeinsame Frage zu den beiden Bildern und ihr müsst zusammen diese Frage besprechen, aufeinander eingehen und eure Meinungen äußern. Einer von euch ist „Candidate A“ und der andere ist „Candidate B“.*

**Arbeitsanweisung:**

TEACHER: Now I'm going to give each of you a photograph of people spending their holidays in different ways. Candidate A, here is your photograph. Would you show it to candidate B and talk about it. Candidate B, you just listen to Candidate A. I'll give you your photo in a moment. Candidate A, please tell us what you can see in your photo.

Photo – Candidate A

© Corel Corp.

Photo – Candidate B

© Walter Christ

TEACHER: Your photographs show people spending their holidays in different ways. Now I'd like you to talk together about your favourite holidays and about the kind of holidays you don't like.

## Übungsaufgabe 9
## Aufgabenteil „Speaking, Part III"

***Hinweise:*** *Die vorgelegte Bildreihe zeigt sechs unterschiedliche mögliche Geschenke für einen Freund, der nach einem Unfall im Krankenhaus liegt. Ihr müsst nun miteinander diskutieren, welches Geschenk wohl das beste in der Situation ist. Dabei sollt ihr die verschiedenen Ideen abwägen sowie Argumente und Gegenargumente erörtern. Am Ende sollt ihr zu einer Entscheidung gelangen. Wenn ihr aber bei unterschiedlichen Vorschlägen bleibt, dann macht das auch nichts. Wichtig ist, dass ihr eure Entscheidung begründet und wirklich* ***miteinander*** *redet.*

**Arbeitsanweisung:**

*Teacher:* I'm going to describe a situation to you. You are going to buy a present for your friend who broke his leg and who is in hospital. Decide together what you are going to buy. Think about what your friend can do and what he might enjoy. Here is a picture with some ideas to help you.

Bildquellennachweis: Teddy: © Sasha Dubovski, www.sxc.hu,
alle übrigen Fotos: Redaktion

# Kurzgrammatik

## Besonderheiten einiger Wortarten

### 1 Adjektive und Adverbien – *Adjectives and Adverbs*

#### Bildung und Verwendung von Adverbien – *Formation and Use of Adverbs*

| | |
|---|---|
| **Bildung**<br>Adjektiv + *-ly* | glad → gladly |
| Ausnahmen:<br>• *-y* am Wortende wird zu *-i* | easy → easily<br>funny → funnily |
| • auf einen Konsonanten folgendes *-le* wird zu *-ly* | simple → simply<br>probable → probably |
| • *-ic* am Wortende wird zu *-ically*<br>Ausnahme: | fantastic → fantastically<br>public → publicly |

| | |
|---|---|
| **Beachte:**<br>• Unregelmäßig gebildet wird: | good → well |
| • Endet das Adjektiv auf *-ly*, so kann kein Adverb gebildet werden; man verwendet deshalb:<br>*in a* + Adjektiv + *manner/way* | friendly → in a friendly manner |
| • In einigen Fällen haben Adjektiv und Adverb dieselbe Form, z. B.: | daily, early, fast, hard, long, low, weekly, yearly |
| • Manche Adjektive bilden zwei Adverbformen, die sich in der Bedeutung unterscheiden, z. B.: | |

| Adj./Adv. | Adv. auf *-ly* | |
|---|---|---|
| *hard*<br>schwierig, hart | *hardly*<br>kaum | The task is hard. (adjective)<br>*Die Aufgabe ist schwierig.*<br>She works hard. (adverb)<br>*Sie arbeitet hart.*<br>She hardly works. (adverb)<br>*Sie arbeitet kaum.* |
| *late*<br>spät | *lately*<br>neulich, kürzlich | |
| *near*<br>nahe | *nearly*<br>beinahe | |

| | |
|---|---|
| **Verwendung**<br>Adverbien bestimmen | |
| • Verben, | She easily found her brother in the crowd.<br>*Sie fand ihren Bruder leicht in der Menge.* |
| • Adjektive, | This band is extremely famous.<br>*Diese Band ist sehr berühmt.* |
| • andere Adverbien oder | He walks extremely quickly.<br>*Er geht äußerst schnell.* |
| • einen ganzen Satz<br>näher. | Fortunately, nobody was hurt.<br>*Glücklicherweise wurde niemand verletzt.* |

| | |
|---|---|
| **Beachte:**<br>Nach bestimmten Verben steht nicht das Adverb, sondern das Adjektiv:<br>• Verben, die einen **Zustand** ausdrücken, z. B.:<br>*to be* sein<br>*to become* werden<br>*to get* werden<br>*to seem* scheinen<br>*to stay* bleiben | Everything seems quiet.<br>*Alles scheint ruhig zu sein.* |
| • Verben der **Sinneswahrnehmung**, z. B.:<br>*to feel* sich anfühlen<br>*to look* aussehen<br>*to smell* riechen<br>*to sound* sich anhören<br>*to taste* schmecken | This dress looks fantastic!<br>*Dieses Kleid sieht toll aus!* |

## Steigerung des Adjektivs – *Comparison of Adjectives*

| | |
|---|---|
| **Bildung**<br>Man unterscheidet: | |
| • Grundform/Positiv *(positive)* | Peter is young. |
| • Komparativ *(comparative)* | Jane is younger. |
| • Superlativ *(superlative)* | Paul is the youngest. |

| | |
|---|---|
| **Steigerung auf *-er, -est*** | |
| • einsilbige Adjektive | old, older, oldest<br>*alt, älter, am ältesten* |
| • zweisilbige Adjektive, die auf *-er, -le, -ow* oder *-y* enden | clever, cleverer, cleverest<br>*klug, klüger, am klügsten*<br>simple, simpler, simplest<br>*einfach, einfacher, am einfachsten*<br>narrow, narrower, narrowest<br>*eng, enger, am engsten*<br>funny, funnier, funniest<br>*lustig, lustiger, am lustigsten* |
| **Beachte:** | |
| • stummes *-e* am Wortende entfällt | simple, simpler, simplest |
| • nach einem Konsonanten wird *-y* am Wortende zu *-i-* | funny, funnier, funniest |
| • nach kurzem Vokal wird ein Konsonant am Wortende verdoppelt | fit, fitter, fittest |
| **Steigerung mit *more …, most …*** | |
| • zweisilbige Adjektive, die nicht auf *-er, -le, -ow* oder *-y* enden | useful, more useful, most useful<br>*nützlich, nützlicher, am nützlichsten* |
| • Adjektive mit drei und mehr Silben | difficult, more difficult, most difficult<br>*schwierig, schwieriger, am schwierigsten* |
| **Unregelmäßige Steigerung** | |
| Die unregelmäßig gesteigerten Adjektive muss man auswendig lernen. Einige sind hier angegeben: | good, better, best<br>*gut, besser, am besten*<br>bad, worse, worst<br>*schlecht, schlechter, am schlechtesten*<br>many, more, most<br>*viele, mehr, am meisten*<br>much, more, most<br>*viel, mehr, am meisten*<br>little, less, least<br>*wenig, weniger, am wenigsten* |

### Steigerungsformen im Satz – *Sentences with Comparisons*

| | |
|---|---|
| Es gibt folgende Möglichkeiten, Steigerungen im Satz zu verwenden: | |
| • **Positiv:** Zwei oder mehr Personen oder Sachen sind **gleich oder ungleich:** *(not) as* + Grundform des Adjektivs + *as* | Anne is as tall as John (and Steve).<br>*Anne ist genauso groß wie John (und Steve).*<br>John is not as tall as Steve.<br>*John ist nicht so groß wie Steve.* |
| • **Komparativ:** Zwei oder mehr Personen/Sachen sind **verschieden** (größer/besser …): Komparativform des Adjektivs + *than* | Steve is taller than Anne.<br>*Steve ist größer als Anne.* |
| • **Superlativ:** Eine Person oder Sache wird besonders hervorgehoben (der/die/das größte/beste …): *the* + Superlativform des Adjektivs | Steve is the tallest boy in class.<br>*Steve ist der größte Junge in der Klasse.* |

### Steigerung des Adverbs – *Comparison of Adverbs*

| | |
|---|---|
| Adverbien können wie Adjektive auch gesteigert werden. | |
| • Adverbien auf *-ly* werden mit *more, most* bzw. mit *less, least* gesteigert. | She talks more quickly than John.<br>*Sie spricht schneller als John.* |
| • Adverbien, die dieselbe Form wie das Adjektiv haben, werden mit *-er, -est* gesteigert. | fast – faster – fastest<br>early – earlier – earliest |
| • Manche Adverbien haben unregelmäßige Steigerungsformen, z. B.: | well – better – best<br>badly – worse – worst<br>little – less – least<br>much – more – most |

### Die Stellung von Adverbien im Satz

| | |
|---|---|
| Adverbien können verschiedene Positionen im Satz einnehmen: | |
| • Am **Anfang des Satzes**, vor dem Subjekt *(front position)* | Tomorrow he will be in London.<br>*Morgen [betont] wird er in London sein.*<br>Unfortunately, I can't come to the party.<br>*Leider kann ich nicht zur Party kommen.* |

| | |
|---|---|
| • **Im Satz** *(mid position)*<br>vor dem Vollverb, | She often goes to school by bike.<br>*Sie fährt oft mit dem Rad in die Schule.* |
| nach *to be*, | She is already at home.<br>*Sie ist schon zu Hause.* |
| nach dem ersten Hilfsverb. | You can even go swimming there.<br>*Man kann dort sogar schwimmen gehen.* |
| • Am **Ende des Satzes** *(end position)* | He will be in London tomorrow.<br>*Er wird morgen in London sein.* |
| Gibt es mehrere Adverbien am Satzende, so gilt die **Reihenfolge**: Art und Weise – Ort – Zeit *(manner – place – time)* | The snow melts slowly in the mountains at springtime.<br>*Im Frühling schmilzt der Schnee langsam in den Bergen.* |

## 2 Artikel – *Article*

| | |
|---|---|
| Der **bestimmte Artikel** steht, wenn man von einer **ganz bestimmten Person oder Sache** spricht. | The cat is sleeping on the sofa.<br>*Die Katze schläft auf dem Sofa. [nicht irgendeine Katze, sondern eine bestimmte]* |
| **Beachte:** Der bestimmte Artikel steht unter anderem **immer** in folgenden Fällen: | |
| • **abstrakte Begriffe**, die näher erläutert sind | The agriculture practised in the USA is very successful.<br>*Die Landwirtschaft, wie sie in den USA praktiziert wird, ist sehr erfolgreich.* |
| • **Gebäudebezeichnungen**, wenn man vom Gebäude und nicht von der Institution spricht | The university should be renovated soon.<br>*Die Universität sollte bald renoviert werden.* |
| • **Eigennamen im Plural** (Familiennamen, Gebirge, Inselgruppen, einige Länder etc.) | the Johnsons, the Rockies, the Hebrides, the Netherlands, the USA |
| • Namen von **Flüssen** und **Meeren** | the Mississippi, the North Sea, the Pacific Ocean |

| | |
|---|---|
| Der **unbestimmte Artikel** steht, wenn man von einer **nicht näher bestimmten Person oder Sache** spricht. | A man is walking down the road.<br>*Ein Mann läuft gerade die Straße entlang. [irgendein Mann]* |

| | |
|---|---|
| **Beachte:**<br>In einigen Fällen steht **stets** der unbestimmte Artikel: | |
| • **Berufsbezeichnungen** und **Nationalitäten** | She is an engineer. *Sie ist Ingenieurin.*<br>He is a Scot(sman). *Er ist Schotte.* |
| • Zugehörigkeit zu einer **Religion** oder **Partei** | She is a Catholic. *Sie ist katholisch.*<br>He is a Tory. *Er ist Mitglied der Tories.* |

| | |
|---|---|
| In diesen Fällen steht **kein Artikel**: | |
| • **nicht zählbare** Nomen wie z. B. **Stoffbezeichnungen** | Gold is very valuable.<br>*Gold ist sehr wertvoll.* |
| • **abstrakte Nomen** ohne nähere Bestimmung | Buddhism is widespread in Asia.<br>*Der Buddhismus ist in Asien weit verbreitet.* |
| • **Kollektivbegriffe**, z. B. *man, youth, society* | Man is responsible for global warming.<br>*Der Mensch ist für die Klimaerwärmung verantwortlich.* |
| • **Institutionen**, z. B. *school, church, university, prison* | We went to school together.<br>*Wir gingen zusammen zur Schule.* |
| • **Mahlzeiten**, z. B. *breakfast, lunch* | Dinner is at 8 p.m.<br>*Das Abendessen ist um 20 Uhr.* |
| • *by* + **Verkehrsmittel** | I went to school by bike.<br>*Ich fuhr mit dem Fahrrad zur Schule.* |
| • **Personennamen** (auch mit Titel), **Verwandtschaftsbezeichnungen**, die wie Namen verwendet werden | Tom, Mr Scott, Queen Elizabeth, Dr Hill, Dad, Uncle Harry |
| • Bezeichnungen für **Straßen, Plätze, Brücken, Parkanlagen** | Fifth Avenue, Trafalgar Square, Westminster Bridge, Hyde Park |
| • Namen von **Ländern, Kontinenten, Städten, Seen, Inseln, Bergen** | France, Asia, San Francisco, Loch Ness, Corsica, Ben Nevis |

## 3 Pronomen – *Pronouns*

### Possessivpronomen – *Possessive Pronouns*

Possessivpronomen *(possessive pronouns)* verwendet man, um zu sagen, **wem etwas gehört**.
Steht ein Possessivpronomen allein, so wird eine andere Form verwendet als in Verbindung mit einem Substantiv:

| mit Substantiv | ohne Substantiv | | |
|---|---|---|---|
| *my* | *mine* | This is my bike. | – This is mine. |
| *your* | *yours* | This is your bike. | – This is yours. |
| *his/her/its* | *his/hers/–* | This is her bike. | – This is hers. |
| *our* | *ours* | This is our bike. | – This is ours. |
| *your* | *yours* | This is your bike. | – This is yours. |
| *their* | *theirs* | This is their bike. | – This is theirs. |

## Reflexivpronomen – *Reflexive Pronouns*

Reflexivpronomen *(reflexive pronouns)* **beziehen sich auf das Subjekt** des Satzes **zurück**. Es handelt sich also um dieselbe Person:

| | |
|---|---|
| *myself* | I will buy myself a new car. |
| *yourself* | You will buy yourself a new car. |
| *himself / herself / itself* | He will buy himself a new car. |
| *ourselves* | We will buy ourselves a new car. |
| *yourselves* | You will buy yourselves a new car. |
| *themselves* | They will buy themselves a new car. |

**Beachte:**

- Einige Verben stehen ohne Reflexivpronomen, obwohl im Deutschen mit „mich, dich, sich etc." übersetzt wird.

I apologize …
*Ich entschuldige mich …*
He is hiding.
*Er versteckt sich.*

- Einige Verben können sowohl mit einem Objekt als auch mit einem Reflexivpronomen verwendet werden. Dabei ändert sich die Bedeutung, z. B. bei *to control, to enjoy, to help, to occupy.*

He is enjoying the party.
*Er genießt die Party.*
She is enjoying herself.
*Sie amüsiert sich.*

He is helping the child.
*Er hilft dem Kind.*
Help yourself!
*Bedienen Sie sich!*

### Reziprokes Pronomen – *Reciprocal Pronoun* ("each other/one another")

*each other/one another* ist unveränderlich. Es bezieht sich auf **zwei oder mehr Personen** und wird mit „sich (gegenseitig)/einander“ übersetzt.

They looked at each other and laughed.
*Sie schauten sich (gegenseitig) an und lachten.*
*oder:*
*Sie schauten einander an und lachten.*

**Beachte:**
Einige Verben stehen ohne *each other*, obwohl im Deutschen mit „sich“ übersetzt wird.

| | |
|---|---|
| to meet | *sich treffen* |
| to kiss | *sich küssen* |
| to fall in love | *sich verlieben* |

## 4 Präpositionen – *Prepositions*

Präpositionen *(prepositions)* drücken **räumliche, zeitliche oder andere Arten von Beziehungen** aus.

The ball is under the table.
He came home after six o'clock.

Die wichtigsten Präpositionen mit Beispielen für ihre Verwendung:

- *at*
  Ortsangabe: *at home*
  I'm at home now. *Ich bin jetzt zu Hause.*
  Zeitangabe: *at 3 p.m.*
  He arrived at 3 p.m. *Er kam um 15 Uhr an.*
- *by*
  Angabe des Mittels: *by bike*
  She went to work by bike.
  *Sie fuhr mit dem Rad zur Arbeit.*
  Angabe der Ursache: *by mistake*
  He did it by mistake.
  *Er hat es aus Versehen getan.*
  Zeitangabe: *by tomorrow*
  You will get the letter by tomorrow.
  *Du bekommst den Brief bis morgen.*
- *for*
  Zeitdauer: *for hours*
  We waited for the bus for hours.
  *Wir warteten stundenlang auf den Bus.*
- *from*
  Ortsangabe: *from Dublin*
  Ian is from Dublin.
  *Ian kommt aus Dublin.*
  Zeitangabe: *from nine to five*
  We work from nine to five.
  *Wir arbeiten von neun bis fünf Uhr.*
- *in*
  Ortsangabe: *in England*
  In England, they drive on the left.
  *In England herrscht Linksverkehr.*

| | |
|---|---|
| Zeitangabe: *in the morning* | They woke up in the morning.<br>*Sie wachten am Morgen auf.* |
| • *of*<br>Ortsangabe: *north of the city* | The village lies north of the city.<br>*Das Dorf liegt nördlich der Stadt.* |
| • *on*<br>Ortsangabe: *on the left,*<br>*on the floor* | On the left you see the London Eye.<br>*Links sehen Sie das London Eye.* |
| Zeitangabe: *on Monday* | On Monday she will buy the tickets.<br>*(Am) Montag kauft sie die Karten.* |
| • *to*<br>Richtungsangabe: *to the left* | Please turn to the left.<br>*Bitte wenden Sie sich nach links.* |
| Angabe des Ziels: *to London* | He goes to London every year.<br>*Er fährt jedes Jahr nach London.* |

## 5 Modale Hilfsverben – *Modal Auxiliaries*

Zu den **modalen Hilfsverben** *(modal auxiliaries)* zählen z. B. *can, may* und *must.*

| | |
|---|---|
| **Bildung**<br>• Die modalen Hilfsverben haben für alle Personen **nur eine Form**: kein *-s* in der 3. Person Singular. | I, you, he/she/it, we, you, they } must |
| • Auf ein modales Hilfsverb folgt der **Infinitiv ohne *to*.** | You must listen to my new CD.<br>*Du musst dir meine neue CD anhören.* |
| • **Frage und Verneinung** werden nicht mit *do/did* umschrieben. | Can you help me, please?<br>*Kannst du mir bitte helfen?* |
| Die modalen Hilfsverben können nicht alle Zeiten bilden. Deshalb benötigt man **Ersatzformen** (können auch im Präsens verwendet werden). | |
| • ***can*** (können)<br>Ersatzformen:<br>***(to) be able to*** (Fähigkeit),<br>***(to) be allowed to*** (Erlaubnis) | I can sing./I was able to sing.<br>*Ich kann singen. / Ich konnte singen.*<br>You can't go to the party./<br>I wasn't allowed to go to the party.<br>*Du darfst nicht auf die Party gehen./*<br>*Ich durfte nicht auf die Party gehen.* |
| **Beachte:** Im *simple past* und *conditional I* ist auch *could* möglich. | When I was three, I could already ski.<br>*Mit drei konnte ich schon Ski fahren.* |

- ***may*** (dürfen) – sehr höflich
  Ersatzform: ***(to) be allowed to***

You may go home early./
You were allowed to go home early.
*Du darfst früh nach Hause gehen./*
*Du durftest früh nach Hause gehen.*

- ***must*** (müssen)
  Ersatzform: ***(to) have to***

He must be home by ten o'clock./
He had to be home by ten o'clock.
*Er muss um zehn Uhr zu Hause sein./*
*Er musste um zehn Uhr zu Hause sein.*

**Beachte:**
***must not/mustn't*** = „nicht dürfen"

You must not eat all the cake.
*Du darfst nicht den ganzen Kuchen essen.*

„nicht müssen, nicht brauchen" =
***not have to, needn't***

You don't have to/needn't eat all the cake.
*Du musst nicht den ganzen Kuchen essen./*
*Du brauchst nicht … zu essen.*

## Infinitiv, Gerundium oder Partizip? – Die infiniten Verbformen

### 6 Infinitiv – *Infinitive*

Der **Infinitiv** (Grundform des Verbs) **mit *to*** steht z. B. **nach**

- bestimmten **Verben**, z. B.:

| | |
|---|---|
| *to decide* | (sich) entscheiden, beschließen |
| *to expect* | erwarten |
| *to hope* | hoffen |
| *to manage* | schaffen |
| *to plan* | planen |
| *to promise* | versprechen |
| *to want* | wollen |

He decided to wait.
*Er beschloss zu warten.*

- bestimmten **Substantiven und Pronomen** *(something, anything)*, z. B.:

| | |
|---|---|
| *attempt* | Versuch |
| *idea* | Idee |
| *plan* | Plan |
| *wish* | Wunsch |

We haven't got anything to eat at home.
*Wir haben nichts zu essen zu Hause.*

It was her plan to visit him in May.
*Sie hatte vor, ihn im Mai zu besuchen.*

- bestimmten **Adjektiven** (auch in Verbindung mit *too/enough*) und deren Steigerungsformen, z. B.:

| | |
|---|---|
| *certain* | sicher |
| *difficult/hard* | schwer, schwierig |
| *easy* | leicht |

It was difficult to follow her.
*Es war schwer, ihr zu folgen.*

- **Fragewörtern**, wie z. B. *what, where, which, who, when, how* und nach *whether*. Diese Konstruktion ersetzt eine indirekte Frage mit modalem Hilfsverb.

We knew where to find her./
We knew where we would find her.
*Wir wussten, wo wir sie finden würden.*

Die Konstruktion **Objekt + Infinitiv** wird im Deutschen oft mit einem „dass"-Satz übersetzt.
Sie steht z. B. **nach**

- bestimmten **Verben**, z. B.:

| | |
|---|---|
| *to allow* | erlauben |
| *to get* | veranlassen |
| *to help* | helfen |
| *to persuade* | überreden |

She allowed him to go to the cinema.
*Sie erlaubte ihm, dass er ins Kino geht./ … ins Kino zu gehen.*

- **Verb + Präposition**, z. B.:

| | |
|---|---|
| *to count on* | rechnen mit |
| *to rely on* | sich verlassen auf |
| *to wait for* | warten auf |

She relies on him to arrive in time.
*Sie verlässt sich darauf, dass er rechtzeitig ankommt.*

- **Adjektiv + Präposition**, z. B.:

| | |
|---|---|
| *easy for* | leicht |
| *necessary for* | notwendig |
| *nice of* | nett |
| *silly of* | dumm |

It is necessary for you to learn maths.
*Es ist notwendig, dass du Mathe lernst.*

- **Substantiv + Präposition**, z. B.:

| | |
|---|---|
| *opportunity for* | Gelegenheit |
| *idea for* | Idee |
| *time for* | Zeit |
| *mistake for* | Fehler |

Work experience is a good opportunity for you to find out which job suits you.
*Ein Praktikum ist eine gute Gelegenheit, herauszufinden, welcher Beruf zu dir passt.*

- einem **Adjektiv**, das durch ***too*** oder ***enough*** näher bestimmt wird.

The box is too heavy for me to carry.
*Die Kiste ist mir zu schwer zum Tragen.*
The weather is good enough for us to go for a walk. *Das Wetter ist gut genug, dass wir spazieren gehen können.*

## 7 Gerundium (-*ing*-Form) – *Gerund*

**Bildung**
Infinitiv + *-ing*

read → reading

**Beachte:**

- stummes *-e* entfällt — write → writing
- nach kurzem betontem Vokal: Schlusskonsonant verdoppelt — stop → stopping
- *-ie* wird zu *-y* — lie → lying

**Verwendung**

Die *-ing*-Form steht nach bestimmten Ausdrücken und kann verschiedene Funktionen im Satz einnehmen, z. B.:

- als **Subjekt** des Satzes

  Skiing is fun. *Skifahren macht Spaß.*

- nach bestimmten **Verben** (als **Objekt** des Satzes), z. B.:

| | |
|---|---|
| *to avoid* | vermeiden |
| *to enjoy* | genießen, gern tun |
| *to keep (on)* | weitermachen |
| *to miss* | vermissen |
| *to risk* | riskieren |
| *to suggest* | vorschlagen |

  He enjoys reading comics.
  *Er liest gerne Comics.*

  You risk losing a friend.
  *Du riskierst, einen Freund zu verlieren.*

- nach **Verb + Präposition**, z. B.:

| | |
|---|---|
| *to agree with* | zustimmen |
| *to believe in* | glauben an |
| *to dream of* | träumen von |
| *to look forward to* | sich freuen auf |
| *to talk about* | sprechen über |

  She dreams of meeting a star.
  *Sie träumt davon, einen Star zu treffen.*

- nach **Adjektiv + Präposition**, z. B.:

| | |
|---|---|
| *afraid of* | sich fürchten vor |
| *famous for* | berühmt für |
| *good/bad at* | gut/schlecht in |
| *interested in* | interessiert an |

  He is afraid of losing his job.
  *Er hat Angst, seine Arbeit zu verlieren.*

- nach **Substantiv + Präposition**, z. B.:

| | |
|---|---|
| *chance of* | Chance, Aussicht |
| *danger of* | Gefahr |
| *reason for* | Grund |
| *way of* | Art und Weise |

  Do you have a chance of getting the job?
  *Hast du Aussicht, die Stelle zu bekommen?*

- nach **Präpositionen** und **Konjunktionen der Zeit**, z. B.:

| | |
|---|---|
| *after* | nachdem |
| *before* | bevor |
| *by* | indem, dadurch, dass |
| *in spite of* | trotz |
| *instead of* | statt |

Before leaving the room he said goodbye.
*Bevor er den Raum verließ, verabschiedete er sich.*

## 8 Infinitiv oder Gerundium? – *Infinitive or Gerund?*

Einige Verben können sowohl **mit** dem **Infinitiv** als auch **mit der *-ing*-Form** stehen, **ohne** dass sich die **Bedeutung ändert**, z. B. *to love, to hate, to prefer, to start, to begin, to continue.*

I hate getting up early.
I hate to get up early.
*Ich hasse es, früh aufzustehen.*

Bei manchen Verben **ändert sich** jedoch die **Bedeutung**, je nachdem, ob sie mit Infinitiv oder mit der *-ing*-Form verwendet werden, z. B. *to remember, to forget, to stop.*

- *to remember* + Infinitiv: „daran denken, etwas zu tun"

I must remember to post the invitations.
*Ich muss daran denken, die Einladungen einzuwerfen.*

*to remember* + *ing*-Form: „sich erinnern, etwas getan zu haben"

I remember posting the invitations.
*Ich erinnere mich daran, die Einladungen eingeworfen zu haben.*

- *to forget* + Infinitiv: „vergessen, etwas zu tun"

Don't forget to water the plants.
*Vergiss nicht, die Pflanzen zu gießen.*

*to forget* + *ing*-Form: „vergessen, etwas getan zu haben"

I'll never forget meeting the President.
*Ich werde nie vergessen, wie ich den Präsidenten traf.*

- *to stop* + Infinitiv: „stehen bleiben, um etwas zu tun"

I stopped to read the road sign.
*Ich hielt an, um das Verkehrsschild zu lesen.*

*to stop* + *ing*-Form: „aufhören, etwas zu tun"

He stopped laughing.
*Er hörte auf zu lachen.*

## 9 Partizipien – *Participles*

### Partizip Präsens – *Present Participle*

| | |
|---|---|
| **Bildung**<br>Infinitiv + *ing*<br>Sonderformen: siehe *gerund* (S. G 11 f.) | talk → talking |

**Verwendung**

Das *present participle* verwendet man:

| | |
|---|---|
| • zur Bildung der Verlaufsform *present progressive,* | Peter is reading.<br>*Peter liest (gerade).* |
| • zur Bildung der Verlaufsform *past progressive,* | Peter was reading when I saw him.<br>*Peter las (gerade), als ich ihn sah.* |
| • zur Bildung der Verlaufsform *present perfect progressive,* | I have been living in Sydney for 5 years.<br>*Ich lebe seit 5 Jahren in Sydney.* |
| • zur Bildung der Verlaufsform *future progressive,* | This time tomorrow I will be working.<br>*Morgen um diese Zeit werde ich arbeiten.* |
| • wie ein Adjektiv, wenn es vor einem Substantiv steht. | The village hasn't got running water.<br>*Das Dorf hat kein fließendes Wasser.* |

### Partizip Perfekt – *Past Participle*

**Bildung**

| | |
|---|---|
| Infinitiv + *-ed* | talk → talked |
| **Beachte:** | |
| • stummes *-e* entfällt | live → lived |
| • nach kurzem betontem Vokal wird der Schlusskonsonant verdoppelt | stop → stopped |
| • *-y* wird zu *-ie* | cry → cried |
| • unregelmäßige Verben (S. G 31 f.) | be → been |

**Verwendung**

Das *past participle* verwendet man

| | |
|---|---|
| • zur Bildung des *present perfect,* | He hasn't talked to Tom yet.<br>*Er hat noch nicht mit Tom gesprochen.* |

- zur Bildung des *past perfect*,

Before they went biking in France, they had bought new bikes.
*Bevor sie nach Frankreich zum Radfahren gingen, hatten sie neue Fahrräder gekauft.*

- zur Bildung des *future perfect*,

The letter will have arrived by then.
*Der Brief wird bis dann angekommen sein.*

- zur Bildung des Passivs,

The fish was eaten by the cat.
*Der Fisch wurde von der Katze gefressen.*

- wie ein Adjektiv, wenn es vor einem Substantiv steht.

Peter has got a well-paid job.
*Peter hat eine gut bezahlte Stelle.*

## Verkürzung eines Nebensatzes durch ein Partizip

**Adverbiale Nebensätze** (meist kausale oder temporale Bedeutung) und **Relativsätze** können durch ein Partizip verkürzt werden.

She watches the news, because she wants to stay informed.
Wanting to stay informed, she watches the news.
*Sie sieht sich die Nachrichten an, weil sie informiert bleiben möchte.*

Aus der Zeitform des Verbs im Nebensatz ergibt sich, welches Partizip für die Satzverkürzung verwendet wird:

- Steht das Verb im Nebensatz im *present* oder *past tense* (*simple* und *progressive form*), verwendet man das *present participle*.

he finishes
he finished } → finishing

- Steht das Verb im Nebensatz im *present perfect* oder *past perfect*, verwendet man *having + past participle*.

he has finished
he had finished } → having finished

- Das *past participle* verwendet man auch, um einen Satz im Passiv zu verkürzen.

Sally is a manager in a five-star hotel which is called Pacific View.
Sally is a manager in a five-star hotel called Pacific View.

**Beachte:**

- Man kann einen Temporal- oder Kausalsatz verkürzen, wenn **Haupt- und Nebensatz dasselbe Subjekt** haben.

When he was walking down the street, he saw Jo.
(When) walking down the street, he saw Jo.
*Als er die Straße entlangging, sah er Jo.*

- Bei **Kausalsätzen** entfallen die Konjunktionen *as, because* und *since* im verkürzten Nebensatz.

As he was hungry, he bought a sandwich.
Being hungry, he bought a sandwich.
*Da er hungrig war, kaufte er ein Sandwich.*

- In einem **Temporalsatz** bleibt die einleitende **Konjunktion** häufig erhalten, um dem Satz eine **eindeutige Bedeutung** zuzuweisen.

When he left, he forgot to lock the door.
When leaving, he forgot to lock the door.
*Als er ging, vergaß er, die Tür abzuschließen.*

Tara got sick eating too much chocolate.
*Tara wurde schlecht, als/während/da sie zu viel Schokolade aß.*

Die Vorzeitigkeit einer Handlung kann durch ***after + present participle*** oder durch ***having + past participle*** ausgedrückt werden.

After finishing / Having finished breakfast, he went to work.
*Nachdem er sein Frühstück beendet hatte, ging er zur Arbeit.*

- Bei **Relativsätzen** entfallen die Relativpronomen *who, which* und *that*.

I saw a six-year-old boy who played the piano.
I saw a six-year-old boy playing the piano.
*Ich sah einen sechsjährigen Jungen, der gerade Klavier spielte. / … Klavier spielen.*

## Verbindung von zwei Hauptsätzen durch ein Partizip

**Zwei Hauptsätze** können durch ein Partizip verbunden werden, wenn sie **dasselbe Subjekt** haben.

**Beachte:**
- Das Subjekt des zweiten Hauptsatzes und die Konjunktion *and* entfallen.
- Die Verbform des zweiten Hauptsatzes wird durch das Partizip ersetzt.

He did his homework and he listened to the radio.
He did his homework listening to the radio.
*Er machte seine Hausaufgaben und hörte Radio.*

### Unverbundene Partizipialkonstruktionen – *Absolute Participle Constructions*

Unverbundene Partizipialkonstruktionen haben ein **eigenes Subjekt**, das nicht mit dem Subjekt des Hauptsatzes übereinstimmt. Sie werden in **gehobener Sprache** verwendet. Mit einleitendem ***with*** werden sie auf allen Stilebenen verwendet.

The sun having come out, the ladies went for a walk in the park.
*Da die Sonne herausgekommen war, gingen die Damen im Park spazieren.*

With the telephone ringing, she jumped out of bed.
*Als das Telefon klingelte, sprang sie aus dem Bett.*

# Bildung und Gebrauch der finiten Verbformen

## 10 Zeiten – *Tenses*

### *Simple Present*

**Bildung**
Infinitiv, Ausnahme 3. Person Singular: Infinitiv + -*s*

stand – he/she/it stands

**Beachte**:

- Bei Verben, die auf -*s*, -*sh*, -*ch*, -*x* und -*z* enden, wird in der 3. Person Singular -*es* angefügt.

kiss – he/she/it kisses
rush – he/she/it rushes
teach – he/she/it teaches
fix – he/she/it fixes

- Bei Verben, die auf Konsonant + -*y* enden, wird -*es* angefügt; -*y* wird zu -*i*-.

carry – he/she/it carries

**Bildung von Fragen im *simple present***
(Fragewort +) *do/does* + Subjekt + Infinitiv

Where does he live? / Does he live in London?
*Wo lebt er? / Lebt er in London?*

**Beachte**:
Die Umschreibung mit *do/does* wird nicht verwendet,

- wenn nach dem Subjekt gefragt wird (mit *who, what, which*),

Who came to the party?
*Wer kam zur Party?*

Which tree has more leaves?
*Welcher Baum hat mehr Blätter?*

- wenn die Frage mit *is/are* gebildet wird.

Are you happy?
*Bist du glücklich?*

**Bildung der Verneinung im *simple present***
*don't/doesn't* + Infinitiv

He doesn't like football.
*Er mag Fußball nicht.*

**Verwendung**
Das *simple present* wird verwendet:

- bei Tätigkeiten, die man **gewohnheitsmäßig** oder häufig ausführt
  Signalwörter: z. B. *always, often, never, every day, every morning, every afternoon*

Every morning John buys a newspaper.
*Jeden Morgen kauft John eine Zeitung.*

- bei **allgemeingültigen** Aussagen

London is a big city.
*London ist eine große Stadt.*

- bei **Zustandsverben**: Sie drücken Eigenschaften / Zustände von Personen und Dingen aus und stehen normalerweise nur in der *simple form*, z. B. *to hate, to know, to like.*

I like science-fiction films.
*Ich mag Science-Fiction-Filme.*

### *Present Progressive / Present Continuous*

**Bildung**
*am/is/are* + *present participle*

read → am/is/are reading

**Bildung von Fragen im *present progressive***
(Fragewort +) *am/is/are* + Subjekt + *present participle*

Is Peter reading? / What is he reading?
*Liest Peter gerade? / Was liest er?*

**Bildung der Verneinung im *present progressive***
*am not/isn't/aren't* + *present participle*

Peter isn't reading.
*Peter liest gerade nicht.*

**Verwendung**
Mit dem *present progressive* drückt man aus, dass etwas **gerade passiert** und **noch nicht abgeschlossen** ist. Es wird daher auch als **Verlaufsform** der Gegenwart bezeichnet.
Signalwörter: *at the moment, now*

At the moment, Peter is drinking a cup of tea.
*Im Augenblick trinkt Peter eine Tasse Tee. [Er hat damit angefangen und noch nicht aufgehört.]*

### *Simple Past*

**Bildung**
Regelmäßige Verben: Infinitiv + *-ed*

walk → walked

**Beachte**:
- stummes *-e* entfällt

hope → hoped

- Bei Verben, die auf Konsonant + *-y* enden, wird *-y* zu *-i-*.

carry → carried

- Nach kurzem betontem Vokal wird der Schlusskonsonant verdoppelt.

stop → stopped

Unregelmäßige Verben: siehe Liste S. G 31 f.

be → was
have → had

**Bildung von Fragen im *simple past***
(Fragewort +) *did* + Subjekt + Infinitiv

(Why) Did he look out of the window?
*(Warum) Sah er aus dem Fenster?*

**Beachte**:
Die Umschreibung mit *did* wird nicht verwendet,
- wenn nach dem Subjekt gefragt wird (mit *who, what, which*),

Who paid the bill?
*Wer zahlte die Rechnung?*

What happened to your friend?
*Was ist mit deinem Freund passiert?*

- wenn die Frage mit *was/were* gebildet wird.

Were you happy?
*Warst du glücklich?*

**Bildung der Verneinung im *simple past***
*didn't* + Infinitiv

He didn't call me.
*Er rief mich nicht an.*

**Verwendung**
Das *simple past* beschreibt Handlungen und Ereignisse, die **in der Vergangenheit passierten** und **bereits abgeschlossen** sind.

Signalwörter: z. B. *yesterday, last week/year, two years ago, in 2008*

Last week, he helped me with my homework.
*Letzte Woche half er mir bei meinen Hausaufgaben. [Die Handlung fand in der letzten Woche statt, ist also abgeschlossen.]*

### *Past Progressive / Past Continuous*

| | |
|---|---|
| **Bildung**<br>*was/were + present participle* | watch → was/were watching |
| **Verwendung**<br>Die **Verlaufsform** *past progressive* verwendet man, wenn **zu einem bestimmten Zeitpunkt** in der Vergangenheit eine **Handlung ablief**, bzw. wenn eine **Handlung** von einer anderen **unterbrochen** wurde. | Yesterday at 9 o'clock I was still sleeping.<br>*Gestern um 9 Uhr schlief ich noch.*<br>I was reading a book when Peter came into the room.<br>*Ich las (gerade) ein Buch, als Peter ins Zimmer kam.* |

### *Present Perfect (Simple)*

| | |
|---|---|
| **Bildung**<br>*have/has + past participle* | write → has/have written |
| **Verwendung**<br>Das *present perfect* verwendet man,<br>• wenn ein Vorgang **in der Vergangenheit begonnen** hat und **noch andauert**, | He has lived in London since 2008.<br>*Er lebt seit 2008 in London.*<br>*[Er lebt jetzt immer noch in London.]* |
| • wenn das Ergebnis einer vergangenen Handlung **Auswirkungen auf die Gegenwart** hat. | I have just cleaned my car.<br>*Ich habe gerade mein Auto geputzt.*<br>*[Man sieht evtl. das saubere Auto.]* |
| Signalwörter: z. B. *already, ever, just, how long, not ... yet, since, for* | Have you ever been to Dublin?<br>*Warst du schon jemals in Dublin?* |
| **Beachte**:<br>• *have/has* können zu *'ve/'s* verkürzt werden. | He's given me his umbrella.<br>*Er hat mir seinen Regenschirm gegeben.* |
| • Das *present perfect* wird oft mit *since* und *for* verwendet („seit").<br>– ***since*** gibt einen **Zeitpunkt** an: | Ron has lived in Sydney since 2007.<br>*Ron lebt seit 2007 in Sydney.* |
| – ***for*** gibt einen **Zeitraum** an: | Sally has lived in Berlin for five years.<br>*Sally lebt seit fünf Jahren in Berlin.* |

### *Present Perfect Progressive / Present Perfect Continuous*

| | |
|---|---|
| **Bildung**<br>*have/has + been + present participle* | write → has/have been writing |
| **Verwendung**<br>Die **Verlaufsform** *present perfect progressive* verwendet man, um die **Dauer einer Handlung** zu **betonen**, die in der Vergangenheit begonnen hat und noch andauert. | She has been sleeping for ten hours.<br>*Sie schläft seit zehn Stunden.* |

### *Past Perfect (Simple)*

| | |
|---|---|
| **Bildung**<br>*had + past participle* | write → had written |
| **Verwendung**<br>Die Vorvergangenheit *past perfect* verwendet man, wenn ein Vorgang in der Vergangenheit **vor einem anderen Vorgang in der Vergangenheit abgeschlossen** wurde. | He had bought a ticket before he took the train to Manchester.<br>*Er hatte eine Fahrkarte gekauft, bevor er den Zug nach Manchester nahm. [Beim Einsteigen war der Kauf abgeschlossen.]* |

### *Past Perfect Progressive / Past Perfect Continuous*

| | |
|---|---|
| **Bildung**<br>*had + been + present participle* | write → had been writing |
| **Verwendung**<br>Die **Verlaufsform** *past perfect progressive* verwendet man für **Handlungen**, die in der Vergangenheit **bis zu dem Zeitpunkt andauerten**, zu dem eine neue Handlung einsetzte. | She had been sleeping for ten hours when the doorbell rang.<br>*Sie hatte seit zehn Stunden geschlafen, als es an der Tür klingelte. [Das Schlafen dauerte bis zu dem Zeitpunkt an, als es an der Tür klingelte.]* |

### *Will-future*

| | |
|---|---|
| **Bildung**<br>*will* + Infinitiv | buy → will buy |
| **Bildung von Fragen im *will-future***<br>(Fragewort +) *will* + Subjekt + Infinitiv | What will you buy?<br>*Was wirst du kaufen?* |
| **Bildung der Verneinung im *will-future***<br>*won't* + Infinitiv | Why won't you come to our party?<br>*Warum kommst du nicht zu unserer Party?* |

| | |
|---|---|
| **Verwendung**<br>Das *will-future* verwendet man, wenn ein Vorgang **in der Zukunft stattfinden** wird: | |
| • bei Vorhersagen oder Vermutungen, | The weather will be fine tomorrow.<br>*Das Wetter wird morgen schön (sein).* |
| • bei spontanen Entscheidungen. | *[doorbell]* "I'll open the door."<br>*"Ich werde die Tür öffnen."* |
| Signalwörter: z. B. *tomorrow, next week, next Monday, next year, in three years, soon* | |

### *Going-to-future*

| | |
|---|---|
| **Bildung**<br>*am/is/are* + *going to* + Infinitiv | find → am/is/are going to find |

| | |
|---|---|
| **Verwendung**<br>Das *going-to-future* verwendet man, wenn man ausdrücken will: | |
| • was man für die Zukunft **plant** oder **zu tun beabsichtigt**. | I am going to work in England this summer.<br>*Diesen Sommer werde ich in England arbeiten.* |
| • dass ein **Ereignis bald eintreten wird**, da bestimmte **Anzeichen** vorhanden sind. | Look at those clouds. It's going to rain soon.<br>*Schau dir diese Wolken an. Es wird bald regnen.* |

### *Simple Present* und *Present Progressive* zur Wiedergabe der Zukunft

**Verwendung**

- Mit dem ***present progressive*** drückt man **Pläne** für die Zukunft aus, für die bereits **Vorkehrungen** getroffen wurden.
- Mit dem ***simple present*** wird ein zukünftiges Geschehen wiedergegeben, das **von außen festgelegt** wurde, z. B. Fahrpläne, Programme, Kalender.

We are flying to New York tomorrow.
*Morgen fliegen wir nach New York.*
*[Wir haben schon Tickets.]*

The train leaves at 8.15 a.m.
*Der Zug fährt um 8.15 Uhr.*

The play ends at 10 p.m.
*Das Theaterstück endet um 22 Uhr.*

### *Future Progressive / Future Continuous*

**Bildung**
*will + be + present participle*

work → will be working

**Verwendung**
Die **Verlaufsform** *future progressive* drückt aus, dass ein **Vorgang** in der Zukunft zu einem bestimmten Zeitpunkt **gerade ablaufen wird**.

Signalwörter: *this time next week / tomorrow, tomorrow* + Zeitangabe

This time tomorrow I will be sitting in a plane to London.
*Morgen um diese Zeit werde ich gerade im Flugzeug nach London sitzen.*

### *Future Perfect (Future II)*

**Bildung**
*will + have + past participle*

go → will have gone

**Verwendung**
Das *future perfect* drückt aus, dass ein **Vorgang** in der Zukunft **abgeschlossen sein wird** (Vorzeitigkeit in der Zukunft).

Signalwörter: *by then, by* + Zeitangabe

By 5 p.m. tomorrow I will have arrived in London.
*Morgen Nachmittag um fünf Uhr werde ich bereits in London angekommen sein.*

## 11 Passiv – *Passive Voice*

**Bildung**

Form von *(to) be* in der entsprechenden Zeitform + *past participle*

The bridge was finished in 1894.
*Die Brücke wurde 1894 fertiggestellt.*

**Zeitformen:**

| | | |
|---|---|---|
| • *simple present* | *Aktiv:* | Joe buys the milk. |
| | *Passiv:* | The milk is bought by Joe. |
| • *simple past* | *Aktiv:* | Joe bought the milk. |
| | *Passiv:* | The milk was bought by Joe. |
| • *present perfect* | *Aktiv:* | Joe has bought the milk. |
| | *Passiv:* | The milk has been bought by Joe. |
| • *past perfect* | *Aktiv:* | Joe had bought the milk. |
| | *Passiv:* | The milk had been bought by Joe. |
| • *will-future* | *Aktiv:* | Joe will buy the milk. |
| | *Passiv:* | The milk will be bought by Joe. |
| • *future perfect (future II)* | *Aktiv:* | Joe will have bought the milk. |
| | *Passiv:* | The milk will have been bought by Joe. |
| • *conditional I* | *Aktiv:* | Joe would buy the milk. |
| | *Passiv:* | The milk would be bought by Joe. |
| • *conditional II* | *Aktiv:* | Joe would have bought the milk. |
| | *Passiv:* | The milk would have been bought by Joe. |

**Aktiv → Passiv**

- Das Subjekt des Aktivsatzes wird zum Objekt des Passivsatzes. Es wird mit *by* angeschlossen.
- Das Objekt des Aktivsatzes wird zum Subjekt des Passivsatzes.
- Stehen im Aktiv **zwei Objekte**, lassen sich zwei verschiedene Passivsätze bilden. Ein Objekt wird zum Subjekt des Passivsatzes, das zweite bleibt Objekt.

  **Beachte:**
  Das indirekte Objekt muss im Passivsatz mit *to* angeschlossen werden.

| | | | |
|---|---|---|---|
| *Aktiv:* | Joe (*Subjekt*) | buys | the milk. (*Objekt*) |
| *Passiv:* | The milk (*Subjekt*) | is bought | by Joe. (*by-agent*) |

| | | | | |
|---|---|---|---|---|
| *Aktiv:* | They (*Subjekt*) | gave | her (*ind. Obj.*) | a ball. (*dir. Obj.*) |
| *Passiv:* | She (*Subjekt*) | was given | | a ball. (*dir. Obj.*) |

*oder:*

| | | | | |
|---|---|---|---|---|
| *Aktiv:* | They (*Subjekt*) | gave | her (*ind. Obj.*) | a ball. (*dir. Obj.*) |
| *Passiv:* | A ball (*Subjekt*) | was given | | to her. (*ind. Obj.*) |

**Passiv → Aktiv**

- Der mit *by* angeschlossene Handelnde *(by-agent)* des Passivsatzes wird zum Subjekt des Aktivsatzes; *by* entfällt.
- Das Subjekt des Passivsatzes wird zum Objekt des Aktivsatzes.
- Fehlt im Passivsatz der *by-agent*, muss im Aktivsatz ein Handelnder als Subjekt ergänzt werden, z. B. *somebody, we, you, they.*

| | | | |
|---|---|---|---|
| *Passiv:* | The milk<br>*Subjekt* | is bought | by Joe.<br>*by-agent* |
| *Aktiv:* | Joe<br>*Subjekt* | buys | the milk.<br>*Objekt* |

| | | | |
|---|---|---|---|
| *Passiv:* | The match<br>*Subjekt* | was won. | |
| *Aktiv:* | They<br>*(ergänztes) Subjekt* | won | the match.<br>*Objekt* |

# Der Satz im Englischen

## 12 Wortstellung – *Word Order*

Im Aussagesatz gilt die Wortstellung Subjekt – Prädikat – Objekt *(subject – verb – object):*

- Subjekt: Wer oder was tut etwas?
- Prädikat: Was wird getan?
- Objekt: Worauf/Auf wen bezieht sich die Tätigkeit?

Für die Position von Orts- und Zeitangaben vgl. S. G 4 f.

Cats catch mice.
*Katzen fangen Mäuse.*

## 13 Konditionalsätze – *Conditional Sentences*

Ein Konditionalsatz (Bedingungssatz) besteht aus zwei Teilen: einem Nebensatz *(if-clause)* und einem Hauptsatz *(main clause)*. Im ***if*-Satz** steht die **Bedingung** *(condition)*, unter der die im **Hauptsatz** genannte **Folge** eintritt. Man unterscheidet drei Arten von Konditionalsätzen:

### Konditionalsatz Typ I

| | |
|---|---|
| **Bildung**<br>• *if*-Satz (Bedingung):<br>*simple present* | If you read this book,<br>*Wenn du dieses Buch liest,* |
| • Hauptsatz (Folge):<br>*will-future* | you will learn a lot about music.<br>*erfährst du eine Menge über Musik.* |
| Der *if*-Satz kann auch nach dem Hauptsatz stehen. In diesem Fall entfällt das Komma:<br>• Hauptsatz: *will-future* | You will learn a lot about music<br>*Du erfährst eine Menge über Musik,* |
| • *if*-Satz: *simple present* | if you read this book.<br>*wenn du dieses Buch liest.* |
| Im Hauptsatz kann auch<br>• *can* + Infinitiv, | If you go to London, you can see Bob.<br>*Wenn du nach London fährst, kannst du Bob treffen.* |
| • *must* + Infinitiv, | If you go to London, you must visit me.<br>*Wenn du nach London fährst, musst du mich besuchen.* |
| • der Imperativ<br>stehen. | If it rains, take an umbrella.<br>*Wenn es regnet, nimm einen Schirm mit.* |

**Verwendung**
Bedingungssätze vom Typ I verwendet man, wenn die **Bedingung erfüllbar** ist. Man gibt an, was unter bestimmten Bedingungen **geschieht** oder **geschehen kann**.

### Konditionalsatz Typ II

| | |
|---|---|
| **Bildung**<br>• *if*-Satz (Bedingung):<br>*simple past* | If I went to London,<br>*Wenn ich nach London fahren würde,* |
| • Hauptsatz (Folge):<br>*conditional I* = *would* + Infinitiv | I would visit the Tower.<br>*würde ich mir den Tower ansehen.* |

**Verwendung**
Bedingungssätze vom Typ II verwendet man, wenn die **Bedingung nur theoretisch erfüllt** werden kann oder **nicht erfüllbar** ist.

### Konditionalsatz Typ III

**Bildung**

- *if*-Satz (Bedingung):
  *past perfect*

If I had gone to London,
*Wenn ich nach London gefahren wäre,*

- Hauptsatz (Folge):
  *conditional II = would + have + past participle*

I would have visited the Tower of London.
*hätte ich mir den Tower of London angesehen.*

**Verwendung**
Bedingungssätze vom Typ III verwendet man, wenn sich die **Bedingung auf die Vergangenheit bezieht** und deshalb **nicht mehr erfüllbar** ist.

## 14 Relativsätze – *Relative Clauses*

Ein Relativsatz ist ein Nebensatz, der sich **auf eine Person oder Sache** des Hauptsatzes **bezieht** und diese **näher beschreibt**:

The boy who looks like Jane is her brother.
*Der Junge, der Jane ähnlich sieht, ist ihr Bruder.*

- Hauptsatz:
- Relativsatz:

The boy … is her brother.
… who looks like Jane …

**Bildung**
Haupt- und Nebensatz werden durch das Relativpronomen verbunden.

- ***who*** (Nominativ oder Akkusativ),

Peter, who lives in London, likes travelling.
*Peter, der in London lebt, reist gerne.*

| | |
|---|---|
| ***whose*** (Genitiv) und | Sam, whose mother is an architect, is in my class.<br>*Sam, dessen Mutter Architektin ist, geht in meine Klasse.* |
| ***whom*** (Akkusativ) beziehen sich auf **Personen**, | Anne, whom/who I like very much, is French.<br>*Anne, die ich sehr mag, ist Französin.* |
| • ***which*** bezieht sich auf **Sachen**, | The film "Dark Moon", which we saw yesterday, was far too long.<br>*Der Film „Dark Moon", den wir gestern sahen, war viel zu lang.* |
| • ***that*** kann sich auf **Sachen** und auf **Personen** beziehen und wird nur verwendet, wenn die **Information** im Relativsatz **notwendig** ist, um den ganzen Satz zu verstehen. | The film that we saw last week was much better.<br>*Der Film, den wir letzte Woche sahen, war viel besser.* |

| | |
|---|---|
| **Verwendung**<br>Mithilfe von Relativpronomen kann man **zwei Sätze miteinander verbinden**. | London is England's biggest city. London has about 7.2 million inhabitants.<br>*London ist Englands größte Stadt.*<br>*London hat etwa 7,2 Millionen Einwohner.*<br>London, which is England's biggest city, has about 7.2 million inhabitants.<br>*London, die größte Stadt Englands, hat etwa 7,2 Millionen Einwohner.* |

| | |
|---|---|
| **Beachte:**<br>Man unterscheidet zwei Arten von Relativsätzen: | |
| • **Notwendige Relativsätze** *(defining relative clauses)* enthalten Informationen, die **für das Verständnis** des Satzes **erforderlich** sind. | The man who is wearing a red shirt is Mike.<br>*Der Mann, der ein rotes Hemd trägt, ist Mike.* |
| Hier kann das Relativpronomen entfallen, wenn es Objekt ist; man spricht dann auch von *contact clauses*. | The book (that) I bought yesterday is thrilling.<br>*Das Buch, das ich gestern gekauft habe, ist spannend.* |

| | |
|---|---|
| • **Nicht notwendige Relativsätze** *(non-defining relative clauses)* enthalten **zusätzliche Informationen** zum Bezugswort, die für das Verständnis des Satzes nicht unbedingt notwendig sind. Dieser Typ von Relativsatz wird **mit Komma** abgetrennt. | Sally**,** who went to a party yesterday**,** is very tired.<br>*Sally, die gestern auf einer Party war, ist sehr müde.* |

## 15 Indirekte Rede – *Reported Speech*

Die indirekte Rede verwendet man, um **wiederzugeben**, **was ein anderer gesagt** oder **gefragt hat**.

| | | |
|---|---|---|
| **Bildung**<br>Um die indirekte Rede zu bilden, benötigt man ein **Einleitungsverb**.<br>Häufig verwendete Einleitungsverben sind: | to say, to tell, to add, to mention, to think, to ask, to want to know, to answer | |
| In der indirekten Rede verändern sich die **Pronomen**, in bestimmten Fällen auch die **Zeiten** und die **Orts-** und **Zeitangaben**. | | |
| • Wie die Pronomen sich verändern, hängt vom jeweiligen **Kontext** ab. | **direkte Rede**<br>Bob says to Jenny:<br>"I like you."<br>*Bob sagt zu Jenny: „Ich mag dich."* | **indirekte Rede**<br>Jenny tells Liz:<br>"Bob says that he likes me."<br>*Jenny erzählt Liz: „Bob sagt, dass er mich mag."* |
| | *Aber:* | Jenny tells Liz that Bob likes her.<br>*Jenny erzählt Liz, dass Bob sie mag.* |
| • **Zeiten**:<br>Keine Veränderung, wenn das Einleitungsverb im *simple present* oder im *present perfect* steht: | **direkte Rede**<br>Bob says, "I love dancing."<br>*Bob sagt: „Ich tanze sehr gerne."* | **indirekte Rede**<br>Bob says (that) he loves dancing.<br>*Bob sagt, er tanze sehr gerne.* |

In folgenden Fällen wird die Zeit der direkten Rede in der indirekten Rede **um eine Zeitstufe zurückversetzt**, wenn das **Einleitungsverb** im ***simple past*** steht:

| | | | |
|---|---|---|---|
| *simple present* → *simple past* | | Bob said, "I love dancing."<br>*Bob sagte: „Ich tanze sehr gerne."* | Bob said (that) he loved dancing.<br>*Bob sagte, er tanze sehr gerne.* |
| *simple present* | → *simple past* | Joe: "I like it." | Joe said he liked it. |
| *simple past* | → *past perfect* | Joe: "I liked it." | Joe said he had liked it. |
| *present perfect* | → *past perfect* | Joe: "I've liked it." | Joe said he had liked it. |
| *will-future* | → *conditional I* | Joe: "I will like it." | Joe said he would like it. |

- **Zeitangaben** verändern sich, wenn der Bericht zu einem späteren Zeitpunkt erfolgt, z. B.:
- Welche **Ortsangabe** verwendet wird, hängt davon ab, wo sich der Sprecher im Moment befindet.

| | | |
|---|---|---|
| now | → | then, at that time |
| today | → | that day, yesterday |
| yesterday | → | the day before |
| the day before yesterday | → | two days before |
| tomorrow | → | the following day |
| next week | → | the following week |
| here | → | there |

**Bildung der indirekten Frage**

Häufige Einleitungsverben für die indirekte Frage sind: to ask, to want to know, to wonder

- **Fragewörter** bleiben in der indirekten Rede **erhalten**. Die **Umschreibung** mit *do/does/did* **entfällt** in der indirekten Frage.

  Tom: "When did they arrive?" — Tom asked when they had arrived.
  *Tom: „Wann sind sie angekommen?"* — *Tom fragte, wann sie angekommen seien.*

- Enthält die direkte Frage **kein Fragewort**, wird die indirekte Frage mit ***whether*** oder ***if*** eingeleitet:

  Tom: "Are they staying at the hotel?" — Tom asked if/whether they were staying at the hotel.
  *Tom: „Übernachten sie im Hotel?"* — *Tom fragte, ob sie im Hotel übernachten.*

**Befehle/Aufforderungen in der indirekten Rede**

Häufige Einleitungsverben sind: to tell, to order, to ask

In der indirekten Rede steht hier **Einleitungsverb + Objekt + *(not) to* + Infinitiv**.

Tom: "Leave the room." — Tom told me to leave the room.
*Tom: „Verlass den Raum."* — *Tom forderte mich auf, den Raum zu verlassen.*

## 16 Liste wichtiger unregelmäßiger Verben – *List of Irregular Verbs*

| Infinitive | Simple Past | Past Participle | *Deutsch* |
|---|---|---|---|
| be | was/were | been | *sein* |
| begin | began | begun | *beginnen* |
| blow | blew | blown | *wehen, blasen* |
| break | broke | broken | *brechen* |
| bring | brought | brought | *bringen* |
| build | built | built | *bauen* |
| buy | bought | bought | *kaufen* |
| catch | caught | caught | *fangen* |
| choose | chose | chosen | *wählen* |
| come | came | come | *kommen* |
| cut | cut | cut | *schneiden* |
| do | did | done | *tun* |
| draw | drew | drawn | *zeichnen* |
| drink | drank | drunk | *trinken* |
| drive | drove | driven | *fahren* |
| eat | ate | eaten | *essen* |
| fall | fell | fallen | *fallen* |
| feed | fed | fed | *füttern* |
| feel | felt | felt | *fühlen* |
| find | found | found | *finden* |
| fly | flew | flown | *fliegen* |
| get | got | got | *bekommen* |
| give | gave | given | *geben* |
| go | went | gone | *gehen* |
| grow | grew | grown | *wachsen* |
| hang | hung | hung | *hängen* |
| have | had | had | *haben* |
| hear | heard | heard | *hören* |
| hit | hit | hit | *schlagen* |
| hold | held | held | *halten* |
| keep | kept | kept | *halten* |
| know | knew | known | *wissen* |

| **Infinitive** | **Simple Past** | **Past Participle** | ***Deutsch*** |
|---|---|---|---|
| lay | laid | laid | *legen* |
| leave | left | left | *verlassen* |
| let | let | let | *lassen* |
| lie | lay | lain | *liegen* |
| lose | lost | lost | *verlieren* |
| make | made | made | *machen* |
| meet | met | met | *treffen* |
| pay | paid | paid | *bezahlen* |
| put | put | put | *stellen/setzen* |
| read | read | read | *lesen* |
| ring | rang | rung | *läuten/anrufen* |
| run | ran | run | *rennen* |
| say | said | said | *sagen* |
| see | saw | seen | *sehen* |
| send | sent | sent | *schicken* |
| show | showed | shown | *zeigen* |
| sing | sang | sung | *singen* |
| sit | sat | sat | *sitzen* |
| sleep | slept | slept | *schlafen* |
| smell | smelt | smelt | *riechen* |
| speak | spoke | spoken | *sprechen* |
| spend | spent | spent | *ausgeben/ verbringen* |
| stand | stood | stood | *stehen* |
| steal | stole | stolen | *stehlen* |
| swim | swam | swum | *schwimmen* |
| take | took | taken | *nehmen* |
| teach | taught | taught | *lehren* |
| tell | told | told | *erzählen* |
| think | thought | thought | *denken* |
| throw | threw | thrown | *werfen* |
| wake | woke | woken | *aufwachen* |
| wear | wore | worn | *tragen* |
| win | won | won | *gewinnen* |
| write | wrote | written | *schreiben* |

## TEXT 1

### Emission impossible:

**Hollywood is very good at environmental-disaster movies. But, says BBC journalist Kaleem Aftab, it is one of the worst polluters.**

**1** Whenever I visit a movie set, it always amazes me how much environmental damage is done in the name of entertainment. From the generators producing electricity to the catering services delivering food to the actors, making a film eats up energy like no other art form.

**2** Recent activities of Leonardo DiCaprio, Cate Blanchett, George Clooney and Harrison Ford, who promote green issues and support organizations such as Greenpeace, have made the film industry appear environmentally conscious – at least on the surface.

**3** The University of California has carried out a study into the environmental consequences of film-making in Hollywood. Scientists examined the emissions that were created directly and indirectly by the film and television industry. [1] The study showed that Hollywood, in relation to its size, made a larger contribution to air pollution in the Los Angeles region than most major industries. [2]

**4** Obviously, most film-makers usually don't care about the protection of the environment. Up to now only few have made attempts to deal with the problem. *The Day After Tomorrow* is a movie in which abrupt climate and weather change causes environmental disasters around the globe. It was directed by Roland Emmerich, who insisted that the production should not contribute to global warming and took measures to reduce its effects on the environment. [3] The producers of the *Matrix* sequels went even further: They employed the ReUse People, a non-profit organization, to recycle material used for the construction of the sets. As a result, 97.5 per cent was recycled. [4] Other films have begun to follow these examples, but it is still up to individual film-makers to make sure the damage that films cause off-screen is not as destructive as the action shown in it.

**5** Yet the possibilities of making films that cause very little damage to the environment do exist. These include avoiding celluloid films, using lights that run from standard outputs rather than generators, recycling at every opportunity and using local restaurants to eat at rather than ordering catering. [5] Numerous online and offline green check-lists are being published, copied and distributed throughout the film community, but true change will only take place when crew, cast and production show environmental responsibility.

**6** So, can we soon say good-bye to the old saying "Nothing grows where a film crew goes"? The first steps have been taken and I hope that in the future more and more directors will be calling, "Lights, Camera, *Eco*-Action!"

(adapted from: ***The Independent***, 21 November 2007)

## READING TEXT 1

POINTS

### TASK 1

**For questions 1–3, choose the answer (A–C) which you think fits best according to TEXT 1 (*'Emission impossible'*). Tick (✓) it.**

1. *'Emission impossible'* is …
   A ☐ a reader's letter to a magazine.
   B ☐ an extract from a study.
   C ☐ an article from a newspaper. 1

2. The text mainly describes …
   A ☐ the interest of actors in environmental issues.
   B ☐ the problems caused by the movie industry.
   C ☐ the results of a recent University study. 1

3. The author of the text thinks that Hollywood …
   A ☐ is not a major factor in air pollution.
   B ☐ should not produce environmental-disaster movies.
   C ☐ is on the way towards a 'greener' future. 1

### TASK 2

**Read TEXT 1 and decide whether the following statements (1–5) are true (T), false (F) or not in the text (N). Tick (✓) the correct answer.**

| | T | F | N | |
|---|---|---|---|---|
| 1. Some famous Hollywood stars are Greenpeace members. | ☐ | ☐ | ☐ | 1 |
| 2. Emmerich tried to minimize the negative effects of his movie. | ☐ | ☐ | ☐ | 1 |
| 3. Using celluloid films can help to reduce the damage to the environment. | ☐ | ☐ | ☐ | 1 |
| 4. Eating at local restaurants is better for the environment than ordering food. | ☐ | ☐ | ☐ | 1 |
| 5. You can get a lot of information on 'green filming' on the Internet. | ☐ | ☐ | ☐ | 1 |

## TASK 3

**Five sentences have been removed from TEXT 1. Choose from the sentences A–F the one which fits each gap (1–5). Write the correct number of the gap behind each sentence. There is one sentence which you do not need to use.**

| | | |
|---|---|---|
| **A** | Reducing the size of the crew is another alternative. | ☐ |
| **B** | I recently spoke to a Danish director, whose first Hollywood movie had its UK premiere. | ☐ |
| **C** | 1 500 tons of steel and wood were reused in housing for low-income families in Mexico. | ☐ |
| **D** | Only the big oil companies produced more emissions. | ☐ |
| **E** | Among other things, he paid $ 200 000 for the planting of trees. | ☐ |
| **F** | They studied the power plants providing electricity to the studios and had a look at the air miles run by actors and directors. | ☐ |

5

## USE OF ENGLISH

## TASK 1

**The following words have various meanings.**
**Which of the meanings given in the dictionary is the one used in TEXT 1?**
**<u>Underline</u> the best German translation.**

| | | |
|---|---|---|
| **issue** (line 9)<br>**I s 1.** Ausgabe, Lieferung *(einer Zeitung etc.)* **date of issue** *Ausgabetag* **2.** *wirtsch.* Ausgabe, Emission, Ausstellung ***place of issue*** Ausstellungsort **3.** Frage, Thema, Problem ***to be at issue*** zur Debatte stehen **II v/t 4.** Befehle etc. ausgeben **5.** Zeitung etc. herausgeben | **yet** (line 26)<br>**1.** *zeitlich* noch ***not yet*** noch nicht **2.** *fragend* schon ***has she gone yet?*** ist sie schon weg? **3.** *zeitlich* bis jetzt, bisher ***it's her best book yet*** es ist ihr bestes Buch bisher **4.** *vor Komparativ* (doch) noch, sogar **5.** (~ trotzdem) doch, aber, dennoch | **(to) run** (line 27)<br>**1.** laufen *(Sport)*, rennen **2.** *(Fahrzeug)* fahren **3.** *(Bus, Zug etc.)* verkehren, fahren **4.** ***run someone (home)*** jmd. (nach Hause) fahren *oder* bringen **5.** *(Wasser etc.)* laufen, fließen **6.** *(Butter etc.)* zerfließen, zerlaufen **7.** *(Maschine etc.)* laufen **8.** leiten *(Hotel)* |

3

## TASK 2

**Find a word or expression in TEXT 1 which means the same as each of the words (1–5) below. (The paragraph where you can find the word or expression is indicated in brackets.) There is one example at the beginning.**

0. handed out ___distributed___ (paragraph 5) *Example*
1. like ________________ (paragraph 2) 1
2. area ________________ (paragraph 3) 1
3. sudden ________________ (paragraph 4) 1
4. happen ________________ (paragraph 5) 1
5. shouting ________________ (paragraph 6) 1

## TASK 3

**Which word from TEXT 1 is explained?**

1. A gas or other substance that is sent into the air: 1

   ______________________________

2. Someone who studies a subject in detail in order to discover new facts or test new ideas: 1

   ______________________________

3. An unexpected event, such as a flood or a fire, that causes a lot of damage: 1

   ______________________________

4. A book, movie, play, etc. that continues the story of an earlier one: 1

   ______________________________

5. Providing food and drinks for meetings or social events: 1

   ______________________________

## TASK 4

**Use the word given in capitals at the end of some of the lines to form a word of the same word family that fits in the space in the same line.**

**Rethinking Tourism**

Twenty years ago more than 400 million people spent
1. their holiday abroad, last year the ___number___ was NUMEROUS
2. up to 700 million. The ___grown___ interest in travel- GROWS

ling to foreign countries has created serious problems, especially overcrowding and pollution. Tourism officials are starting to recognize that if more and more parts of

3. our national environment are ___destructed___, business DESTRUCTIVE

will not survive. Economic advantages can no longer be

4. the only criteria for ___supporting___ the develop- SUPPORT

ment of tourism.

5. ________________ planning will have to include envi- CARE

ronmental factors, too. 'Eco-tourism', 'green tourism'

6. and '___responsible___tourism' are some of the new con- RESPONSIBILITY

cepts. 6

## TASK 5

**Complete the following text. Use the correct forms of the words in brackets and find words of your own to replace the question marks.**

**A movie star who set a trend**

Today almost every celebrity ______________ **1** (seem/walk) the green path, but 1
Robert Redford was one of those ______________ **2** (???) helped to prepare the 1
way. Long before Leonardo DiCaprio and George Clooney became interested
______ **3** (???) green matters, he ______________ **4** (already/fight) for the pro- 1/1
tection of the environment.

When Redford ______________ **5** (become) successful years ago, he spent a lot 1
of time and money ______________ **6** (???) his projects. He said, "I 1
__________ **7** (teach) very early that you __________ **8** (only/have) a chance to 1/1
convince your opponents if you know what you __________ **9** (talk) about." 1
The list of battles Redford has won is taller ______________ **10** (???) an old redwood 1
tree. But without doubt his ______________ **11** (remarkable) success is 1
the Grand Staircase Escalante monument in Utah. From 1975 to 1996 he tried
____________ **12** (hard) to keep it out of commercial hands until finally the area 1
____________ **13** (declare) a national monument by President Clinton. 1
At the moment, the famous star ____________ **14** (organize) campaigns for the 1
Arctic National Wildlife Refuge in Alaska and against global warming.

## TEXT 2

# GREENPEACE

## HOW TO SAVE THE CLIMATE

Scientists and engineers agree that we already have the technology to make industry compatible with the climate. It will only cost us one percent of the world's total economic output, but doing nothing will be twenty times more expensive. Climate researchers also warn that time is running out. We will have to act quickly to change the way people think. Politicians, managers, individuals and communities must all be involved. The next ten years are crucial.

## ENERGY [R]EVOLUTION

The Greenpeace scenario for climate-compatible energy generation in the year 2050

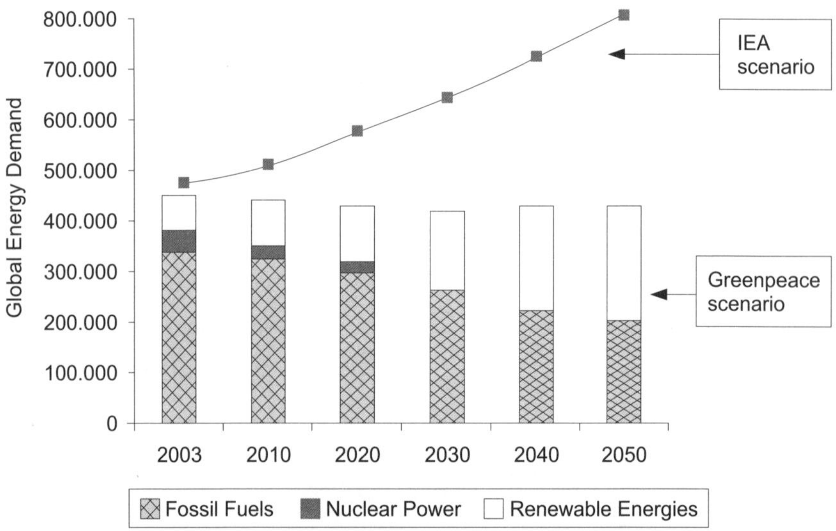


The International Energy Agency (IEA) expects global energy demand to double by 2050. This means more and more fossil fuels will be burned. If this happens, there would be a dramatic rise in $CO_2$ emissions.

Greenpeace wants to cut $CO_2$ emissions by 50 percent by the year 2050. Scientists agree that this is essential if we want to prevent the climate from getting completely out of control.

Renewable forms of energy – solar power, wind, water, geo-heat and biomass – will supply half the world's energy requirements by the middle of this century. But only if we stop wasting energy and take action to use it more efficiently. The Greenpeace study Energy [R]evolution shows that this is possible without endangering the global economy and still giving poorer countries the opportunity to develop.

We have no time to lose. Let's start living our lives in a more climate-friendly way – now!

(adapted from: ***'Greenpeace– How to save the climate!'*** www.greenpeace.org)

**READING TEXT 2**

**TASK**

**Use the information from TEXT 2 (an extract from the Greenpeace leaflet *'How to save the climate'*) to answer questions 1–8. You don't have to write complete sentences.**

1. How much of the world's total economic output will it cost if people <u>don't</u> get active? 1

   It will be twenty times more expensive

2. According to the chart, what is the Greenpeace scenario for nuclear power stations? 1

3. What does the IEA predict for 2050? 1

   ~~IEA expects~~ fossil fuels will be burned

4. What is one possible consequence if the IEA prediction comes true? 1

   there would be a dramatic rise in $CO_2$ emmissions

5. What is the aim of Greenpeace for 2050? 1

   The aim is to cut $CO_2$ emissions

6. What will happen if this aim is not achieved? 1

   it will be ~~...~~ getting completely out of control

7. Where will we get 50 percent of our energy from by 2050? 1

8. Under what conditions will this be possible? (1 detail) 1

**WRITING**

**You only have to do one of the following two tasks.**
**Write your answer in about 150 words.** 24

*Important: First read both tasks, then decide whether you want to do task A or task B. You can write down your ideas on your extra sheet before you do the task on your exam paper.*

## TASK A

You won a free stay at an NPS holiday camp in the United States. Back home, you write a **report** for your school magazine **about your stay**. **Cover all the points in your notes**.

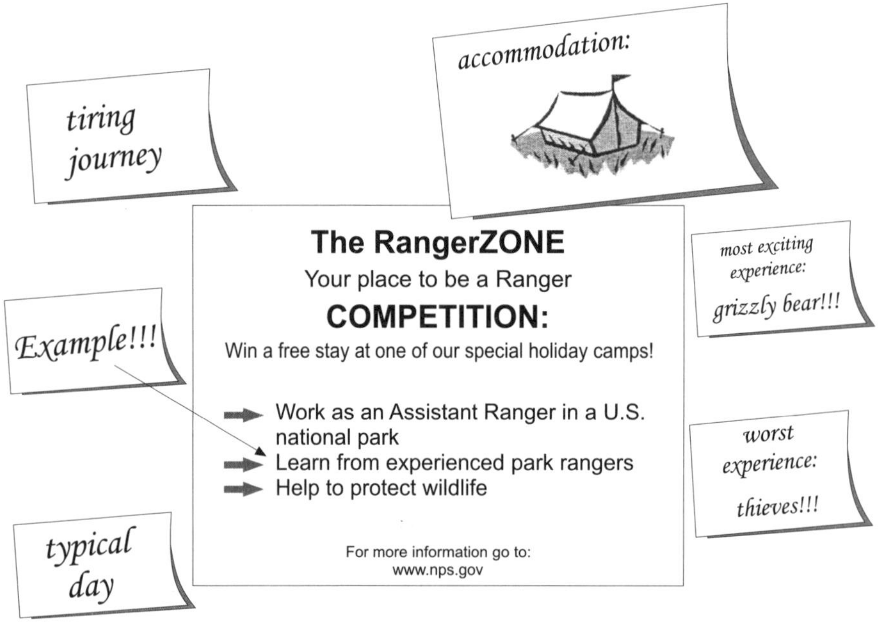

## TASK B

WRITING COMPETITION

**You take part in a writing competition for the online magazine *nature.com.***
**The competition rules say that the story must begin with the following words:**

*I've been on this planet called "Earth" for four weeks now. Commander Green sent me here to find out more about this planet and its creatures. A very exciting mission indeed! …*

**Continue the story** and include the following ideas:
- What does the planet look like?
- Did you get in contact with human beings? (If YES, how did they react? If NO, why not?)
- How do they treat their planet/nature?
- What was your most exciting experience in the last four weeks?

Find **two** additional aspects.

Task ☐

Write A or B in the box.

# Households & Climate Change

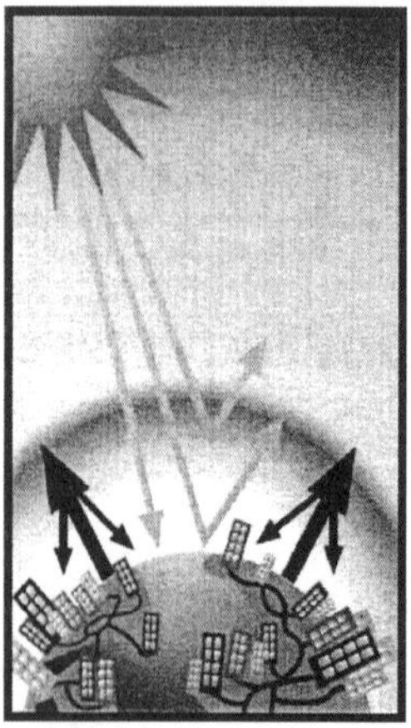

**What causes climate change?**

Climate change is caused by an increase in the greenhouse gases in the Earth's atmosphere. These gases absorb heat leaving the earth and return some of it, making the earth warmer overall.

Before the industrial revolution, carbon dioxide ($CO_2$) levels in the atmosphere were consistently between 260 and 280 parts per million (ppm). In recent times human activities have increased the concentration to 380 ppm – that's an increase of more than a third!

***What activities produce greenhouse gases?***

- burning fossil fuels – coal, oil or gas
- using electricity generated by burning fossil fuels
- some aspects of farming: raising cattle and sheep, use of fertilisers and some crops
- clearing land and burning forests
- some industrial processes like making cement and aluminium.

***What are the effects of climate change?***

Research by the world's scientists, including the Intergovernmental Panel on Climate Change, suggests that:

- On average, the Earth's temperature has already risen by around 0.7 °C over the past hundred years, and is projected to increase from 1.0 °C – 6.4 °C by the end of the 21st century.
- Sea levels are rising and oceans expand as glaciers melt – by 2100 sea levels may rise by 18 cm – 59 cm.

Changes in climate patterns mean we will see some weather events and extremes such as heat waves, floods and storms, droughts and bushfires become more frequent, more widespread or more intense.

**tip**

Instead of going by car, use public transport or walk – get fit and save money.

**tip**

Put cold items back in the fridge immediately after use.

**tip**

Only heat rooms you are using and close doors to other rooms.

**tip**

Only run your dishwasher when it's fully loaded.

(adapted from: ***Global Warming – Cool it!*** © Commonwealth of Australia, 2007)

## MEDIATION

### TASK

**Verwenden Sie die Informationen aus TEXT 3 („*Households & Climate Change*") und machen Sie sich auf Deutsch Notizen zu den folgenden Aspekten des Klimawandels (keine wörtliche Übersetzung nötig; Einzelwörter genügen <u>nicht</u> als Antwort):**

1. Ursache für den Klimawandel: 1

   ______________________________

2. Veränderung des $CO_2$-Gehalts in der Atmosphäre seit der Industriellen Revolution: 1

   ______________________________

3. Treibhausgase entstehen hauptsächlich durch …
   a) ______________________________ 1
   b) ______________________________ 1
   c) ______________________________ 1

4. Forschungsergebnisse internationaler Wissenschaftler im Hinblick auf …
   a) die Erderwärmung (**zwei** Details):
   ______________________________ 1
   ______________________________ 1
   b) die Gründe für den Anstieg des Meeresspiegels:
   ______________________________ 1
   c) die extremen Wetterverhältnisse, wie z. B. Hitzewellen und Sturmfluten:
   ______________________________ 1

5. Tipps, wie man als Einzelner Energie sparen kann:
   a) Anstatt Auto fahren → laufen 1
   b) Nur warme Räume benutzen 1
   c) ______________________________ 1

## Lösung

***Allgemeine Hinweise:*** *Das Rahmenthema dieser Prüfung heißt* ***„Climate Change"****. In dieser Abschlussprüfung dreht sich fast alles um Aspekte der* ***Umweltverschmutzung****, die Ursachen für den Klimawandel darstellen. Sicherlich hast du zu dieser Thematik in der Schule auch in anderen Fächern bereits etwas gehört oder gelesen. Auch außerhalb der Schule gibt es hierzu ganz bestimmt Diskussionen. Diese Informationen kannst du in die Bearbeitung dieser Prüfung einfließen lassen. Keine Angst, wenn du manche Begriffe noch nie gehört hast. Oft kann man die Bedeutung einzelner Ausdrücke auch aus dem Sinnzusammenhang erschließen. Alle Aufgaben sind inhaltlich mit dem Thema, das im Text beschrieben wird, verbunden. Aus diesem Grund ist es am besten, wenn du zunächst den Text ganz durchliest. So weißt du zumindest schon, um was es geht. Bearbeite die Aufgaben der Reihe nach, damit du nichts vergisst. Wenn du aber bei einer Aufgabe größere Probleme hast, dann bleibe nicht an dieser Stelle hängen und bearbeite lieber erst die anderen Aufgaben. Die im* Speaking Test *und Hörverstehenstest erzielten Punkte fließen direkt in das Gesamtergebnis der Abschlussprüfung ein.*

### Reading TEXT 1

### Task 1: Auswahlaufgabe

***Hinweis:*** *Bei der folgenden Aufgabe sollst du herausfinden, welche der drei vorgegebenen Satzenden jeweils die richtige ist: A, B oder C. Es geht um das Textverständnis insgesamt. Du musst den entsprechenden Haken in das richtige Kästchen machen. Zunächst solltest du also den* ***Text 1 „Emission impossible"*** *durchlesen.*

1. **C**
   'Emission impossible' is **an article from a newspaper**.
   ***Hinweis:*** *Bei dem Text handelt es sich um einen Zeitungsartikel. Ganz unten am Ende des Textes wird sogar die Zeitung „The Independent" angegeben, aus der er entnommen ist. In der dritten Zeile wird erwähnt, dass der Autor ein Journalist ist. Aber auch vom Inhalt her ist es kein Brief und auch kein Auszug aus einer Studie.*

2. **B**
   The text mainly describes **the problems caused by the movie industry**.
   ***Hinweis:*** *Das Wort „mainly" ist hier ganz entscheidend. Es ist nämlich gefragt, um was es in diesem Text hauptsächlich geht. Die Aspekte unter A und C werden zwar auch angesprochen aber nur ganz kurz. Sie bilden nicht das Hauptthema des Textes. Die Absätze Nummer 4 und Nummer 5 im Text geben hierzu die nötigen Informationen.*

3. **C**
   The author of the text thinks that Hollywood **is on the way towards a 'greener' future**.
   ***Hinweis:*** *Der Autor ist optimistisch eingestellt. In den Zeilen 33 und 34 schreibt er: "The first steps have been taken and I hope that in the future more and more directors will be calling, 'Lights, Camera,* Eco-*Action!'"*

### Task 2: Richtig, falsch oder nicht im Text?

1. Some famous Hollywood stars are Greenpeace members. ☑ **not in the text**
   ***Hinweis:*** *Relevante Textstelle: line 9*
   *"... who promote green issues and support organizations such as Greenpeace ..."*
   *Hier wird zwar gesagt, dass einige Hollywood Stars Greenpeace unterstützen, es wird aber keine Aussage darüber gemacht, ob manche von ihnen auch Mitglieder von Greenpeace sind. Du musst also wirklich genau lesen.*

2. Emmerich tried to minimize the negative effects of his movie. ☑ **true**
*Hinweis: Relevante Textstelle: lines 19 bis 21*
*"… who insisted that the production should not contribute to global warming and took measures to reduce its effects on the environment …"*

3. Using celluloid films can help to reduce the damage to the environment. ☑ **false**
*Hinweis: Relevante Textstelle: line 27*
*"… These include avoiding celluloid films, …"*
*Hier musst du nur aufpassen, dass du nicht das Wort „avoiding" überliest. Dann würdest du nämlich genau das Gegenteil ankreuzen. Das würde aber auch inhaltlich keinen Sinn machen.*

4. Eating at local restaurants is better for the environment than ordering food. ☑ **true**
*Hinweis: Relevante Textstelle: lines 28/29*
*"… and using local restaurants to eat at rather than ordering catering …"*
*Im Absatz 5 werden einige Maßnahmen aufgezeigt, die mehr Rücksicht auf die Umwelt nehmen. Eine davon ist, dass sich die Filmcrew nicht das Essen bringen lässt, sondern dass die Leute zum Essen in die örtlichen Restaurants gehen.*

5. You can get a lot of information on 'green filming' on the Internet. ☑ **true**
*Hinweis: Relevante Textstelle: lines 29/30*
*"Numerous online and offline green check-lists are being published …"*
*Das Wörtchen „online" gibt dir hier den entsprechenden Hinweis. Die „green check-lists" beziehen sich natürlich auf die Filmindustrie. Das wird aus dem Sinnzusammenhang klar.*

**Task 3: Zuordnungsaufgabe**

***Hinweis:** In der folgenden Aufgabe sollst du herausfinden, an welche Stelle im Text die vorgegebenen Sätze eingefügt werden können. In fünf der sechs Kästchen kommt ein bestimmter Buchstabe. Aber du musst aufpassen, ein Satz bleibt nämlich übrig.*

**A** Reducing the size of the crew is another alternative. Lösung: **Nummer 5**
***Hinweis:** In den vorhergehenden Sätzen werden Möglichkeiten zur Reduzierung der Umweltbelastungen beschrieben. Die Reduzierung der Größe der Crew wird nun mit Satz **A** als weitere Möglichkeit und Alternative angeschlossen.*

**B** I recently spoke to a Danish director, whose first Hollywood movie had its UK premiere. Lösung: **bleibt übrig**
***Hinweis:** Hierzu gibt es im Text keinen direkten inhaltlichen Zusammenhang.*

**C** 1 500 tons of steel and wood were reused in housing for low-income families in Mexico. Lösung: **Nummer 4**
***Hinweis:** In den Sätzen vorher wird deutlich gemacht, wie das Material wiederverwendet wird. Die Aussage in Satz **C**, dass eine große Menge Stahl zum Bau von Häusern in Mexiko verwendet wird, ist daher eine inhaltliche Fortführung der Thematik. Du musst hier auf die Begriffe „reuse" und „recycle" achten.*

**D** Only big oil companies produced more emissions. Lösung: **Nummer 2**
***Hinweis:** Hier wird im Text auf die Studie eingegangen, die besagt, dass Hollywood, bezogen auf die relative Größe, die Umwelt mehr verunreinigt als die großen Industrien. In Satz **D** wird dieser Gedankengang fortgeführt und deutlich gemacht, dass nur die Ölindustrie noch größere Schäden hinterlässt.*

**E** Among other things, he paid $ 200 000 for the planting of trees. Lösung: **Nummer 3**
*Hinweis: Hier wird direkt Bezug auf Roland Emmerich genommen, der im Satz vorher im Text explizit erwähnt wird. Das Pronomen „he" kann nur ihm zugeordnet werden. Aus diesem Grund kann Satz* ***E*** *nur an dieser Stelle eingefügt werden.*

**F** They studied the power plants providing electricity to the studios and had a look at the air miles run by actors and directors. Lösung: **Nummer 1**
***Hinweis:*** *Satz* ***F*** *beginnt mit „they studied". Jetzt stellt sich die Frage, wer hier die Umweltbelastungen untersucht. Im Text gibt es nur eine Möglichkeit. Der Hinweis liegt in Zeile 12: „Scientists". Auch inhaltlich führt Satz* ***F*** *noch genauer aus, welchen Inhalt die beschriebenen Studien hatten. Du musst also immer nach inhaltlichen oder auch grammatischen Anschlussmöglichkeiten suchen.*

## Use of English: Vocabulary

### Task 1: Arbeit mit einem Wörterbuch Englisch – Deutsch

***Hinweis:*** *Es ist gut, wenn du schon in den Jahren vor der Abschlussprüfung immer wieder mit einem Wörterbuch gearbeitet hast. In den folgenden drei Aufgaben wird jeweils ein Begriff aus dem Text angegeben, der in der englischen Sprache je nach Verwendung und Sinnzusammenhang mehrere unterschiedliche Bedeutungen haben kann. Du sollst nun herausfinden, welche der angegebenen Bedeutungen hier im Text am besten passt. Suche also zunächst die entsprechende Textstelle und probiere dann aus, welche Bedeutung hier zutrifft. Am besten übersetzt du den jeweiligen Satz im Kopf und probierst die unterschiedlichen Lösungsmöglichkeiten aus. Die zutreffende Bedeutung musst du dann unterstreichen.*

**issue**
***Hinweis:*** *... who promote green* ***issue****s and support organizations such as Greenpeace ... (line 9)*
*Hier passt am besten die Bedeutung „Frage, Thema, Problem". Du musst also die Nummer* ***3*** *auswählen.*

**yet**
***Hinweis:*** *...* ***Yet*** *the possibilities of making films that cause very little damage to the environment do exist ... (lines 26/27)*
*Auch wenn die Filmindustrie die Umwelt teilweise sehr stark verschmutzt, gibt es* ***dennoch*** *auch Möglichkeiten, Filme umweltfreundlich herzustellen. Diese Gegenüberstellung wird mit „yet" eingeleitet. Es kann nur die Nummer* ***5*** *passen.*

**(to) run**
***Hinweis:*** *... using lights that* ***run*** *from standard outputs rather than generators ... (lines 27/28)*
*Das Verb „run" hat viele unterschiedliche Bedeutungen. Hier spielt der technische Zusammenhang im Sinne von „laufen, funktionieren" eine Rolle. Du musst die Nummer* ***7*** *unterstreichen.*

### Task 2: Ähnliche Bedeutungen (Synonyms)

***Hinweis:*** *In der folgenden Aufgabe sollst du im Text nach Begriffen suchen, die eine ähnliche Bedeutung haben. Damit du nicht immer den ganzen Text durchsuchen musst, sind hinter den Lücken die jeweiligen Nummern der dazugehörigen Absätze angegeben. Du brauchst also nur in dem jeweiligen Absatz zu suchen. Das erste Beispiel („handed out – distributed") ist bereits vorgegeben.*

1. like – **such as**
   ***Hinweis:*** *Textstelle: „... and support organizations* ***such as*** *Greenpeace ..." (line 9)*

2. area – **region**
*Hinweis: Textstelle: „... in the Los Angeles **region** ..." (lines 14/15)*

3. sudden – **abrupt**
*Hinweis: Textstelle: „... in which **abrupt** climate and weather change ..." (line 18)*

4. happen – **take place**
*Hinweis: Textstelle: „... but true change will only **take place** ..." (lines 30/31)*

5. shouting – **calling**
*Hinweis: Textstelle: „... more and more directors will be **calling** ..." (lines 33/34)*

**Task 3: Worterklärungen**

*Hinweis: Die folgenden vier Sätze erklären Begriffe, die in **Text 1** vorkommen. Du sollst nun die entsprechenden Ausdrücke im Text suchen. Wenn du den Begriff weißt, ohne dass du im Text nachschauen musst, brauchst du nur noch zu überprüfen, ob dieser Begriff im Text auch vorkommt. Ansonsten suchst du die Textstelle, die inhaltlich dazupasst und prüfst, ob hier der gesuchte Begriff vorkommt.*

1. **emission** (line 12) oder **pollution** (line 14)
*Hinweis: Beide Lösungen sind richtig.*

2. **scientist** (line 12)
*Hinweis: Weitere Begriffe zu dieser Wortfamilie sind: science, science lab, scientific.*

3. **disaster** (line 19)

4. **sequel** (line 21)
*Hinweis: In die deutsche Sprache wurde das Wort „Sequenz" aufgenommen, was ungefähr dasselbe bedeutet, nämlich „Folge, Abfolge".*

5. **catering** (line 29)
*Hinweis: Auch hier haben wir den Begriff in die deutsche Sprache übernommen. Der Ausdruck „Catering Service" für jemanden, der bei einem Fest das Essen bringt, ist dir vielleicht bekannt.*

**Task 4: Wortfamilien**

*Hinweis: Viele Wortfamilien folgen bestimmten Regeln, die du im Unterricht bereits gelernt hast. Wenn du dich nicht mehr richtig erinnern kannst, dann solltest du diese Wortbildungsregeln rechtzeitig vor der Prüfung noch einmal wiederholen. Das hilft dir nicht nur hier bei dieser Aufgabe sondern eigentlich für die gesamte Abschlussprüfung, weil du oft von einem Begriff auf drei bis vier andere schließen kannst, ohne sie noch richtig im Kopf zu haben. Hier bei den Aufgaben 1 bis 6 sollst du ein anderes Wort derselben Wortfamilie finden und richtig in den Satz einsetzen. Mithilfe der angegebenen Textstelle müsstest du die Bedeutung des jeweiligen Begriffes erschließen können.*

1. ... last year the **number** was up to 700 million ... (numerous)
*Hinweis: Hier muss ein Substantiv eingesetzt werden, weil ein Artikel vorangeht.*

2. ... The **growing** interest in travelling ... (grows)
*Hinweis: Das dazugehörige Substantiv heißt „growth" (= Wachstum). Hier sollst du aber das Adjektiv „growing" (= wachsend) einsetzen, da die Lücke sich zwischen einem Artikel und einem Substantiv befindet.*

3. ... more parts of our national environment are **destroyed** ... (destructive)
*Hinweis: Es handelt sich hier um eine Passivkonstruktion. Du musst daher das Past Participle bilden. Das Wort „destruction" ist das Substantiv zu dieser Wortfamilie.*

4. … the only criteria for **supporting** the development of tourism … (support)
*Hinweis: Wenn nach Präpositionen, wie „for, about, in, on, against", ein Verb folgt, dann musst du meistens die „-ing" Form bilden. Das Adjektiv hierzu wäre „supportive".*

5. … **Careful** planning will have to include environmental factors … (care)
*Hinweis: Der Begriff „planning" wird hier wie ein Substantiv gebraucht. Daher geht ein Adjektiv voraus, das dieses Substantiv näher beschreibt. Weitere Wörter aus dieser Wortfamilie sind: „careless, caretaker, caring".*

6. … 'Eco-tourism', 'green tourism' and '**responsible** tourism' are some of the new concepts … (responsibility)
*Hinweis: Auch hier wird ein Adjektiv verlangt. Es geht um einen verantwortungsvollen, vernünftigen und umweltschonenden Tourismus.*

## Task 5: Grammatik und Sprachgebrauch

*Hinweis: Es ist am besten, wenn du den Lückentext erst einmal gründlich durchliest, damit du weißt, um was es hier in diesem Prüfungsteil genau geht. Es gibt dann zwei verschiedene Arten von Lücken. Bei manchen sind Wörter vorgegeben, die du in die richtige Form bringen musst und bei anderen werden nur Fragezeichen vorgegeben und du musst eine sinnvolle inhaltliche Ergänzung finden. Bei vielen Lücken sind auch mehrere unterschiedliche Lösungen möglich. Manchmal sollst du Adverbien verwenden und manchmal werden Präpositionen verlangt. Hin und wieder werden auch Passivkonstruktionen darunter gemischt. Oft ist auch ein Bedingungssatz („if-clause") dabei. Wichtig ist, dass der jeweilige Satz einen Sinn ergeben muss, wenn die Lücke gefüllt ist. Sehr häufig geben dir die Wörter direkt vor und direkt hinter der Lücke wichtige Hinweise für die Lösung. Wenn du dir nicht sicher bist, hilft es dir vielleicht, wenn du den Satz im Kopf übersetzt und somit überprüfst mit welchem Wort er einen Sinn ergibt.*

### A movie star who set a trend

1. **seems to walk / to be walking**
*Hinweis: Den Spruch „he, she, it das –s muss mit" kennst du sicher. Nachdem der Satz in der Gegenwart geschrieben ist, musst du an das Verb „to seem" ein „-s" anhängen. Nach diesem Verb kommt eigentlich immer eine Konstruktion mit „to". Am besten ist es, wenn du dir zu den wichtigsten Verben auch einen Beispielsatz merkst. Zu diesem Verb solltest du dir auch merken, dass es ein sogenanntes Verb der sinnlichen Wahrnehmung ist und in der Regel kein Adverb sondern ein Adjektiv nach sich zieht.*

2. **who**
*Hinweis: Hier benötigst du ein Relativpronomen, das den nachfolgenden Relativsatz einleitet. Er beschreibt den vorangegangenen Sachverhalt näher. Die drei wichtigsten Relativpronomen sind: „who, which, that". Wenn du dir unsicher bist, welches du nehmen sollst, dann verwende „that". Das passt fast immer.*

3. **in**
*Hinweis: Der Ausdruck „to be interested" oder hier „to become interested" zieht eigentlich immer das Partikel „in" nach sich. Am besten ist es, wenn du dir das gleich zusammen mit dem Verb einprägst.*

4. **had already fought / had already been fighting**
*Hinweis: Der Satz davor steht in der ersten Vergangenheit Simple Past. Da sich die beiden Schauspieler aber bereits vorher für den Schutz der Umwelt eingesetzt haben, muss dieser Satz nun vorzeitig zum vorhergehenden Satz sein. Du benötigst also das Past Perfect. Das Past Perfect wird immer mit „had" und der dritten Form des Verbs gebildet. Du kannst hier entweder die „simple form" oder die „progressive form" verwenden.*

5. **became**
***Hinweis:*** *Hier handelt es sich um ein unregelmäßiges Verb: „become – became – become". Wenn du hier unsicher bist, dann solltest du die unregelmäßigen Verben unbedingt vor der Abschlussprüfung noch einmal wiederholen. Du brauchst hier die Form des Simple Past wegen „when" und „years ago". Das verb „become" ist ein sogenannter „false friend". Es bedeutet nämlich* **nicht** *„bekommen" sondern wird mit „werden" übersetzt. Das ist sehr wichtig und wird oft falsch gemacht.*

6. **on**
***Hinweis:*** *Wenn jemand Geld für etwas ausgibt, heißt das: „to spend money on sth." Die Präposition „on" solltest du zusammen mit dem Verb am besten in einem Beispielsatz lernen. Unser Gehirn speichert die Sprache sowieso nicht in Einzelwörtern sondern in sogenannten „chunks" oder „phrases", also in größeren Einheiten.*

7. **was taught**
***Hinweis:*** *Redford unterrichtete ja nicht selbst, sondern spricht davon, dass er unterrichtet wurde. Du benötigst also das Passiv. Da er aus der Vergangenheit berichtet, musst du zudem das Simple Past einsetzen.*

8. **(will) only have**
***Hinweis:*** *Hier kannst du entweder das Will-Future oder aber auch Simple Present verwenden. Auf jeden Fall muss aber das Wörtchen „only" vor dem Hauptverb „have" stehen. Hier ist die Wortstellung in der deutschen Sprache anders. Aus diesem Grund ist es auch eine Fehlerquelle.*

9. **are talking**
***Hinweis:*** *Es handelt sich hier um das „if-pattern I". Im „if-clause" steht hier Present Tense. In diesem Fall brauchst du auch im Hauptsatz die „progressive form", weil die Handlung gerade in diesem Moment abläuft. Auch das Kapitel mit den „if-clauses" solltest du nochmal für die Abschlussprüfung wiederholen. Viele „if"-Satzgefüge folgen nämlich ganz unterschiedlichen Mustern und Zeitstrukturen.*

10. **than**
***Hinweis:*** *Das Adjektiv „tall" folgt einer regelmäßigen Steigerung mit „-er" und „-est". Der Vergleich wird in der englischen Sprache mit „than" angeschlossen. Du darfst es aber nicht verwechseln mit „then" (= dann).*

11. **most remarkable**
***Hinweis:*** *Diese Lücke ist etwas schwer, weil normalerweise der Superlativ in der Steigerung der Adjektive mit dem Artikel „the" eingeleitet wird. Dies ist hier nicht der Fall. Die Form ergibt sich hier aus dem Sinnzusammenhang. Die Steigerung mit „most" ist klar, weil „remarkable" ein Adjektiv mit mehr als zwei Silben ist.*

12. **hard**
***Hinweis:*** *Schon wieder eine Lücke, die die Thematik der Adjektive und Adverbien betrifft. Es lohnt sich also wirklich, wenn du auch auf diesem Gebiet fit bist. Man würde hier das Adverb „hardly" vermuten. Es handelt sich aber um eine Ausnahme, da „hardly" mit „kaum" übersetzt wird und daher keinen Sinn ergeben würde.*

13. **was declared**
***Hinweis:*** *Der sogenannte „by-agent", wie „by President Clinton" ist ein deutlicher Hinweis auf das Passiv. Da das Ganze in der Vergangenheit spielt, brauchst du zudem das Simple Past.*

14. **is organizing**
*Hinweis: Die Zeitangabe „at the moment" fordert ganz klar die Zeitform des Simple Present Progressive. Beachte, dass das stumme „-e" von „organize" fällt weg.*

**Reading Text 2: How to save the climate**

***Hinweis:*** *In dieser Aufgabe geht es wiederum um das Leseverstehen. Allerdings handelt es sich hier um einen Sachtext mit einer Grafik und vielen Detailinformationen. Der Text stammt aus einer Broschüre von Greenpeace mit dem Titel „How to save the climate". Deine Aufgabe besteht nun darin, aus dem Text die entsprechenden Informationen zu entnehmen und auf das Angabenblatt zu schreiben. Du brauchst keine vollständigen Sätze zu schreiben. Der Text enthält sicher einige Ausdrücke, die du bislang noch nicht kennengelernt hast. Du wirst aber merken, dass du alles aus dem Sinnzusammenhang erschließen kannst.*

1. **20 percent**
***Hinweis:*** *Textstelle: "It will only cost us one percent of the world's total economic output, but doing nothing will be* ***twenty times*** *more expensive." (lines 2/3)*

2. **no more nuclear power stations after 2020/(from 2030 onwards)**
***Hinweis:*** *Textstelle: Grafik*

3. **global energy will double**
***Hinweis:*** *Textstelle: Grafik und „... expects global energy demand to double ..." (line 7)*

4. **more fossil fuels will be burned / dramatic rise in $CO_2$ emissions**
***Hinweis:*** *Textstelle: "This means that more and more fossil fuels will be burned. If this happens, there would be a dramatic rise in $CO_2$ emissions." (lines 8/9)*

5. **cut $CO_2$ emissions by 50 percent**
***Hinweis:*** *Textstelle: "Greenpeace wants to cut $CO_2$ emissions by 50 percent by the year 2050." (line 10)*

6. **(the) climate will get (completely) out of control**
***Hinweis:*** *Textstelle: "Scientists agree that this is essential if we want to prevent the climate from getting completely out of control." (lines 10–12)*

7. **from renewable forms of energy / from solar power, wind, water, geo-heat and biomass**
***Hinweis:*** *Textstelle: Grafik und "Renewable forms of energy – solar power, wind, water, geo-heat and biomass – will supply half the world's energy requirements by the middle of this century." (lines 13/14)*

8. **if we stop wasting energy / if we take sction to use it more efficiently**
***Hinweis:*** *Textstelle: "But only if we stop wasting energy and take action to use it more efficiently." (lines 14/15)*

**Writing (Schriftliche Sprachproduktion)**

***Hinweis:*** *Bei beiden Schreibaufgaben geht es um zwei unterschiedliche Themen und auch die Art der Aufgabenstellung ist unterschiedlich. Die Themen haben natürlich mit dem Hauptthema der Abschlussprüfung zu tun oder stehen zumindest im inhaltlichen Zusammenhang. Es ist zunächst wichtig, dass du beide Aufgabenstellungen sorgfältig durchliest und dann entscheidest, welche du bearbeiten möchtest. Du hast die Möglichkeit, zwischen* ***Task A*** *und* ***Task B*** *auszuwählen. Für beide Aufgabenstellungen gibt es 12 Punkte auf den Inhalt, 6 Punkte auf die sprachliche Gestaltung und 6 Punkte auf die sprachliche Richtigkeit. Bei der Wahl solltest du beachten, dass* ***Task A*** *stärker mit sprachlichen Vorgaben gesteuert ist als* ***Task B.*** *Übe beide Aufgabenstellungen vor der Prüfung. Vielleicht fällt dir die Wahl dann leichter und du* *weißt, welche der beiden Aufgabenstellungen dir mehr liegt. Es hängt aber immer auch vom jeweiligen Thema ab. Du sollst ungefähr 150 Wörter schreiben. Das ist etwa eine ¾ Seite. Es ist nicht nötig, dass du die Wörter zählst. Wichtig ist aber, dass du die jeweilige Aufgabe vollständig bearbeitest.*

**Task A**

***Hinweis:*** *Bei dieser Aufgabe sollst du dich in die Lage eines Schülers oder einer Schülerin versetzen, der oder die einen kostenlosen Aufenthalt in einem Ferienlager in den USA gewonnen hat. Nachdem du wieder zu Hause angekommen bist, sollst du über deinen Aufenthalt in den USA einen Artikel für die Schülerzeitung schreiben. Auf dem Aufgabenblatt ist eine Anzeige über das besondere Ferienlager in einem Nationalpark abgedruckt. Die einzelnen kleinen Notizen geben dir die sechs inhaltlichen Aspekte an, die du in deinem Artikel aufgreifen sollst.*

Working as an Assistant Ranger

The journey to the holiday camp was really tiring. It took us more than two days. After a long flight we had to drive on country lanes for hours and hours. Our car broke down and we had to fix it in the middle of nowhere. Anyway, in the end we finally arrived at the camp. (**tiring journey**) The accommodation was simple and I slept in a tent with four other young people. During the night we listened to all sorts of strange animals. We washed ourselves in the river nearby and prepared our own food. (**accommodation**) The most exciting experience for me was when I once got up in the morning and I saw a grizzly bear standing at the entrance of our tent. My knees were trembling and I tried to stay calm. I was so relieved when he got bored after a few minutes and disappeared into the dark forest. (**most exciting experience: grizzly bear**) The typical day at the camp included getting up very early, repairing fences, taking care of injured animals and explaining to tourists how they should behave in a National Park in order not to disturb the wildlife. We were also busy with counting and registering different types of animals. The day ended with preparing our own food. (**typical day**) Always two of us accompanied an experienced park ranger. These rangers know so much about the behaviour and habits of wildlife. They almost live with the animals. (**example**) Unfortunately two of the others in my tent had to go home a couple of days before I had to leave. It was too late when I realized that they had stolen my purse with 50 dollars. This is a shame. (**worst experience: thieves**) It was a great adventure for me. If you want to know more about these kind of holiday camps you can find more information on the internet on www.nps.gov.

**Task B**

***Hinweis:*** *Bei dieser Aufgabe sollst du dich in die Lage von jemanden versetzen, der als Außerirdischer auf der Erde landet. Er ist bereits seit vier Wochen auf der Erde und betrachtet die Erde und auch die Menschen aus seiner Sicht. Der Anfang ist bereits vorgegeben. Wie bei der anderen „guided writing" Aufgabe brauchst du nur etwa 150 Wörter schreiben. Schreibe nicht zu komplizierte und zu lange Sätze. Wenn dir ein bestimmter Begriff nicht einfällt, dann versuche einfach das Ganze mit anderen Worten auszudrücken. Es werden insgesamt vier Fragen gestellt, die du in deinem Beitrag für das Onlinemagazin nature.com beantworten sollst. Zwei Aspekte sollst du selbst noch ergänzen. Da kannst du deiner Fantasie freien Lauf lassen.*

*I've been on this planet called "Earth" for four weeks now. Commander Green sent me here to find out more about this planet and its creatures. A very exciting mission indeed! …*

Most of the surface of this planet is covered with water. One could call it "the blue planet". Apart from that there are mountains, rivers, forests and also deserts. Some parts are covered with ice. (**What does the planet look like?**) When I arrived, some human beings came up to me to say hello. They were very friendly although they seemed to be afraid of me. They have spaceships on their own but they are old-fashioned and can only fly to the moon. (**Did you get in contact with human beings?**) What I don't understand is that they seem to destroy their own planet and pollute the environment. They burn oil for many reasons and although they know it's not good for them they continue doing it. They also cut down many trees in the rain forest which only makes things worse. (**How they treat their planet/nature?**) The most exciting experience in the last four weeks was that I met so many different types of human beings and they speak many different languages. And they seem to live without any antennas on their heads. (**What was your most exciting experience in the last four weeks?**) We agreed on working together in the future. I really want to help them rescuing their wonderful planet. I mean we can provide them with our advanced technological knowledge about producing clean energy. And they promised to teach me some of their languages. They are quite intelligent but in many ways very different from us. (**two additional aspects**)

### Mediation: Sprachmittlung

***Hinweis:*** *In dem vorliegenden Text geht es auch um die Hauptthematik der Abschlussprüfung, nämlich um den Klimawandel und was man dagegen tun kann. Grundsätzlich sollst du bei dieser Aufgabenstellung die wesentlichen Aussagen eines Textes herausfinden und auf Deutsch wiedergeben. Der tiefere Sinn dieser Aufgabe liegt darin, dass du später in privaten oder beruflichen Situationen sicherlich auch hin und wieder gefragt werden wirst, worum es in einem bestimmten englischen Text geht. Jemand, der kein Englisch kann, verlangt von dir dann eine Zusammenfassung der wesentlichen Informationen. Du sollst nun den entsprechenden Text nach den gesuchten Informationen durchforsten und die erwähnten Aspekte stichpunktartig auf Deutsch notieren. Die angegebenen Punkte sind ein wichtiger Hinweis für dich, wie viele Aspekte oder Teilinformationen von dir verlangt werden. Du brauchst in der Regel keine vollständigen Sätze zu schreiben; Einzelwörter sind aber meist nicht ausreichend für eine Antwort.*

### Reading Text 3: Housholds and Climate Change

1. **Anstieg der Treibhausgase (in der Erdatmosphäre)**
   ***Hinweis:*** *Textstelle: "... Climate change is caused by an increase in the greenhouse gases in the Earth's atmosphere ..."*

2. **er ist <u>um mehr als ein Drittel angestiegen</u> / er ist <u>von 280 (260) ppm auf 380 ppm</u> angestiegen**
   ***Hinweis:*** *Textstelle: "... Before ... levels ... were consistently between 260 and 280 parts per million. In recent times human activities have increased the concentration to 380 ppm – that's an increase of more than a third! ..."*

3. a) **das Verbrennen von fossilen Brennstoffen (wie z. B. Kohle, Öl oder Gas)**
   ***Hinweis:*** *Textstelle: "... burning fossil fuels – coal, oil or gas ..."*

   b) **das Verwenden von Elektrizität, die durch das Verbrennen fossiler Brennstoffe gewonnen wurde**
   ***Hinweis:*** *Textstelle: "... using electricity generated by burning fossil fuels ..."*

   c) **einige Aspekte der Landwirtschaft (wie z. B. Viehzucht, das Verwenden von Düngern und durch einige Feldfrüchte)**
   ***Hinweis:*** *Textstelle: "... some aspects of farming: raising cattle and sheep, use of fertilisers and some crops ..."*

   Aber auch folgende Lösungen wären möglich und richtig:
   - **das Roden von Land und das Niederbrennen von Wäldern**
     ***Hinweis:*** *Textstelle: "... clearing land and burning forests ..."*
   - **industrielle Vorgänge (wie z. B. die Herstellung von Zement oder Aluminium)**
     ***Hinweis:*** *"... some industrial processes like making cement and aluminium ..."*

4. a) Detail 1: **Im Lauf der letzten 100 Jahre ist die Temperatur** (**durchschnittlich**) **bereits <u>um ca. 0.7 °Celsius</u> angestiegen.**
*Hinweis: Textstelle: "... has already risen by around 0.7 °C over the past hundred years ..."*
Detail 2: **Die Temperatur wird** (**bis Ende des 21. Jahrhunderts**) **voraussichtlich noch <u>um 1.0° C–6.4 °C</u> ansteigen.**
*Hinweis: Textstelle: "... is projected to increase from 1.0 °C–6.4 °C by the end of the 21st century ..."*

b) **die Gletscher schmelzen**
*Hinweis: Textstelle: "... Sea levels are rising and oceans expand as glaciers melt ..."*

c) **sie werden häufiger, treten weiter verbreitet auf und werden intensiver**
*Hinweis: Textstelle: "... become more frequent, more widespread or more intense ..."*

5. a) (**anstatt das Auto zu benutzen**) **auf öffentliche Verkehrsmittel umsteigen**
*Hinweis: Textstelle: "... Instead of going by car, use public transport or walk ..."*

b) **kühle Lebensmittel <u>sofort nach Gebrauch</u> zurück in den Kühlschrank stellen**
*Hinweis: Textstelle: "... Put cold items back in the fridge immediately after use ..."*

c) **nur die Räume heizen, in denen man sich aufhält** (**Türen zu den anderen Räumen schließen**)
*Hinweis: Textstelle: "... Only heat rooms you are using and close doors to other rooms ..."*

Aber auch folgende Lösung wäre möglich und richtig:
- **Geschirrspüler nur dann anschalten, wenn er voll beladen ist**
  *Hinweis: Textstelle: "... Only run your dishwasher when it's fully loaded ..."*

**Abschlussprüfung an Realschulen: Englisch 2008**
**Listening Comprehension**

## Text 1: Life in South Africa

Statement A
I am a primary school teacher in Gauteng. Three weeks ago burglars came into my house. We were scared to death. A week later they came back, broke a window and then took my stereo. I've now installed an alarm although it was extremely expensive, but I want my kids to feel safe.

Statement B
I am a secondary teacher in Alexandra Township. Conditions are much better now: We have a new curriculum and modern equipment. Overcrowding is still a big issue – I have 50 students in my class – but at the end of the day, there are far better opportunities for young people than before.

Statement C
Ten years ago, black people couldn't mix with whites. Now we work with white people and can travel with them – blacks and whites can marry. But there are lots of situations where the differences are still obvious: If you go to a shop for example and it's a white person serving, when you give money you don't give it hand to hand – you have to put it down on the table.

Statement D
For the last ten years I've worked for a South African restaurant chain. Economically things are getting worse – money is tighter and there's a rise in the cost of living. My husband is a security guard and we have one daughter. Rent and school fees make life really tough.

Statement E
I haven't had any proper work for the last ten years. At the moment I'm a roadside hairdresser. I charge 5 rand for a shave and 10 rand for a cut. I survive but it is hard. The government should make every effort to provide employment, especially for young people.

## Text 2: The 2010 FIFA World Cup

Jim: And now over to Bridget Price and the "Sports News". Today she's got a report from faraway South Africa. Good morning, Bridget.

B. P.: Good morning, Jim. Germany's football legend Franz Beckenbauer declared himself "very much impressed" with South Africa's preparations for the 2010 FIFA World Cup. "Der Kaiser", who was in South Africa for the 50th anniversary celebrations of the CAF, the Confederation of African Football, took some time off last Wednesday to visit the construction site of the picturesque Greenpoint FIFA World Cup stadium in Cape Town.

F. B.: Cape Town is one of the most exciting and beautiful cities in the world. The Greenpoint World Cup Stadium is a fantastic location, at the foot of Table Mountain and only a stone's throw away from the Atlantic Ocean. The place could not be better. I'm confident South Africa will be ready to host the global football showpiece in 2010. As far as I can see they're on time and I have no doubt all the stadiums will be finished before the World Cup.

B. P.: Mr Beckenbauer advised South Africans to put their own stamp on what will be the first FIFA World Cup on the African continent.

F. B.: The best thing is not to copy the German World Cup. South Africa must ensure it's an African World Cup, with all the continent's culture and flair. Then it will be a great success.

B. P.: After the visit, I asked Danny Jordaan, the CEO of the South African 2010 Organising Committee, whether he was pleased with Beckenbauer's remarks.

D. J.: Oh, definitely. I'm very happy. Beckenbauer is getting very excited about Africa's first World Cup. The doubts he had in the beginning about South Africa's ability to host 2010 are long gone.

Jim: I'm sure our listeners and football fans all over the world will be glad to hear that.

**Text 3: FAQs about South Africa**

What's the place like?
Believe it or not, we have cities with skyscrapers and electric lights, with roads and traffic jams. And we have an excellent infrastructure. You can drive on **wide** highways all the 2 000 kilometres from Musina in the very north of the **country** to Cape Town in the south.

Do South Africans speak English?
Yes, indeed. Everywhere you go, you will find people who speak or understand English. It's the language of the cities, of business and politics, of **signs** and official documents. At any hotel, the receptionists and waiters will speak English. Another **major** language is Afrikaans, which northern Europeans will find easy to follow.

Is it safe to walk around?
Like anywhere, if you don't **use** dark and lonely streets in the middle of the night. Yes, there is crime in several areas. But you can live here without any problems if you don't forget to lock your doors at night.

And the food?
For the more adventurous we offer **challenges** like crocodile steak and fried sheep's head. For the less brave our restaurants serve lots of traditional dishes prepared by creative cooks.

**Text 4: Kruger National Park**

Recept.: Kruger National Park Central Reservations, good morning. I'm Margaret. How can I help you?

Tourist: Good morning. My name is Arthur Hornby from Manchester. My wife and I are planning to spend a couple of days at the Kruger National Park in July or August.

R: Let me check … July … August … there are still some vacancies at Crocodile Bridge Camp in the south-eastern corner of the Park.

T: What kind of accommodation do they offer?

R: There are safari tents, caravans and 20 bungalows.

T: No! No, no tents, thank you very much. How much is a bungalow per night?

R: £ 50 for a standard and £ 57 for a superior. If you choose to come in August, it's £ 43 per night in each category.

T: What are the bungalows like?

R: They're all very spacious with private bathrooms. The superior ones offer a spectacular riverside view. … There's also air-conditioning … but that's standard anyway. Another extra in each superior bungalow is a small kitchen on the veranda.

T: Oh, and what activities do they offer in Crocodile Bridge Camp?

R: You can take part in a jeep safari and if you're lucky, you will spot the so-called "Big Five" from the car.

T: Great! I've heard that's a real *must* when you go to South Africa.

R: Another highlight of this camp is an illuminated waterhole where hippos regularly take a bath. That's a scene really worth watching and filming.
T: That's exactly the sort of thing we're looking for. How can we book?
R: You'll need to send us a fax with your personal data plus signature first. Then we will confirm the reservation. The number is 0027 for South Africa and 123430905 for our office in Pretoria.
T: … 0905. Got it! Is there a website for further information?
R: I'd recommend www.go2africa.com, go2africa as one word, with 2 as a number, not as a word.
T: Thanks for all the information. You've been most helpful.
R: You're welcome, sir.

**Text 5: 702 Talk Radio**

Interviewer: Hello. Welcome to 702 CapeTalk. I'm Mike and with me in the studio are Gracie, Jessica and Kuan from Johannesburg. You all come from different ethnic backgrounds, could you introduce yourselves to our listeners?
Gracie: Hi, I'm Gracie. I'm 16 and I'm black.
Jessica: Hi, my name is Jessica. I'm 15 and white.
Kuan: Hello, I'm Kuan. I'm 16 and a Taiwanese-South African.
Interviewer: Thank you for coming here today. And my first question is: Is there still racism in South Africa 13 years after the end of apartheid? Gracie, what do you think?
Gracie: Well, I'm afraid racism is still out there. It's hard to explain but you get the feeling that some white people look down on black people. They smile at you but as soon as they turn their back, they've got this expression on their face …
Kuan: Mmh. Last year I dated a white girl. My parents totally ignored her and I was the black sheep of the family.
Jessica: Well, I'm seeing a coloured guy at the moment and no one cares about it.
Interviewer: What do you think? Will it ever be possible to put an end to racism for good?
K.+G.+J.: No!
Interviewer: Well, you don't sound too optimistic … We all agree that on the one hand South Africa is great but on the other hand it's dangerous. Gracie, how does crime affect you?
Gracie: Well, it has made us dependent. We can't go anywhere without lifts from our parents. You feel like a baby, not a teenager!
Interviewer: And what about you, Jessica?
Jessica: My friends and I were once carjacked by people with guns. It was traumatic but it made us more careful. We have to stay in groups to be safe and we always have to keep an eye on each other.
Kuan: What a nightmare! Poor you! I had a terrifying experience myself: We had a robbery at home, and my dad put locks everywhere. Our home is like a prison now.
Interviewer: Time is almost up. My last question is: What do you hope for in the future? Jessica?
Jessica: I'd love to teach children because I'm convinced that racism has something to do with education. … My dream is to create a racist-free world.
Interviewer: Fine … Gracie?
Gracie: I'd like to see South Africa a safer place. Everything must be done to reduce the country's crime rate.
Interviewer: And what about you, Kuan?
Kuan: What I hope for is that all people will have equal rights one day, no matter what background they come from.
Interviewer: Thank you all very much for coming into the studio today … (fade out)

## South Africa

POINTS

### Task 1: Life in South Africa

**You will hear five statements (A – E) from people who live in South Africa. What is the main idea of each statement? Write the letters (A – E) in the correct boxes. Be careful: Use each letter only once!**
***(You'll have 5 seconds after the first listening and 5 seconds after the second listening.)*** **5**

| | | | |
|---|---|---|---|
| Things in education have improved | 2 | Financial problems have increased | 5 |
| Racism still exists | 3 | There aren't enough good jobs | 4 |
| The government should fight racism | | Crime is a problem | 1 |

### Task 2: The 2010 FIFA World Cup

**You will hear a radio report about a visit Franz Beckenbauer paid to South Africa. Tick (✓) the correct box.**
***(You'll have 5 seconds after the first listening and 5 seconds after the second listening.)*** **4**

1. The main reason for Beckenbauer's trip to South Africa was …
   - A ☒ to watch an official football match.
   - B ☒ to take part in an anniversary celebration.
   - C ☐ to go sightseeing in Cape Town.

2. Where exactly is Greenpoint World Cup Stadium located?

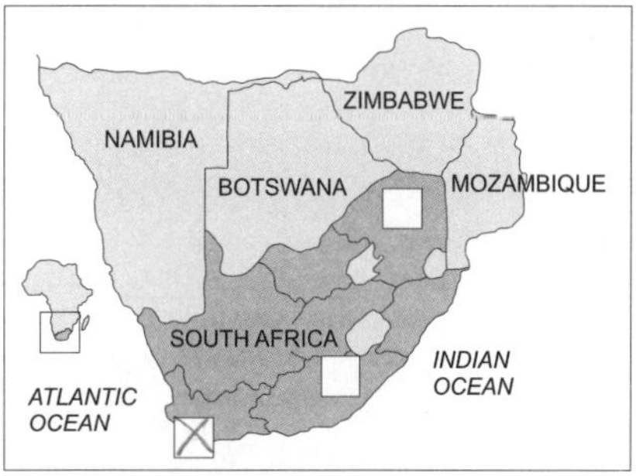


3. Beckenbauer advised South Africans to …
   - A ☒ bring out their own official World Cup stamp.
   - B ☐ imitate the 2006 German World Cup.
   - C ☐ make the World Cup typically African.

4. Beckenbauer's overall impression after the visit is:
   - A ☐ He is optimistic, but still has some doubts.
   - B ☐ He is rather doubtful about the schedule.
   - C ☒ He has no more doubts about the success.

## Task 3: FAQs about South Africa

**You will listen to some frequently asked questions (FAQs) about South Africa. Underline the wrong words in the text and write the correct version in the space provided.**
***(You'll have 10 seconds after the first listening and 15 seconds after the second listening.)*** **6**

### What's the place like?

Believe it or not, we have cities with skyscrapers and electric lights, with roads and traffic jams. And we have an excellent infrastructure. You can drive on wild highways all the 2000 kilometres from Musina in the very north of the county to Cape Town in the south.

### Do South Africans speak English?

Yes, indeed. Everywhere you go, you will find people who speak or understand English. It's the language of the cities, of business and politics, of sights and official documents. At any hotel, the receptionists and waiters will speak English. Another nature language is Afrikaans, which northern Europeans will find easy to follow.

### Is it safe to walk around?

Like anywhere, if you don't choose dark and lonely streets in the middle of the night. Yes, there is crime in several areas. But you can live here without any problems if you don't forget to lock your doors at night.

### And the food?

For the more adventurous we offer changes like crocodile steak and fried sheep's head. For the less brave our restaurants serve lots of traditional dishes prepared by creative cooks.

## Task 4: Kruger National Park

**You will hear a telephone conversation between a tourist and a receptionist at Kruger National Park reservation hotline. Complete the tourist's notes. You don't have to write complete sentences.**
***(You'll have 10 seconds after the first listening and 20 seconds after the second listening.)*** **7**

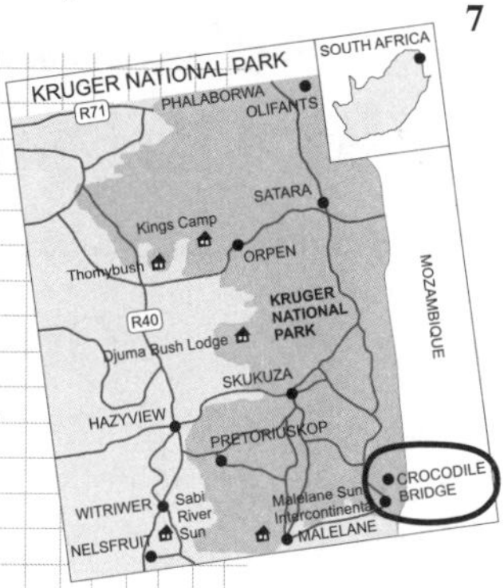


# *Kruger National Park*

*Name of camp:* Crocodile Bridge

*Price per night in August:* ... 43 pounds ✓

*Extras in superior bungalows:*

1) ... small kitchen ✓
2) ... air condition ✗

*Activities:*

1) ... cheep safari
2) ... illuminated waterfall

*Fax number:* ... 0027 123430905 ✓

*Website:* ... www.go2africa.com

*Reservation hotline*

+ 27 (0)13
735 4000

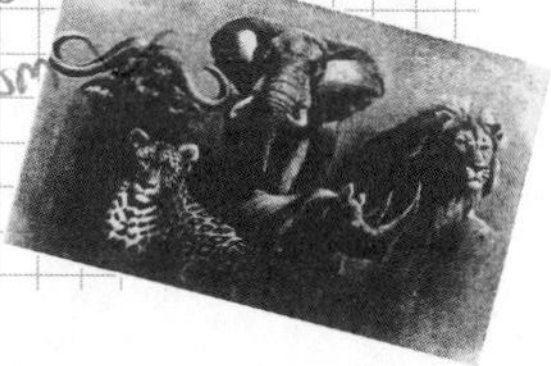

## Task 5: 702 Talk Radio

**You will hear a radio interview with teenagers from Johannesburg. Fill in the grid. You don't have to write complete sentences but one word is not enough.** ***(You'll have 30 seconds after the first listening and 90 seconds after the second listening.)*** **8**

| What they say … | Gracie | Jessica | Kuan | |
|---|---|---|---|---|
| about signs of racism: | white people look down on black people ✓ | ✓ | black sheep | 2 |
| about negative effects of crime: | makes dipendent can't go [illegible] | we stay in groups | a prisoner nightmare | 3 |
| about hopes for the future: | reduce crime safer place | create a racist free world | equal rights | 3 |

# Good luck!

## Lösung

*Allgemeine Hinweise:* In dem vorliegenden Hörverstehenstest geht es um das Hauptthema *„South Africa"*. Die Hörverstehensprüfung umfasst insgesamt fünf verschiedene Texte. Die Sprecher haben auch einen leichten südafrikanischen Akzent. Du wirst aber sehen, sie sind trotzdem sehr gut zu verstehen.
*Wichtig ist, dass du nicht gleich nervös wirst, wenn du die eine oder andere Aufgabe nicht sofort lösen kannst. Alle Texte werden zweimal vorgespielt und es ist in der Regel genügend Zeit eingebaut, damit du die Lösungen auf das Angabenblatt schreiben kannst. Du kannst dir Notizen auf einem Extrablatt machen, aber pass auf, dass du am Ende alles auf das Angabenblatt geschrieben hast. Du brauchst auch keine Sorge zu haben, wenn du nicht gleich alle Begriffe verstehst. In aller Regel wird die gesuchte Lösung nicht gerade von diesem Begriff abhängen. Außerdem kann man das meiste sowieso aus dem Sinnzusammenhang erschließen. Wichtig für dich ist auch, dass bei Grammatik- bzw. Rechtschreibfehlern nur dann Punkte abgezogen werden, wenn diese sinnentstellend sind.*
*Die Gesamtpunktzahl der Abschlussprüfung ergibt sich durch Addition der im Hörverstehenstest und im schriftlichen Teil erreichten Punkte. Zusätzlich fließen noch die im „Speaking Test" erzielten Punkte in die Gesamtpunktzahl der Abschlussprüfung ein. Der Hörverstehenstest umfasst insgesamt 30 Punkte. Dies ist etwa ein Fünftel der zu vergebenen Punkte. Es geht also ungefähr um 1,5 Notenstufen. Zu Beginn der Hörverstehensprüfung ist es besonders wichtig, dass du vor dem Start der CD nochmal ruhig wirst und die ganze Konzentration sammelst. Bewusstes und ruhiges Atmen fördert auch die Konzentration. Vor Beginn der Tonaufnahme bekommst du etwa fünf Minuten Zeit um das Angabenblatt kurz durchzusehen. Du weißt dann schon, um welches grobe Gesamtthema es geht.*

### Task 1: Life in South Africa

***Hinweis:*** *Für die folgende Aufgabe hörst du fünf kurze Statements von Personen die im Moment in Südafrika leben (A, B, C, D und E). Auf dem Angabenblatt findest du sechs Aussagen zu verschiedenen Aspekten Südafrikas. Du sollst nun die Hauptaussagen der jeweiligen „statements" heraushören und die jeweiligen Buchstaben in die Kästchen schreiben. Du darfst aber keinen Buchstaben zweimal verwenden. Ein Kästchen bleibt also frei. Du musst daher genau hinhören und die fünf Buchstaben nur einmal verteilen. Einzelne Stichwörter oder Begriffe im Text geben dir den Hinweis auf die richtige Lösung. Die besondere Schwierigkeit bei dieser Aufgabe besteht darin, dass manche Stichwörter bei mehreren „statements" vorkommen.*

### Life in South Africa

Crime is a problem **A**

***Hinweis:*** *Der Sprecher berichtet von mehreren Einbrüchen in seinem Haus und davon, dass er jetzt eine Alarmanlage installiert hat, damit sich seine Kinder sicher fühlen.*

"Things in education have improved" **B**

***Hinweis:*** *Die Sprecherin ist eine Lehrkraft in Alexandra Township. Sie äußert sich darüber, dass die Bedingungen jetzt viel besser sind: „conditions are much better now". Im Folgenden beschreibt sie die Dinge, die sich in der Tat verbessert haben, geht aber auch auf die Probleme ein.*

"Racism still exists" **C**

***Hinweis:*** *Der Sprecher beschreibt verschiedene Aspekte von Rassismus in Südafrika. Demnach sind manche Dinge besser geworden, z. B. dass Schwarze und Weiße jetzt heiraten kön-*

*nen. Viele Probleme sind aber auch geblieben. Er kommt daher zu dem Schluss, dass Rassismus immer noch vorhanden ist. Du musst hier genau hinhören. Die Aussage auf dem Angabenblatt „the government should fight racism" liegt thematisch sehr nahe an der Aussage. Da aber im „statement" keinerlei Bezug auf die Regierung genommen wird, kann diese Aussage nicht zutreffen.*

"Financial problems have increased" **D**

***Hinweis:*** *Die Äußerung „economically things are getting worse" drückt das Ganze nur in anderen Worten aus. Die Situation wird auch noch genauer beschrieben, nämlich, dass die Lebenshaltungskosten gestiegen sind und dass die Miete oder das Schulgeld das Leben wirklich schwer machen.*

"There aren't enough good jobs" **E**

***Hinweis:*** *Der Sprecher redet davon, dass er als Straßenfrisör arbeitet und sehr wenig verdient. Er kann kaum von seinem Einkommen leben. Er meint, dass die Regierung dafür sorgen sollte, dass besonders junge Menschen eine richtige Beschäftigung bekommen. Lass dich aber nicht durcheinander bringen. Das Wort „government" taucht auch in einer Äußerung auf dem Angabenblatt auf. Dort steht es aber im Zusammenhang mit dem Kampf gegen Rassismus.*

## Task 2: The 2010 FIFA World Cup

***Hinweis:*** *Im nächsten Teil der Prüfung hörst du einen Radiobericht über einen Besuch von* ***Franz Beckenbauer*** *in* ***Südafrika*** *anlässlich des* ***FIFA World Cups*** *im Jahre 2010. An dem Gespräch beteiligen sich vier Sprecher. Du musst einzelne Detailinformationen heraushören. Drei von vier Aufgaben drehen sich dabei um Franz Beckenbauer und betreffen seine Meinungen bzw. Einschätzungen. Du sollst hier jeweils die richtige Lösung herausfinden und ein Häkchen in die entsprechenden Kästchen machen. Du darfst aber bei jeder Nummer nur ein Häkchen machen, also entweder bei A, B oder C. Es handelt sich um eine typische Multiple-Choice-Aufgabe mit jeweils drei möglichen Antworten. Wie alle Texte wird auch dieser Text zweimal dargeboten, sodass du beim ersten Hören noch nicht alles herausfinden musst. Also keine Panik. Solltest du bei einer Frage überhaupt nicht wissen, wo du ein Häkchen machen sollst, dann setze trotzdem irgendwo eines hin. Vielleicht hast du Glück und du findest die richtige Lösung durch Zufall. Lies dir vor dem Hören die einzelnen möglichen Antworten kurz durch, damit du schon einen ersten Überblick gewinnst. Lass dich nicht nervös machen, auch wenn du eine Lösung nicht gleich findest. Du musst nicht 100 % lösen, um eine gute Note zu bekommen.*

1. **B** ☑ **… to take part in an anniversary celebration.**

   ***Hinweis:*** *Der entscheidende Hinweis ist hier der Satz „… who was in South Africa for the 50th anniversary celebrations …". Es ist zwar auch davon die Rede, dass er das Stadion in Cape Town besuchen wird, aber im Eingangssatz der Aufgabe geht es ganz klar um den Hauptgrund seines Besuches („****main*** *reason"). Es ist also wichtig, dass du nicht nur genau hinhörst sondern auch wichtig, dass du die Aufgabenstellung genau liest. Oft sind hier bereits wichtige Hinweise für die Lösung enthalten.*

2. **B left box**

   ***Hinweis:*** *Die entscheidende Textstelle ist hier: „… only a stone's throw away from the Atlantic Ocean …". Auf der Karte ist nur ein Kästchen direkt am Atlantischen Ozean. Auch wenn du den Ausdruck „stone's throw" (im Deutschen „ein Katzensprung") nicht verstehen solltest, müsstest du die Aufgabe richtig lösen können.*

3. **C** ☑ **… make the World Cup typically African.**

***Hinweis:*** *Diese Aufgabe ist nicht ganz leicht. Die entsprechende Textstelle lautet: "… The best thing is not to copy the German World Cup. South Africa must ensure it's an African World Cup, with all the continent's culture and flair …". Die zwei Aussagen bei den Buchstaben A und B könnten dich irritieren und auf die falsche Fährte bringen. Einmal wird das Wort „stamp" erwähnt. Dieser Begriff wird aber im Text anders gebraucht als in der Aufgabenstellung. Über die Frage einer eigenen Briefmarke wird im Text keine Aussage gemacht. Auch der Begriff „German World Cup" taucht sowohl in der Aufgabenstellung als auch im Text auf. Du musst daher wirklich genau hinhören und darfst dich nicht verwirren lassen.*

4. **C** ☑ **He has no more doubts about the success.**

***Hinweis:*** *Danny Jordaan spricht über etwaige Zweifel von Franz Beckenbauer bezüglich des Erfolgs des World Cups in Südafrika und bringt am Ende des Radioberichts deutlich zum Ausdruck: "The doubts he had in the beginning about South Africa's ability to host 2010 are long gone." Beckenbauer ist also jetzt überzeugt, dass alles gut klappen wird und er hat keine Zweifel mehr.*

### Task 3: FAQs about South Africa

***Hinweis:*** *Im folgenden Hörtext hörst du Hotline Informationen. Es werden „frequently asked questions", sogenannte* ***FAQs über Südafrika*** *gestellt. Die Informationen auf dem Angabenblatt unterscheiden sich aber an einigen Stellen von den Informationen, die im Interview gegeben werden. Bei dieser Aufgabe wird pro richtig verbessertem Ausdruck ein Punkt vergeben. Übersteigt die Gesamtzahl der von dir verbesserten Fakten die Zahl der zu findenden Fehler, so wird pro überzähligem Ausdruck ein Punkt abgezogen. Da auf diese Aufgabe sechs Punkte vergeben werden, musst du also insgesamt sechs Informationen berichtigen, nicht mehr und nicht weniger. Der Text wird, wie alle anderen auch, zweimal vorgespielt. Wenn du beim ersten Hören nicht gleich alle Stellen verbessern kannst, dann hilft es dir vielleicht für das zweite Hören, wenn du die Stellen schon mal kennzeichnest. Vor dem ersten Hören hast du genügend Zeit, um dir das Angabenblatt genau anzusehen. So kannst du dich schon gut auf die Höraufgabe einstellen. Manchmal liegen die einzelnen Begriffe lautlich sehr eng beieinander. Wenn du Schwierigkeiten hast, das richtige Wort zu hören, kannst du auch versuchen, die richtige Lösung aus dem Sinnzusammenhang zu erschließen. Du musst zwischen zwei Sprechern unterscheiden.*

| | | |
|---|---|---|
| wild | → **wide** | Text: "… You can drive on **wide** highways …" |
| county | → **country** | Text: "… in the very north of the **country** to Cape Town in the south …" |
| sights | → **signs** | Text: "… It's the language of the cities, of business and politics, of **signs** and official documents …" |
| nature | → **major** | Text: "… Another **major*** language is Afrikaans, …" |

***Hinweis:*** *Die Lösung „mayor" (= Bürgermeister) ist sinnentstellend und führt zu Punktabzug.*

| | | |
|---|---|---|
| choose | → **use** | Text: "… if you don't **use** dark and lonely streets in the middle of the night …" |
| changes | → **challenges** | Text: "… we offer **challenges** like crocodile steak and fried sheep's head …" |

## Task 4: Kruger National Park

*Hinweis: In der nächsten Höraufgabe geht es um den* ***Kruger Nationalpark*** *in Südafrika. Das grobe Rahmenthema ist also immer noch dasselbe. Du hörst nun ein Telefongespräch zwischen dem Touristen Arthur Hornby und Margaret, die für die Hotline beim Kruger Nationalpark zuständig ist. Du musst also zwischen zwei Stimmen unterscheiden können und die entsprechenden Informationen auf das Angabenblatt schreiben. Es werden nur die Informationen verlangt. Du brauchst also keine Sätze schreiben. Es handelt sich um insgesamt sieben Details. Auch hier gilt wie für den übrigen Test, dass Rechtschreibfehler nicht gewertet werden solange sie nicht sinnentstellend sind.*

| | |
|---|---|
| **Price per night in August:** | **£ 43** |
| **Extras:** | 1) (spectacular) **riverside view**<br>2) **small kitchen** (on the veranda) |
| **Acitivities:** | 1) (take part in a) **jeep safari**<br>mögliche Alternative: spot the so-called **„Big Five“**<br>2) **watch and film hippos** |
| **Fax number:** | **0027 12 343 0905** |
| **Website:** | **www.go2africa.com*** |

*Hinweis:*
* *Da die Internetadresse hier buchstabiert wird, kannst du bei dieser Aufgabe nur dann den Punkt bekommen, wenn du die gesamte Adresse richtig geschrieben hast.*

## Task 5: 702 Talk Radio

*Hinweis: In der nächsten Höraufgabe geht es um ein Radiointerview. Es sind vier Sprecher beteiligt. Der Interviewer Mike will von den Jugendlichen aus* ***Johannesburg*** *wissen, wie sie über die Themen* ***Rassismus***, ***Kriminalität*** *und* ***Zukunft*** *denken. Die drei Jugendlichen heißen Gracie, Jessica und Kuan. Sie haben alle drei einen unterschiedlichen ethnischen Hintergrund. Bei dieser Aufgabe werden etwas längere Antworten erwartet. Manchmal hilft es, wenn du dir beim ersten Hören ein paar Notizen machst und dann die Antworten auf das Angabenblatt schreibst.*
*Bei den folgenden Lösungen werden manchmal mehr als die geforderten zwei Aspekte angegeben, weil auch mehrere unterschiedliche Lösungen möglich und richtig sind. Auch wenn du dir nicht sicher bist, ist es immer besser, du gibst eine Lösung an bevor du gar nichts hinschreibst.*

| What they say … | Gracie | Jessica | Kuan |
|---|---|---|---|
| about signs of racism: | (some) white people look down on black people | – | parents (totally) ignored his (white) girlfriend |
| about negative* effects of crime: | has made us dependent<br>Alternative:<br>we need lifts from our parents | we have to stay in groups **<br>Alternative:<br>stay in groups to be safe/we have to keep an eye on each other/were once carjacked | our home is like a prison now<br>Alternative:<br>dad put locks everywhere/had a robbery at home |
| about hopes for the future: | see South Africa a safer place<br>Alternative:<br>reduce the country's crime rate | (create) a racist-free world | equal rights for all people |

***Hinweis:***

* *Hier sind mehrere Antworten möglich.*

** *Die unterstrichenen Aspekte sind erforderlich um den Punkt zu erhalten (für „stay in groups" alleine gibt es keinen Punkt).*

## Part I: Reading – Digital World

### TEXT

# No more songs in their pockets: schools ban iPods

**The teenagers' gadget of choice, the iPod, has been banned at a large number of schools worldwide because they may lead to "social isolation".**

The principal of the International Grammar School (IGS) in Sydney, Kerrie Murphy, justified her decision to ban the palm-sized stereos as follows: *"It's important for kids to be talking to one another at school, socialising and being part of a community. That's why they come here, to be connected. Don't get me wrong – I think iPods are fantastic but kids don't need them at school."* She said most parents had thanked the school for the ban, which means that students bringing iPods to school have to place them in a locked drawer until home time. Julie Claessens, a mom, supports the ban. *"They can listen to iPods and call their friends as much as they want after school,"* she said.

However, year 11 and 12 students are not so pleased and complained they had not been consulted. Nick Stubbs, 16, said about 80 per cent of his classmates owned MP3 players and that most listened to them on the bus, at lunchtime and in the classroom because it helped them focus.

George Brownlee, president of the New South Wales Federation of Parents and Citizens Associations, took the students' side. *"If you're sitting on the bus for an hour in the morning ... then you may as well have an iPod to keep you company,"* he said. *"iPods should be allowed in schools as long as they are not used inappropriately or during lessons."*

But that is precisely the problem. In their search for more complex ways of cheating, students have discovered the MP3 player. Primitive methods, such as writing mathematical formulas on rulers or erasers, are too obvious. Some schools long ago banned baseball caps – students were writing the answers under the brim. Then they targeted mobile phones, realizing students could text message the answers to each other. Now MP3 players are being thrown out because students are using them to cheat, too. Still, Aaron Maybon, an IT expert at Mountain View High School, said, the ban has not stopped some of his students from using the devices. *"It doesn't take long to get out of the loop with teenagers,"* he said. *"They come up with new and creative ways to cheat pretty fast."*

Of course, even though MP3 players can be used to cheat, their useful purposes in education should not go unnoticed. *"I often download and then listen to podcasts in French; one of my classmates even records and listens to mathematical formulas. She says it helps her memorize them more easily,"* Nick Stubbs explained. Considering how many teenagers own MP3 players, there are so many who could benefit from using them for education as well as entertainment.

(adapted from: *No more songs in their pockets: school bans iPods, The Sydney Morning Herald,* March 22, 2005)

POINTS

## TASK 1

**Read the text *'No more songs in their pockets'* (page 1).**
**One ending to each of the following sentences (1–3) is correct. Tick (✓) it.**

1. *'No more songs in their pockets'* is …
   - A ☒ an interview in a magazine.
   - B ☐ a reader's letter to the editor.
   - C ☒ an article from a newspaper. 1

2. The text mainly describes …
   - A ☐ possible advantages of learning with MP3 players.
   - B ☐ modern ways of cheating in the classroom.
   - C ☒ different reactions to the use of iPods at school. 1

3. The author of the text wants to …
   - A ☐ entertain.
   - B ☒ inform.
   - C ☐ criticise. 1

## TASK 2

**Read the text *'No more songs in their pockets'* (page 1).**
**Are sentences 1–5 'True' (T) or 'False' (F)? If there is not enough information to answer 'True' or 'False', choose 'Not in the text' (N).**
**Tick (✓) the correct answer.**

| | | T | F | N | POINTS |
|---|---|---|---|---|---|
| 1. | The majority of parents welcome the ban of MP3 players at IGS[1]. | ☐ | ☒ | ☐ | 1 |
| 2. | At IGS[1], students are not allowed to bring their iPods to school. | ☐ | ☒ | ☐ | 1 |
| 3. | Most of the year 11 and 12 students support the ban. | ☒ | ☐ | ☐ | 1 |
| 4. | Students prefer mobile phones to MP3 players for cheating. | ☐ | ☐ | ☒ | 1 |
| 5. | MP3 players might help a lot of students to improve at school. | ☒ | ☐ | ☐ | 1 |

1 International Grammar School in Sydney

## TASK 3

**Look at the text *'No more songs in their pockets'* (page 1).**
**Who could have said the following?**
**Match the people (A–E) with the statements (1–7). Write the correct numbers in the grid below.**
**Be careful: There are two statements that you do not need.**

| | |
|---|---|
| **A** | K. Murphy |
| **B** | J. Claessens |
| **C** | N. Stubbs |
| **D** | G. Brownlee |
| **E** | A. Maybon |

**1** "I used to listen to music after completing my tests – something I can no longer do."

**2** "Speaking as a mother, I'm strictly against the ban. I think it's ridiculous that my son isn't allowed to bring his brand-new MP3 player to school."

**3** "No matter how much technology we ban from the classroom – our students will always find a way to cheat."

**4** "I've discussed this topic with many parents and I think teachers should teach pupils how to use iPods for learning and not ban them."

**5** "We have sold more than 10 million iPods worldwide since their introduction in 2001."

**6** "I'm responsible for the social and academic development of my students. It's not helpful if they plug out and avoid communication with others."

**7** "I wouldn't want my son to listen to music during lessons instead of listening to what the teacher says."

| A | B | C | D | E |
|---|---|---|---|---|
| 6 | 7 | 1 | 6 | 3 |

5

## TASK 4

**Read the short text below and look carefully at each line. Some of the lines are correct, but seven of them have a word which should not be there. If a line is correct, put a tick (✓). If a line has a word which should not be there, write the word in the space provided. There are two examples (0) at the beginning.**

### UK youth facing 'hearing loss time bomb'

| | | |
|---|---|---|
| 0 | *them* | Young people have been advised **them** to wear ear plugs if they go to music |
| 0 | ✓ | gigs or nightclubs frequently, or face the risk of permanent hearing loss. The |
| 1 | which | Royal National Institute for the Deaf (RNID) which has warned that Britain is |
| 2 | ✓ | facing a "hearing loss time bomb" and says that 90 per cent of young people |
| 3 | | is experience symptoms of hearing damage after going out, but are not using |
| 4 | | any one protection. As part of its *Like it Loud?* report, the charity asked teen- |
| 5 | ✓ | agers what about their behaviour when it comes to protecting their hearing. |
| 6 | ✓ | "Our research shows most young people have experienced the first signs of |
| 7 | yet | permanent hearing damage after a night out, yet to have no idea how to pre- |
| 8 | ✓ | vent it. It seems they still haven't realized that listening to music at a high |
| 9 | do | volumes in clubs, discos and bars could do damage their hearing forever." |

9

(adapted from: *UK youth facing 'hearing loss time bomb', www.scarletmagazine.co.uk,* July 2007)

## TASK 5

**Verwenden Sie die Informationen aus der folgenden Bedienungsanleitung und beantworten Sie die Fragen (1–4) stichpunktartig auf Deutsch (keine wörtliche Übersetzung nötig; Einzelwörter genügen nicht als Antwort):**

# My Mobile Phone. My safety!

### 4.3 EMERGENCY CALLS

The emergency call function is a simple function which can save your life in a decisive moment. You can store a total of 5 emergency numbers (relatives, neighbours, friends, rescue, etc.).

**What is to be done in the case of emergency?**

Either hold down the emergency button on the back of the mobile phone for 3 seconds or press it 3 times within 3 seconds.
By pressing the emergency button, the emergency call numbers you stored before will be called in the sequence in which you stored them. At the same time, the persons called are informed via text message that an emergency call is coming.
*Tip: Inform the contacts you select that they could be called by you in case of an emergency.*

**The Emergency Call Cycle**

As soon as the first person receives your emergency call, this person must press the button [0] during the first minute of conversation. This guarantees that your emergency call does not end up going unheard on an answering machine. As soon as [0] has been pressed the remaining emergency call numbers are no longer called.

**Special safety features:**

- When you have activated the emergency call function, the phone automatically picks up incoming calls without you having to press a button.
- If you have suppressed your number, this function is automatically deactivated for the emergency call.
- If the phone has no reception during the emergency, then the international emergency number 112 is automatically dialled.

(adapted from: *emporia* ***Life****, www.emporia.at)*

1. Wie wird der Notruf aktiviert? (2 Möglichkeiten) 2

______________________________

______________________________

______________________________

2. Was passiert dann? (2 Schritte) 2

______________________________

______________________________

______________________________

3. Warum muss der Angerufene die Taste [0] drücken? (2 Gründe) 2

______________________________________

______________________________________

______________________________________

4. Welche Sicherheitsvorkehrungen bietet das Handy bei aktiviertem Notruf? (2 Beispiele) 2

______________________________________

______________________________________

______________________________________

## Part II: Use of English

### TASK 1

**The following words have various meanings.**
**Which of the meanings given in the dictionary is the one used in the text 'No more songs in their pockets' (page 1)?**
**<u>Underline</u> the best German translation.**

| | | |
|---|---|---|
| **place** (line 17)<br>**I** *s* **1.** Ort, Stelle, Platz ***in places*** stellenweise **2. in place of** an Stelle von **3.** Haus, Wohnung ***at his place*** bei ihm **4.** Stelle *(in einem Buch etc)* **5.** *Reihenfolge* Platz, Stelle **6.** *(Arbeits-, Lehr)* Stelle **II** *v/t* **7.** stellen, setzen, legen **8.** *Auftrag* erteilen, vergeben **9.** *Bestellung* aufgeben **10.** inserieren *(in der Zeitung)* | **throw out** (line 51)<br>*v/t* **1.** *j-n* hinauswerfen *(auch fig entlassen)* **2.** *etw* wegwerfen **3.** *etw* ablehnen, *etw* verwerfen **4.** *Vorschlag, Gedanken etc* äußern **throw out a suggestion** einen Vorschlag machen **5.** *j-n* aus dem Konzept *oder* aus der Fassung bringen **6.** *etw* durcheinander bringen *(Berechnungen, Pläne)* **7.** *Hitze* abgeben | **still** (line 52)<br>**I** *adj* **1.** *allg* still, ruhig **keep still** still halten **2.** *(BrE) (Getränk)* ohne Kohlensäure **II** *adv* **3.** (immer) noch, noch immer **he is still busy** er ist noch beschäftigt **4.** dennoch, trotzdem **5.** *mit Komparativ* noch **still better** noch besser **III** s **6.** *Film, TV* Standfoto **IV** *v (gehoben)* **7.** sich beruhigen **8.** beruhigen, *(Hunger)* stillen |

3

### TASK 2

**Find a word or expression in the text 'No more songs in their pockets' (page 1) which means the same as each of the words (1–6) below. The paragraph where you can find the word or expression is indicated in brackets. There is one example (0) at the beginning.**

0. great → fantastic (paragraph 1) *Example*
1. small → ______________ (paragraph 1) 1
2. asked → ______________ (paragraph 2) 1
3. possessed → ______________ (paragraph 2) 1
4. tolerated → ______________ (paragraph 3) 1
5. simple → ______________ (paragraph 4) 1
6. profit → ______________ (paragraph 5) 1

## TASK 3

**Use the word given in capitals at the end of some of the lines to form a word of the same word family that fits in the space in the same line.**

"My classmates and I think the ban on MP3 Players at schools is unfair and

1 totally ________ as well. We are convinced that it just USING

2 ________ a bad atmosphere at school, because without music, CREATIVE

3 we are ________ to relax after lessons or exams. We have al- ABILITY

4 ready ________ to the local newspaper about the ban, but they WRITER

5 haven't reacted to our ________. We are thinking about going to COMPLAINED

6 see the principal, but we still haven't ________ whether we DECISION

should or not." (Tim Gordon, pupil at IGS in Sydney) 6

## TASK 4

**Complete the following text. Use the correct forms of the words in brackets and find words of your own to replace the question marks. There is one example (0) at the beginning.**

**New law to ban electronic devices on the streets (Part 1)**

Listening ____to____ **0** (???/Example) an MP3 player while ________ **1** (walk) across the street could soon be treated as a crime in New York. State Senator Carl Kruger wants to introduce a law ________ **2** (???) makes it illegal to cross roads and listen to music or talk on a cell phone at the same time. The fine for breaking this law could be as much as $ 100. The Senator says he has witnessed far too ________ **3** (???) accidents when pedestrians have neither heard ________ **4** (???) seen oncoming traffic because they were too involved in playing around on their mobile phones or iPods. He is ________ **5** (extreme) worried that it's becoming an enormous public safety crisis. Kruger may have a point here. Three people ________ **6** (kill) in Brooklyn last month. They all walked into busy traffic because they were distracted by an electronic device of some sort. *"If they hadn't used these gadgets they* ________ **7** (not, die)," Kruger said in a statement.

1 1 1 1 1 1

Still many people believe that this law would go too far. Some are really furious. Brooklyn resident Toni Granato said: *"This is* ________ **8** (stupid) *idea of all times. State Senator Kruger is treating people as if they had no sense. I* ________ **9** (be able) *to cross the streets since I was eight. One day the police* ________ **10** (arrest) *us for not looking both ways".*

1 1 1

## TASK 5

**Complete the second sentence so that it has a similar meaning to the first sentence, using the KEY WORD given in brackets. Do not change the KEY WORD given. You must use between two and five words including the KEY WORD.**
**There is one example (0) at the beginning.**

**New law to ban electronic devices on the streets (Part 2)**

**Example**

0 Senator Kruger is worried about the rising number of accidents. (more) ← **KEY WORD**
(1) (2) (3) (4) (5)
He is worried because *there are more and more* accidents.

1 "The situation is worse than it was before." (bad)
"The situation before was bad as ______ it is now." 1

2 "Don't forget last week's tragic accident," Senator Kruger said. (wants)
He wants to ______ forget last weeks's tragic accident. 1

3 The incident could definitely have been avoided. (doubt)
"There is no doubt ______ the incident could have been avoided. 1

4 But the man was listening to his iPod and did not pay attention to the traffic. (instead)
But instead of paying attention ______ to the traffic, the man was listening to his iPod. 1

5 The driver couldn't brake quickly enough to prevent the accident. (time)
He wasn't able to brake in time ______ to prevent the accident. 1

## Part III: Guided Writing

**You only have to do <u>one</u> of the following two tasks.**
**Important: First read both tasks, then decide whether you want to do Task A or Task B.**
**You can write down your ideas on your extra sheet before you do the task on your exam paper.** 30

### TASK A

You booked a photographer at *Perfect Pixx Photography* to take pictures for a special event. Unfortunately, the photographer did not do a good job.

Write a **letter of complaint** to *Perfect Pixx Photography*.

① Describe the event,
② + ③. say what went wrong (2 details),
④ how you tried to solve the problem and
⑤ what you wanted the photos for.

**PERFECT PIXX PHOTOGRAPHY**

Are you looking for a photographer for your wedding, birthday party or other special event? **PERFECT PIXX PHOTOGRAPHY** makes it easy for you to get the photos you want. You simply choose a photographer from our wide range of professionals and we will take care of the rest. Our personal service allows you to relax, enjoy the event and look your very best.

Do not forget to write a suitable beginning and ending. You do not have to write any addresses. **Write about 180 words.**

### TASK B

**While you were jogging through the streets in the morning you found a mobile phone lying on the ground. The display showed the following picture:**

In the evening, you write **an e-mail** to your English-speaking friend. Write about …

① your first reaction,
② who you thought the phone belonged to,
③ what you did next,
④ one additional aspect and
⑤ how the story ended.

Your e-mail starts like this:

Hi Emma,
Today, when I went jogging, something strange happened. I found a mobile phone lying on the ground. The display showed a picture with a burglar wearing a black mask!!! . . .

Continue the story. **Write about 180 words.** (Do not copy the beginning of the e-mail.)

Task ☐

Write A or B in the box.

## Lösung

***Allgemeine Hinweise:** Das Rahmenthema dieser Prüfung heißt **„Digital World"**. In den Texten und Aufgaben zu dieser Abschlussprüfung wirst du dich mit verschiedenen Bereichen der modernen digitalen Welt beschäftigen. Das ist ein Thema, mit dem du sicherlich etwas anfangen kannst und das auch besonders für Jugendliche sehr interessant ist. Hinzu kommt, dass im Deutschen viele englische Ausdrücke in diesem Bereich verwendet werden, wie z. B. SMS (short message system), Computer, Notebook, iPod, podcast, Email oder MP3 Player. Sicherlich hast du zu dieser Thematik in der Schule auch in anderen Fächern, wie z. B. in Informationstechnologie, bereits vieles gehört und gelesen. Auch außerhalb der Schule und innerhalb deines Freundeskreises gibt es hierzu ganz bestimmt Diskussionen. Diese Informationen kannst du in die Bearbeitung dieser Prüfung einfließen lassen. Aufgrund deines Hintergrundwissens bist du also mit dem Thema vertraut, was dir bei der Bearbeitung der Aufgaben helfen wird. Auch wenn du manche Begriffe noch nie gehört hast brauchst du keine Angst zu haben. Du wirst die Gesamtaussage des Textes auch verstehen, wenn du einzelne Wörter nicht kennst. Oft kannst du die Bedeutung einzelner Ausdrücke auch aus dem Sinnzusammenhang sehr gut erschließen. Alle Aufgaben haben inhaltlich mehr oder weniger mit dem Gesamtthema zu tun, das im Text beschrieben wird. Aus diesem Grund ist es am besten, wenn du zunächst den Text ganz durchliest. So weißt du zumindest schon, worum es geht. Es ist sinnvoll, die Aufgaben der Reihe nach zu bearbeiten; so kannst du vermeiden, dass du eine Aufgabe vergisst. Aber wenn du bei einer Aufgabe größere Probleme hast, dann bearbeite lieber erst die anderen Aufgaben, die dir leichter fallen und beschäftige dich am Ende noch einmal mit der schwierigen Aufgabe. Vielleicht kommt dir ja gegen Ende der Prüfung noch ein „Gedankenblitz".*
*Die im Speaking Test und Hörverstehenstest erzielten Punkte fließen direkt in das Gesamtergebnis der Abschlussprüfung ein. Insgesamt gibt es 150 Punkte: Speaking 30 Punkte, Hörverstehen 30 Punkte, Reading 30 Punkte, Use of English 30 Punkte und Writing 30 Punkte. Dann auf zum Punktesammeln!*

### Part I: Reading

### Task 1: Auswahlaufgabe

***Hinweis:** Bei der folgenden Aufgabe wird überprüft, ob du die Gesamtaussage des Textes verstanden hast. Du sollst herausfinden, welche der drei vorgegebenen Satzenden jeweils das richtige ist: A, B oder C. Setze hierfür einen Haken in das jeweils richtige Kästchen. Als Erstes musst du nun den **Text "No more songs in their pockets: schools ban iPods"** aufmerksam durchlesen. Dann weißt du auch schon mehr über das Rahmenthema der schriftlichen Prüfung.*

1. **C**
   *'No more songs in their pockets'* is **an article from a newspaper.**
   ***Hinweis:** Bei dem Text handelt es sich um einen Zeitungsartikel. Ganz unten am Ende des Textes wird sogar die Zeitung „The Sydney Morning Herald" angegeben, aus der er entnommen ist. Vom Inhalt her ist es kein Brief und auch kein Auszug aus einer Studie. Auch die äußere Form des Textes mit der zweiten Überschrift und der Spaltenform deutet klar auf einen Zeitungsartikel hin.*

2. **C**
   The text mainly describes **different reactions to the use of iPods at school.**
   ***Hinweis:** Das Wort „mainly" ist hier ganz entscheidend. Es ist nämlich gefragt, um was es in diesem Text hauptsächlich geht. Die Aspekte unter A und B werden zwar auch angesprochen, sind aber nicht das Hauptthema des Textes. Im Text werden mehrere Personen zitiert, die sich dazu äußern, ob es erlaubt sein soll, iPods in der Schule zu verwenden.*

3. **B**
The author of the text wants to **inform.**
***Hinweis:*** *Der Autor stellt die verschiedenen Sichtweisen relativ neutral dar. Sein Hauptziel ist es daher, den Leser oder die Leserin zu informieren. Der Leser muss sich dann selbst seine eigene Meinung bilden.*

**Task 2: Richtig, falsch oder nicht im Text?**

***Hinweis:*** *In den folgenden Aufgaben sollst du herausfinden, ob die formulierten Aussagen richtig, falsch oder nicht im Text sind. Du musst also die fünf vorgegebenen Sätze genau durchlesen und dann den Text nach möglichen Aussagen hierzu durchforsten.*

1. The majority of parents welcome the ban of MP3 players at IGS. ☑ **true**
***Hinweis:*** *Relevante Textstelle: lines 14 bis 16*
*"... She said most parents had thanked the school for the ban, ..."*
*Die Aussage ist also eindeutig richtig. Die Abkürzung IGS steht für „International Grammar School".*

2. At IGS, students are not allowed to bring their iPods to school. ☑ **false**
***Hinweis:*** *Relevante Textstelle: lines 16 bis 18*
*"... which means that students bringing iPods to school have to place them in a locked drawer until home time ..."*
*Die Schüler dürfen die iPods zwar mitnehmen, müssen die Geräte aber während der Schul- und Unterrichtszeit wegsperren.*

3. Most of the year 11 and 12 students support the ban. ☑ **false**
***Hinweis:*** *Relevante Textstellen: lines 23/24 und 26*
*"... year 11 and 12 students are not so pleased ..." und "... about 80 per cent ..."*
*Die hier genannte Schülergruppe ist mehrheitlich gegen das Verbot. Daher ist die Aussage eindeutig falsch.*

4. Students prefer mobile phones to MP3 players for cheating. ☑ **not in the text**
***Hinweis:*** *Relevante Textstelle: lines 40 bis 43*
*"... In their search for more complex ways of cheating, students have discovered the MP3 player ..."*
*Es wird nur beschrieben, dass nun auch MP3 Player von den Schülern für den Unterschleif verwendet werden. Es wird aber nichts darüber ausgesagt, ob von den Schülern für diesen Zweck „mobile phones" oder „MP3 players" bevorzugt werden. Am besten ist es, wenn du dich langfristig auf Prüfungen und Schulaufgaben vorbereitest; dann hast du es gar nicht nötig, zu „spicken".*

5. MP3 players might help a lot of students to improve at school. ☑ **true**
***Hinweis:*** *Relevante Textstelle: lines 66/67 und 69 bis 71*
*"... She says it helps her memorize them more easily ..." und "... there are so many who could benefit from using them for education ..."*
*Hier gibt es gleich mehrere Textstellen, die dich auf die richtige Antwort hinweisen. MP3 Player können also, wenn sie richtig eingesetzt werden, auch beim Lernen helfen.*

**Task 3: Zuordnungsaufgabe**

***Hinweis:*** *In der folgenden Aufgabe sind sieben Aussagen von unterschiedlichen Personen vorgegeben. Daneben stehen die Namen von fünf Personen, die im Text „No more songs in their pockets" erwähnt werden. Du sollst nun diesen fünf Personen die Aussage zuordnen, die jeweils am besten zu ihnen passt. In die fünf vorgegeben Kästchen kommt jeweils die ent-*

*sprechende Zahl. Aber du musst aufpassen, es sind nämlich zwei Sätze mehr angegeben als du brauchen kannst. Manche Stichworte im Text erleichtern dir die Zuordnung. Du musst also die Äußerungen genau durchlesen und dann im Text nach möglichen Hinweisen suchen. Du bekommst bei dieser Aufgabe für jede korrekt zugeordnete Äußerung bzw. Zahl einen Punkt. Für falsche Zuordnungen erhältst du natürlich keine Punkte. Es werden aber auch keine Punkte abgezogen.*

**A** K. Murphy. Lösung: **Nummer 6. "I'm responsible for the social and academic development of my students. It's not helpful if they plug out and avoid communication with others."**
***Hinweis:*** *Textstelle: lines 6 bis 14*
*Kerrie Murphy ist Schulleiterin. Sie hat iPods an ihrer Schule verboten. Die Aussage, dass sie sich für den schulischen Erfolg ihrer Schüler verantwortlich fühlt, passt daher zu ihr.*

**B** J. Claessens. Lösung: **Nummer 7. "I wouldn't want my son to listen to music during lessons instead of listening to what the teacher says."**
***Hinweis:*** *Textstelle: lines 18 bis 22*
*Inhaltlich ist klar, dass diese Aussage ein Elternteil gemacht haben muss, denn er/sie spricht vom eigenen Sohn. Jetzt musst du nur noch herausfinden, welche Mutter oder welcher Vater im Text erwähnt wird. Die Aussage Nummer 2 stammt zwar auch von einer Mutter, da sich aber die Eltern im Text für das Verbot aussprechen, kann diese Äußerung nicht zugeordnet werden.*

**C** N. Stubbs. Lösung **Nummer 1. "I used to listen to music after completing my tests – something I can no longer do."**
***Hinweis:*** *Textstelle: lines 25 bis 30*
*In erster Linie schreiben nur Schüler Tests. Daher muss die Aussage von einem Schüler stammen. Der einzige Schüler, der im Text zitiert wird ist Nick Stubbs.*

**D** G. Brownlee. Lösung: **Nummer 4. "I've discussed this topic with many parents and I think teachers should teach pupils how to use iPods for learning and not ban them."**
***Hinweis:*** *Textstelle: lines 31 bis 39*
*Es muss sich hier um eine Person handeln, die dem Verbot von iPods kritisch gegenübersteht. Ausserdem muss es jemand sein, der sehr viel mit den Eltern zu tun hat. Herr Brownlee ist Präsident der Elternvereinigung. Es wird zudem erwähnt, dass er auf der Seite der Schüler steht. Die Lösung ist daher eindeutig.*

**E** A. Maybon. Lösung: **Nummer 3. "No matter how much technology we ban from the classroom – our students will always find a way to cheat."**
***Hinweis:*** *Textstelle: lines 52 bis 59*
*Herr Maybon, ein Experte für Informationstechnologie an einer High School, erläutert im Text ausführlich, auf welche Weise Schüler Unterschleif begehen. Er ist der Meinung, dass die Schüler trotz verschiedener Verbote immer Möglichkeiten zum Unterschleif finden werden. Die Aussage passt also zu ihm.*
***Zusätzlicher Hinweis:***
*Da im Text niemand von der Computerbranche oder von einer IT-Firma interviewt wird, kann das Statement 5 keiner Person zugeordnet werden.*

**Task 4: UK youth facing 'hearing loss time bomb'**

***Hinweis:*** *Bei dieser Aufgabe schlüpfst du sozusagen in die Rolle einer Lehrkraft und kontrollierst, ob die einzelnen Zeilen richtig oder falsch sind. Wenn die jeweilige Zeile keinen Fehler enthält, dann machst du links auf die Zeile ein Häkchen. Der Text enthält aber auch Wörter, die überflüssig sind und keinen Sinn ergeben. Diese Wörter musst du links auf die vorgegebenen Zeilen schreiben. Jede Zeile enthält maximal ein falsches Wort. Du erhältst pro Zeile einen Punkt, egal ob sie fehlerhaft ist oder nicht.*

1. "... National Institute for the Deaf (RNID) **which** has warned ..."
   ***Hinweis:*** *Das Relativpronomen „which" muss hier entfallen. Der Satz müsste sonst in der folgenden Zeile anders weitergehen.*
2. In dieser Zeile ist kein Fehler. Du musst also ein Häkchen machen.
3. "... **is** experience symptoms ..."
   ***Hinweis:*** *Das Hauptverb ist hier „experience". Das zweite Verb „is" ist also überflüssig. Die Schwierigkeit liegt hier darin, dass „experience" auch als Nomen verwendet werden kann. Aus diesem Grund ist es in dieser Zeile nicht so einfach, die richtige Lösung herauszufinden. Probiere einfach die verschiedenen Möglichkeiten aus, dann kommst du auf die Lösung.*
4. "... any **one** protection ..."
   ***Hinweis:*** *Das Wörtchen „any" bezieht sich hier direkt auf „protection". Der Begriff „one" im Zusammenhang mit „any" in der Bedeutung von „irgendjemand" passt hier nicht hinein und müsste auch als ein Wort („anyone") geschrieben werden. Es geht in dem Satz darum, dass Jugendliche keinerlei Schutz vor zu lautem Lärm verwenden und dadurch Hörschäden bekommen.*
5. "... **what** about their behaviour ..."
   ***Hinweis:*** *Das Fragewort „what" passt hier nicht hinein. Du musst hier einfach eine Zeile zuvor in den Blick nehmen: Die Organisation fragte die Jugendlichen nach deren Verhalten. Es folgt also „about" („... asked teenagers about their behaviour ..."). Es ist hilfreich, wenn du immer den ganzen Satz genau unter die Lupe nimmst und dich bei der Fehlersuche nicht nur auf eine Zeile beschränkst. So fallen dir sicher alle Fehler auf.*
6. In dieser Zeile ist kein Fehler. Du musst also ein Häkchen machen.
7. "... yet **to** have no idea how to prevent ..."
   ***Hinweis:*** *Es gibt verschiedene Verben, die einen Infintiv mit „to" nach sich ziehen. Dies ist aber hier nicht der Fall. Das Subjekt zu diesem Satz und zum Verb „have" findest du in der Zeile davor: „most young people". Das Hauptverb in diesem Satz ist „shows": „... our research shows that most people have experienced ..., yet have no idea ..."*
8. "... listening to music at **a** high volumes ..."
   ***Hinweis:*** *Der unbestimmte Artikel „a" muss gestrichen werden. Der nachfolgende Begriff „volumes" steht in der Mehrzahl. Aus diesem Grund kann „a" hier nicht hineinpassen.*
9. "could **do** damage their hearing forever ..."
   ***Hinweis:*** *Hier musst du ganz genau lesen, denn diese Textstelle ist nicht ganz einfach. Es gibt nämlich die Redeweise „can do damage to". Da es aber hier kein „to" gibt, muss auch das „do" weggestrichen werden. „Damage" ist hier also ein Verb und kein Nomen. vgl.: It can damage their hearing. – It can do damage to their hearing.*

**Task 5: Mediation/Sprachmittlung**
**"My Mobile Phone. My safety!"**

*Hinweis: In dem vorliegenden Text geht es um den Einsatz von Mobiltelefonen im Notfall. Er berührt also auch die Hauptthematik der Abschlussprüfung „Digital World". Grundsätzlich sollst du bei dieser Aufgabenstellung die wesentlichen Aussagen des Textes herausfinden und auf Deutsch wiedergeben. Der tiefere Sinn dieser Aufgabe liegt darin, dass du später in privaten oder beruflichen Situationen sicherlich auch hin und wieder gefragt werden wirst, worum es in einem bestimmten englischen Text geht. Jemand, der kein Englisch kann, verlangt von dir dann eine Zusammenfassung der wesentlichen Informationen. Du sollst nun den entsprechenden Text nach den gesuchten Informationen durchforsten und die erwähnten Aspekte stichpunktartig auf Deutsch notieren. Die angegebenen Punkte sind ein wichtiger Hinweis für dich, wie viele Aspekte oder Teilinformationen von dir verlangt werden. Du brauchst in der Regel keine vollständigen Sätze zu schreiben, Einzelwörter sind aber meist nicht ausreichend für eine Antwort. Es ist ebenso **keine** wörtliche Übersetzung verlangt.*
*Merke dir in diesem Zusammenhang unbedingt den folgenden Sachverhalt. Der Ausdruck „Handy" ist ein Begriff, der nur im deutschsprachigen Raum für das Mobiltelefon verwendet wird. Die Engländer oder Amerikaner verwenden den Ausdruck „mobile phone" bzw. „cell phone" oder kurz „mobile". Sie sind meist ziemlich verwirrt, wenn man den Ausdruck „Handy" für das Mobiltelefon verwendet, weil das Wort nämlich etwas anderes bedeutet.*
*Wichtig:*
*handy = nützlich, praktisch, handlich*
*to come in handy = sich als nützlich erweisen, gelegen kommen*
*(BrE) mobile/mobile phone, (AmE) cell phone = (dt.) Handy*

1. – **den Notrufknopf/den Knopf auf der Rückseite drei Sekunden lang gedrückt halten**
   – **oder drei Mal innerhalb von drei Sekunden drücken**
   *Hinweis: Textstellen: "... hold down the emergency button on the back of the mobile phone for 3 seconds ..." und "... press it 3 times within 3 seconds ..."*
   *Es wird erwartet, dass du „Knopf" bei der ersten möglichen Antwort genauer definierst, also, dass du Notrufknopf oder Knopf auf der Rückseite schreibst.*

2. – **die (gespeicherten) Notrufnummern werden der Reihe nach gewählt**
   – **die angerufenen Personen werden per SMS (über den Notruf) benachrichtigt**
   *Hinweis: Textstellen: "... the emergency call numbers you stored before will be called in the sequence in which you stored them ..." und "... the persons called are informed via text message that an emergency call is coming ..."*

3. – **damit der Notruf nicht auf einem Anrufbeantworter endet**
   – **damit die übrigen Notrufnummern nicht mehr angerufen werden**
   *Hinweis: Textstellen: "... guarantees that your emergency call does not end up going unheard on an answering machine ..." und "... the remaining emergency call numbers are no longer called ..."*

4. – **Anrufe werden automatisch angenommen**
   – **die Rufnummernunterdrückung wird automatisch deaktiviert/die Rufnummernanzeige wird automatisch aktiviert**
   – **wenn das Handy keinen Empfang hat, wird automatisch die (internationale Notrufnummer) 112 gewählt**
   *Hinweis: Textstellen: "... phone automatically picks up incoming calls ..." und "... this function is automatically deactivated ..." und "... the international emergency number 112 is automatically dialled ..."*
   *Du brauchst hier nur zwei von den drei möglichen Antworten notieren.*

*Zusätzlicher Hinweis:*
*Die Lösungen in diesem Bereich sollen nur eine Richtschnur für dich sein. Deine Formulierungen werden manchmal davon abweichen. Sie sind aber dann trotzdem richtig, solange sie die Kerninformationen beinhalten.*

## Part II: Use of English

### Task 1: Arbeit mit einem Wörterbuch Englisch – Deutsch

***Hinweis:*** *Die richtige Arbeit mit dem Wörterbuch ist ganz entscheidend beim Fremdsprachenlernen. Es ist gut, wenn du schon in den Jahren vor der Abschlussprüfung immer wieder mit einem Wörterbuch gearbeitet hast. Dann fällt dir die folgende Aufgabe sicherlich nicht besonders schwer. In den folgenden drei Aufgaben wird jeweils ein Begriff aus dem Text angegeben, der in der englischen Sprache je nach Verwendung und Sinnzusammenhang mehrere unterschiedliche Bedeutungen haben kann. Du sollst nun herausfinden, welche der angegebenen Bedeutungen hier im Text verwendet wird und welche am besten passt. Suche also zunächst die entsprechende Textstelle und probiere dann aus, welche Bedeutung hier zutrifft. Am besten übersetzt du den jeweiligen Satz im Kopf und probierst die unterschiedlichen Lösungsmöglichkeiten aus. Die zutreffende Bedeutung musst du dann unterstreichen.*

**place**
***Hinweis:*** *... have to **place** them in a locked drawer until home time ... (line 17)*
*Hier passt am besten die Bedeutung **„stellen, setzen, legen"**. Du musst also die **Nummer 7** auswählen. Es muss sich auch von der grammatischen Struktur um ein Verb handeln, weil „have to" immer die Grundform eines Verbs nach sich zieht.*

**throw out**
***Hinweis:*** *... Now MP3 players are being **thrown out** because students are using them to cheat ... (line 51)*
*Diese Aufgabe ist nicht ganz einfach. Man könnte zunächst meinen, dass auch die Nummer 1 oder die Nummer 2 richtig sein könnten. Die MP3 Player werden aber nicht weggeworfen, sondern nur in der Schule verboten, also **„abgelehnt"**. Die **Nummer 3** ist daher die richtige Lösung.*

**still**
***Hinweis:*** *... **Still**, Aaron Maybon, an IT expert at Mountain View High School, said, ... (line 52)*
*Das Wort „still" hat viele unterschiedliche Bedeutungen. Drei davon kommen sehr häufig vor. Entweder hat „still" etwas im wörtlichen Sinne mit „ruhig" zu tun oder „noch" in Verbindung mit einem Adjektiv. In der dritten Bedeutung wird oft ein inhaltlicher Gegensatz ausgedrückt im Sinne von **„dennoch, trotzdem"**. Letzteres ist hier der Fall. Du musst hier den inhaltlichen Zusammenhang betrachten. Im Satz vorher ist davon die Rede, dass MP3 Player verboten werden. In diesem Satz sagt aber der IT Experte, dass die Schüler die MP3 Player „trotzdem" verwenden. Du musst die **Nummer 4** unterstreichen.*

### Task 2: Ähnliche Bedeutungen (Synonyms)

***Hinweis:*** *In der folgenden Aufgabe sollst du im Text nach Begriffen suchen, die eine ähnliche Bedeutung haben. Damit du nicht immer den ganzen Text durchsuchen musst, sind hinter den Lücken die jeweiligen Nummern der dazugehörigen Absätze angegeben. Du brauchst also nur in dem jeweiligen Absatz zu suchen. Das erste Beispiel (great – fantastic) ist bereits vorgegeben.*

1. small – **palm-sized**
   ***Hinweis:*** *Textstelle: "... justified her decision to ban the **palm-sized** stereos ..." (line 8)*

2. asked – **consulted**
   ***Hinweis:*** *Textstelle: "... they had not been* ***consulted*** *..." (line 25)*

3. possessed – **owned**
   ***Hinweis:*** *Textstelle: "... about 80 per cent of his classmates* ***owned*** *MP3 players ..." (line 27)*

4. tolerated – **allowed**
   ***Hinweis:*** *Textstelle: "... iPods should be* ***allowed*** *in schools ..." (line 37)*

5. simple – **primitive**
   ***Hinweis:*** *Textstelle: "...* ***Primitive*** *methods, such as writing mathematical formulas ..." (line 43)*

6. profit – **benefit**
   ***Hinweis:*** *Textstelle: "... who could* ***benefit*** *from using them ..." (line 70)*

## Task 3: Wortfamilien

***Hinweis:*** *Wörter, die einer Wortfamilie angehören, haben einen gemeinsamen Stamm. Von diesem Wortstamm kannst du eine Reihe von weiteren Begriffen ableiten, ohne dass du sie als neue Wörter wirklich lernen musst. Viele Wortfamilien folgen bestimmten Regeln, die du im Unterricht bereits gelernt hast. Wenn du dich nicht mehr richtig erinnern kannst, dann solltest du diese Wortbildungsregeln rechtzeitig vor der Prüfung nochmal wiederholen. Das hilft dir nicht nur hier bei dieser Aufgabe sondern eigentlich für die gesamte Abschlussprüfung, weil du oft von einem Begriff auf drei bis vier andere schließen kannst, ohne sie noch richtig im Kopf zu haben. Hier bei den Aufgaben 1 bis 6 sollst du ein anderes Wort derselben Wortfamilie finden und richtig in den Satz einsetzen. Mit Hilfe der angegebenen Textstelle müsstest du die Bedeutung des jeweiligen Begriffes erschließen können.*

1. ... is unfair and totally **useless** as well ... (using)
   ***Hinweis:*** *Das nachgesetzte „as well" zeigt dir, dass es sich hier um eine Art Aneinanderreihung handelt. Es wird das Verbot von MP3 Playern kritisiert. Da der Begriff „unfair" vorausgeht, benötigst du ebenso einen negativen Begriff. Da kommt nur „useless" in Frage.*
   *Wortfamilie: use – used to do – be used to doing – usage – misuse – abuse – useful – useless – user*

2. ... it just **creates** a bad atmosphere ... (creative)
   ***Hinweis:*** *Im vorliegenden Satz fehlt noch das Verb. Es steht im „simple present" genauso wie der übrige Satz. Vergiss nicht das -s anzuhängen sonst verlierst du den Punkt.*
   *Wortfamilie: creative – create – creation – creator.*

3. ... we are **unable (not able)** to relax after lessons ... (ability)
   ***Hinweis:*** *Hier fehlt noch ein Teil der Verbkonstruktion. Die Lösung ist nicht ganz einfach, weil du auch die Verneinung benötigst. Das Ganze wird aber aus dem Sinnzusammenhang deutlich. Der Schüler bemerkt, dass er sich offenbar nach Prüfungen ohne Musik nicht beruhigen kann. Aus diesem Grund möchte er, dass MP3 Player weiterhin in der Schule verwendet werden dürfen.*
   *Wortfamilie: to be able – ability – unable*

4. ... We have already **written** to the local newspaper ... (writer)
   ***Hinweis:*** *Das Hilfsverb „have" verlangt nach dem „past participle" eines Vollverbs, denn „already" ist ein Signalwort für das „present perfect". Achtung: Das Verb „write" ist unregelmäßig (to write – wrote – written).*
   *Wortfamilie: to write – writer – typewriter – writing skills*

5. … but they haven't reacted to our **complaint**. … (complained)
*Hinweis: Du benötigst hier ein Nomen. Die örtliche Zeitungsredaktion hat noch nicht auf die „Beschwerde" reagiert.*
*Wortfamilie: to complain – complaint – complainant*

6. … but we still haven't **decided** whether we should or not … (decision)
*Hinweis: Auch hier handelt es sich um ein „past participle" wie im Satz 4. Du braucht hier ebenso das „present perfect", aber dieses Mal ist es ein regelmäßiges Verb, das ganz einfach mit -ed gebildet wird. Die Konstruktion „… still … not …", also „noch nicht" verlangt das „present perfect", weil es ein Vorgang ist, der in der Vergangenheit begonnen hat und noch nicht abgeschlossen ist.*
*Wortfamilie: to decide – decision – undecided – decisiveness – decisive*

**Task 4: Grammatik und Sprachgebrauch**

***Hinweis:*** *Es ist am allerbesten, wenn du den Lückentext erst einmal gründlich durchliest, damit du weißt, um was es hier in diesem Prüfungsteil genau geht. Es gibt dann zwei verschiedene Arten von Lücken. Bei manchen sind Wörter vorgegeben, die du in die richtige Form bringen musst und bei anderen werden nur Fragezeichen vorgegeben und du sollst eine sinnvolle inhaltliche Ergänzung finden. Bei vielen Lücken sind auch mehrere unterschiedliche Lösungen möglich. Manchmal sollst du Adverbien verwenden und manchmal werden Präpositionen verlangt. Hin und wieder werden auch Passivkonstruktionen darunter gemischt. Oft ist auch mindestens ein Bedingungssatz (if-clause) dabei. Wichtig ist, dass der jeweilige Satz einen Sinn ergeben muss, wenn die Lücke gefüllt ist. Sehr häufig geben dir die Wörter direkt vor und direkt hinter der Lücke wichtige Hinweise für die Lösung. Wenn du dir nicht sicher bist, hilft es dir vielleicht, wenn du den Satz im Kopf übersetzt und somit überprüfst mit welchem Wort er einen Sinn ergibt.*

**New law to ban electronic devices in the streets (Part 1)**

1. **walking**
***Hinweis:*** *Wenn nach Konjunktionen wie „while" ein Verb kommt, dann wird sehr oft die ing-Form gebraucht. Es handelt sich dabei oft um verkürzte Nebensätze (while walking = während man über die Straße geht/ging). In diesem Fall gibt zusätzlich die vorangehende ing-Form „listening" bereits einen Hinweis. In der englischen Sprache können die Nebensätze so verkürzt dargestellt werden, dass sie manchmal nur aus einem Verb in der ing-Form bestehen. Sie müssen dann in der deutschen Sprache aufgelöst und in mehreren Worten ausgedrückt werden.*

2. **which/that**
***Hinweis:*** *nach dem Wort „law" folgt ein Relativsatz. Du benötigst hier ein Relativpronomen, das den nachfolgenden Relativsatz einleitet. Der Relativsatz beschreibt den vorangegangenen Sachverhalt näher. Die drei wichtigsten Relativpronomen sind: „who", „which" und „that". In der Regel verwendest du „who" bei Personen und „which" bei Sachen oder Dingen. „That" kannst du sowohl für Personen als auch für Dinge verwenden, jedoch musst du aufpassen: „that" darf nur in den sog. „defining relative clauses" stehen, also in Relativsätzen, die zum Verständnis des Satzes wichtig sind und deshalb nicht weggelassen werden können.*

3. **many**
***Hinweis:*** *Dies ist eine typische Lücke mit drei Fragezeichen. Du kannst die Lösung nur aus dem Sinnzusammenhang erschließen. Es ist eigentlich klar, dass der Senator von zu vielen Unfällen spricht. Die vorausgehende Wortkombination „far too…" gibt dir den Hinweis dafür.*

4. **nor**
*Hinweis: Die beiden Wörter „neither" und „nor" kommen fast immer zusammen vor. Genauso ist es mit der deutschen Entsprechung „weder … noch". Auch inhaltlich passt das Ganze zusammen. Weder sehen noch hören die Fußgänger den Verkehr.*

5. **extremely**
*Hinweis: Hier willst du „worried" näher beschreiben. Aus diesem Grund musst du ein Adverb bilden. „Extreme" ist ein Adjektiv; das dazugehörige Adverb bildest du, indem du einfach ein –ly daran anhängst (regelmäßige Bildung). Wenn du dir nicht mehr sicher bist, wie Adverbien gebildet werden, dann solltest du das entsprechende Kapitel in der Kurzgrammatik noch einmal wiederholen.*

6. **were killed**
*Hinweis: Vom Sinnzusammenhang kann hier nur die Passivform gebildet werden. Es geht ja um die Sicherheit auf den Straßen und um die Gefahren, die der Gebrauch von MP3 Playern mit sich bringt. Die drei genannten Personen wurden zu Opfern und im Verkehr getötet. Du benötigst die Form des „simple past", weil die Zeitangabe „last month" angegeben ist.*

7. **wouldn't have died**
*Hinweis: Hier handelt es sich um ein reguläres if-Satzgefüge. Nachdem im if-clause das „past perfect" steht, musst du im „main clause" das „conditional II" bilden. Vergiss aber die Verneinung nicht. Ohne sie würde der Satz insgesamt keinen Sinn machen.*

8. **the most stupid / the stupidest**
*Hinweis: Die Steigerung der Adjektive erfolgt entweder mit more – most oder mit -er und -est. Hier kannst du beide Formen verwenden. Du benötigst aber unbedingt den Superlativ, weil nach „idea" der Ausdruck „of all times = aller Zeiten" nachgeschoben wird. Beim Superlativ brauchst du immer auch den bestimmten Artikel.*

9. **have been able**
*Hinweis: Der im Satz angesprochene Zeitraum beginnt im Alter von 8 Jahren und dauert an bis zur Gegenwart. In Situationen, in denen eine Zeitspanne angesprochen wird, die in der Vergangenheit beginnt und bis zur Gegenwart andauert, benötigst du das „present perfect". Oft gibt dir dabei ein Signalwort einen zusätzlichen Hinweis. Hier ist es das Wörtchen „since".*

10. **will arrest**
*Hinweis: Die Zeitangabe „one day = eines Tages" deutet auf einen Vorgang in der Zukunft hin. Das „will-future" passt hier am besten, denn der Sprecher macht eine Vorhersage über die Zukunft. Das „will-future" wird einfach mit „will" + dem Infinitiv des Verbs gebildet.*

## Task 5: Umformulierung von Sätzen mit Schlüsselwörtern

*Hinweis: Diese Aufgabe ist noch ziemlich neu in der Abschlussprüfung, sie kommt aber in vielen internationalen Tests und Prüfungsformen vor. Hier werden sprachliche und grammatikalische Strukturen sowie dein Sprachgefühl getestet. Du sollst hier jeweils den zweiten Satz so vervollständigen, dass er inhaltlich in etwa der Bedeutung des ersten Satzes entspricht. Dabei musst du aber* ***unbedingt das vorgegebene „key word" verwenden, darfst dieses allerdings nicht verändern****. Zusätzlich ist vorgegeben, dass du nur zwei bis fünf Wörter einschließlich des „key word" einfügen darfst. Du siehst also, die Vorgaben zu dieser Aufgabe sind recht strikt. Im Grunde geht es aber nur darum, dass du denselben Inhalt auf eine andere Art und Weise ausdrückst. Bei dieser Aufgabe führen Rechtschreibfehler nicht zum Punktabzug.*

**New law to ban electronic devices in the streets (Part 2)**

1. "The situation before was **not as/so BAD as** it is now."
   *Hinweis: Im ersten Satz ist davon die Rede, dass die Situation jetzt schlechter ist als zuvor. Das heißt auf der anderen Seite, dass es zuvor nicht so schlecht war wie jetzt. Ob du nun „not as … as" oder „not so … as" schreibst, ist egal. Entscheidend ist, dass du das key word „bad" richtig in den Satzzusammenhang einbaust.*

2. He **WANTS us/them/people not to** forget last week's tragic accident.
   *Hinweis: Diese Struktur ist etwas schwierig: „to want someone to do sth". Diese Satzstruktur lernst du am besten als ganzen Ausdruck in einem Beispielsatz wie eine Vokabel. Senator Kruger möchte, dass der Unfall nicht in Vergessenheit gerät. Das „key word" ist bereits im „simple present" in der dritten Person Singular vorgegeben. Es müsste also klar sein, dass das Subjekt zu „wants" das Pronomen „he" darstellt. Nur die Konstruktion danach ist etwas kompliziert. Eine ähnliche Struktur ist „to have sth. done". Auch diesen Ausdruck solltest du in einem Beispielsatz lernen. Es ist äußerst hilfreich, wenn du auch diese etwas schwierigeren Ausdrucksweisen gut beherrschst.*

3. There is **no DOUBT (that)** the incident could have been avoided.
   *Hinweis: Dieser Satz ist relativ einfach. Das Substantiv „doubt" ist bereits vorgegeben. Du musst es nur noch sinnvoll in den Satz einbauen. Manchmal hilft es, wenn du den Satz im Kopf für dich in das Deutsche überträgst. Du erinnerst dich bestimmt daran, dass man „there is/there are" mit „es gibt" übersetzt.*

4. But **INSTEAD of paying attention** to the traffic, the man was listening to his iPod.
   *Hinweis: Nach „instead" folgt in den allermeisten Fällen das Partikel „of" und dann die „ing-Form". Wenn du diese Verwendung beim Wörterlernen in einem Beispielsatz mitlernst, dann hast du bei dieser Aufgabe keine Probleme.*

5. He wasn't able **to stop/brake in TIME** to prevent the accident.
   *Hinweis: Mit dem Wort „time" werden zahlreiche Redewendungen verbunden. Im Wörterbuch findest du hierzu eine ganze Seite. Die wichtigsten Verwendungen geben wir hier nochmal an. Es ist schön und klingt sehr gut, wenn du solche Ausdrücke auch im mündlichen Sprachgebrauch aktiv verwenden kannst.*
   *in time = rechtzeitig; at all times = jederzeit, immer; it's high time = es ist höchste Zeit; in no time = im Nu; on time = pünktlich*

**Part III: Guided Writing (Schriftliche Sprachproduktion)**

*Hinweis: Es ist zunächst wichtig, dass du beide Aufgabenstellungen sorgfältig durchliest und dann erst entscheidest, welche du bearbeiten möchtest. Du hast die Möglichkeit, zwischen **Task A** und **Task B** auszuwählen. Du kannst aber nicht jede der beiden Aufgaben zur Hälfte machen und hoffen, dass du Punkte bekommst. Bei beiden Schreibaufgaben geht es um zwei unterschiedliche Themenstellungen und auch die Art der Aufgabenstellung ist unterschiedlich. Die Themenschwerpunkte haben natürlich mit dem Hauptthema der Abschlussprüfung etwas zu tun oder stehen zumindest im inhaltlichen Zusammenhang. Bei der Wahl solltest du beachten, dass **Task A** stärker mit sprachlichen Vorgaben gesteuert ist als **Task B**. Übe beide Aufgabenstellungen öfter vor der Prüfung. Vielleicht fällt dir die Wahl der Aufgabenstellung dann in der Prüfung leichter, denn du weißt, welche der beiden Aufgabenstellungen dir mehr liegt. Es hängt aber immer auch vom jeweiligen Thema ab und du wirst manchmal die freiere und manchmal die stärker gelenkte Variante wählen. Du sollst ungefähr **180** Wörter schreiben. Es ist nicht nötig, dass du die einzelnen Wörter zählst. Wichtig ist aber, dass du die jeweilige Aufgabe vollständig bearbeitest. Je nachdem, wie groß du schreibst, ist das in etwa eine Seite.*

**Task A**

***Hinweis:*** *Bei dieser Aufgabe sollst du dich in die Lage von jemandem versetzen, der einen Fotografen bestellt hat. Dieser Fotograf sollte Bilder machen. Die konkrete Situation ist nicht genau vorgegeben. Es könnte z. B. eine Familienfeier sein. Du bist aber mit der Arbeit dieses Fotografen überhaupt nicht zufrieden und willst jetzt einen Beschwerdebrief schreiben. Auf dem Aufgabenblatt ist eine Anzeige von der Firma abgedruckt, die du gebucht hast. Diese Informationen helfen dir zusätzlich bei der Bearbeitung der vorliegenden Aufgabe. Die einzelnen kleinen Notizen geben dir die fünf inhaltlichen Aspekte an, die du in deinem Beschwerdebrief aufgreifen sollst. Du benötigst zudem einen passenden Anfang und ein passendes Ende.*

PERFECT PIXX PHOTOGRAPHY

Dear Sir/Madam,
In order to have perfect pictures of my graduation celebration my family and I decided to hire a professional photographer. Unfortunately, I have to say that I am deeply disappointed in the service your company offers and your lack of professionality (**suitable beginning**).
My parents organized a big party for my graduation. I was allowed to invite a lot of friends. My relatives like my grandmother and my aunt and uncle from America came, too. We decorated our house and the garden and prepared a lot of food and drinks (**describe the event**). As we wanted to have many nice photos we booked a "professional" photographer. However, nearly everything went wrong. First of all your photographer arrived far too late. Some of my guests had left by the time he showed up. Even then he did not seem to be interested in taking photos. He was more interested in our lovely cakes and cocktails. He was also unfriendly to my guests, which was really annoying. He was not even prepared to take the photos I asked him to take (**say what went wrong**). In the end I used my own digital camera and took most of the photos myself (**how you tried to solve the problem**). I wanted to send the photos to my relatives in America and wanted to keep them to remember this special occasion (**what you wanted the photos for**). Now I only have a few photos that I took myself.
You see, it was a complete disaster, and I am sure you will understand that I am not prepared to pay for this poor service.
Yours sincerely, (**suitable ending**)

**Task B**

***Hinweis:*** *Bei dieser Aufgabe sollst du dich in die Lage von einem morgendlichen Jogger versetzen, der ein auf dem Boden liegendes Handy gefunden hat. Das Display zeigt einen Einbrecher, der gerade einen Computer stiehlt. Du bist darüber natürlich sehr überrascht und sollst nun ein E-Mail an deinen englischsprachigen Freund schreiben. Der Anfang ist bereits vorgegeben. Wie bei der anderen „guided writing" Aufgabe sollte dein Text etwa 180 Wörter umfassen. Schreibe nicht zu komplizierte und zu lange Sätze. Wenn dir ein bestimmter Begriff nicht einfällt, dann versuche einfach, das Ganze mit anderen Worten auszudrücken. Es werden insgesamt fünf „prompts" vorgegeben, die du für deine E-Mail beachten sollst. Einen Aspekt sollst du noch selbst ergänzen. Du kannst also deiner Fantasie freien Lauf lassen. Der folgende Anfang ist bereits vorgegeben:*

*Hi Emma*
*Today, when I went jogging, something strange happened. I found a mobile phone lying on the ground. The display showed a picture with a burglar wearing a black mask!!! …*

At first I thought it was some kind of joke, but then I pressed some buttons and found more photos of this burglar and realized that somebody had filmed a real burglary (**your first reaction**). I thought the phone must belong to someone who saw the burglary. Maybe the person was detected and dropped the mobile while running away. I looked for clues as to who the mobile might belong to – an address, sticker or programmed phone number – but I couldn't find any (**who you thought the phone belonged to**). So I decided to run to the next police station, which was just around the corner. The policemen had a close look at the pictures and compared the man in the pictures with the man they had just arrested for stealing a car (**what you did next**). Guess what?! It was the same person! They immediately began questioning him about the break-in and when he saw the evidence, he had to admit to both crimes (**one additional aspect**).

I was just about to leave the police station when a young girl ran into the police station and said that she had filmed a burglary this morning and had lost her mobile on the way home. We were both happy that we had been able to help the police arrest this man (**how the story ended**).

## Abschlussprüfung an Realschulen: Englisch 2009
## Listening Test

### TEXT 1: Commercials

1 Come to the *GoodLife* Fitness Centre in Wellington Street: It's more than just a gym with machines to help you build up your muscles and lose weight. Our friendly and experienced staff will put together a personalized programme and give you valuable tips on what you can do at home to improve your fitness. Register in person or online. Don't delay. Join today!

2 Tired of being overweight? Sick of all the wonder pills that have failed you in the past? Then try out a new and healthy way of losing pounds! Try *SparkSolution*! It combines tips for healthy eating and for a healthy lifestyle. It'll give you the motivation and confidence to achieve your perfect weight and keep it for life. Order your *SparkSolution* package now!

3 Has your child's computer use gotten out of hand? Does he spend all day online chatting, surfing or doing God knows what? Then go and get *SAFEEYES*, the top-rated parental control tool. It helps you protect your children from the dangers lurking on the Internet: Download the free 15-day trial now.

4 Add some spice to your life! Join *Revolution Health* and get great new recipes for yummy healthy dishes. Log on to our website www.revolutionhealth.com and discover free recipes that show you step by step how to prepare the most delicious meals and snacks. And take advantage of our special offers of the latest in kitchen equipment: www.revolutionhealth.com – the largest recipes database online!

### TEXT 2: Riverbank State Park

MAN: Good morning, ma'am.

KATHY: Good morning, sir. My name is Kathy. How can I help you?

MAN: I've just moved here to work at Columbia University – and I'm looking for some sports facilities. What do you offer here in the park?

KATHY: Well, let's have a look at the map. So, you're here, at the entrance to the park. Right behind our office you can find our Riverbank Cafe and the large picnic area which stretches up to the river. Right at the river bank, though, there's a modern keep-fit track with a fantastic view of the Hudson River.

MAN: Ah, I see …

KATHY: And over here, behind the first-aid station, you can see a complex of three large buildings. Left of the central building you'll find our great indoor skateboard area with a half pipe and some tricky bumps. On the right side you'll find our athletics building with different fitness rooms.

MAN: Ah, yes, here … where there is the police base at the corner.

KATHY: Right.

MAN: Is there a sauna in the athletics building?

KATHY: The sauna is located in the 4th major building in our park – the swimming pools. They include an Olympic-size indoor pool and a 25-yard lap pool and a wading pool outside the building.

MAN: Hmm, OK. What's this building across from the soccer field?

KATHY: Oh, that's old Riverside Fire Station, which was completely rebuilt two years ago. Now it's a cool indoor and outdoor climbing area.

MAN: Great! Er, one more question: Today I came here by taxi, but next time I'd like to use public transportation.

KATHY: That's very easy. You can take a Crosstown BX19 Bus to Riverbank. It stops outside the park at the corner of Riverside Drive and 135th Street. If you come by subway: take the #1 train to 145th and Riverside Drive.

MAN: Many thanks for your information.

KATHY: You're welcome.

## TEXT 3: Music Making Fans Deaf?

Hearing loss is one of the **dirty** secrets of the music business, and everyone involved – from musicians on stage to fans who listen to MP3s through headphones – is at risk.

In a **widely** discussed story this week, The Who guitarist Pete Townshend admitted that he was completely deaf in one ear. *"I can't even hear my phone ring. And there is a constant ringing in my ears when I play the guitar."*

More than 28 million Americans suffer from hearing loss to some extent, according to a **recent** report, and the number is expected to rise to 78 million by the year 2030. Over the last twenty years, environmental noise has doubled each decade. Everything is louder – and rock & roll is a big part of it.

For the iPod generation, the trouble could be worse. Studies show that listening for too long, even if it's not **loud**, can cause serious harm.

Kathy Peck is the director of H.E.A.R., an organization that wants to make people aware of music-related hearing problems: *"It's about **reaching** people. If you don't start taking action, you'll be totally, unbelievably uncool, because you won't be able to hear a damn thing by the time you're forty."*

(Jonathan Ringen for BBC news)

## TEXT 4: Well-being Holidays

JUDITH: Hello, Warner Leisure Travels; thank you for calling us. My name is Judith Mitchell. How can I help you?

RICK: Hello, my name's Rick Young. My girlfriend and I would like to spend a week at a well-being resort in the Lake District in the second week of September. Do you have any special offers?

JUDITH: Certainly. For the second week in September we have two places with special offers.
First of all there's Norton Grange. It's a brand-new hotel that has just won the TTG Travel award, so it's very much in demand at the moment. It's got the most amazing views, and Lake Hollingworth is right on your doorstep.

RICK: Sounds interesting.

JUDITH: The other place is Bembridge House. It was originally built in 1937, but it's been completely modernised recently and is now a first-class hotel with a picturesque lake just a 20-minute walk away.

RICK: Wow! Looks like it's gonna be a difficult decision.

JUDITH: Let's see if I can help you decide. Their special offers are very different … With Norton Grange's "Autumn Deal" you can get two 45-minute hot-stone massages for free. Bembridge on the other hand has got two different offers: a "Romantic Package" with a private 5-course candlelight dinner and a "Relax Deal", including free use of their health club.

RICK: Five courses?!? A healthy balanced diet is very important for us …

JUDITH: Both places take great care to prepare well-balanced meals. Norton Grange is especially proud of its fresh, light seafood dishes, whereas Bembridge focuses on vegetarian meals and fat-free main dishes.

RICK: How do the prices compare?

JUDITH: Actually, all the packages cost the same! £ 463 for two people for six nights.

RICK: Right, thanks. Erm, I'd like to talk it all over with my girlfriend. Do you have a website?

JUDITH: Certainly. You can find everything on www.travel4living.co.uk. That's the word "travel", then "4" as a number, and then "living", all in one word, with no spaces.

RICK: www.travel4living.co.uk. Good. Got that. Thank you very much.

JUDITH: You're welcome.

## TEXT 5: How to Live Longer

RADIO HOST: Over the last century, life expectancy in the UK has increased by about 30 years. Let's discover the secrets of a longer life together with my two guests, Professor Jane Philp, one of the UK's leading experts on ageing, and Mr Edward Ronthaler, who is 100 years old. Welcome to the show.

JP/ER: Thank you for having me. / It's great to be here, thank you for inviting me.

RH: Professor Philp, why are we living longer?

JP: There are two main reasons. The first is better health care, especially for older people. The second factor is a higher standard of living, which means, for example, that people can afford to buy more and better food, and live in healthier surroundings.

RH: Mr Ronthaler, the most burning – and surely the most frequently asked – question: What is the secret of your age?

ER: Oh, yes, you're right, erm, well, rather than good genes, I'd say walking half a mile every morning – and I mean every morning!!! – and *(laughs)* taking regular cold showers! My brother used to say, *'Ed, whenever you take a hot shower, follow it up with an ice cold one and count to 100.'* … I've learned to count pretty fast.

RH *(laughs)*: Well, I understand that. Professor Philp, apart from taking cold showers, what can we do to live longer?

JP: Basically, ageing is about damage versus repair. We repair our body through sleep so it's important to get seven to eight hours of high-quality sleep each night. Smoking can knock out the body's repair mechanisms and reduces its ability to repair. So the key to a long and healthy life is rather simple: Don't smoke, get lots of sleep and eat a balanced diet.

RH: That sounds very sensible, but many people don't like the idea of ageing. Professor, what are the main things people are afraid of as they grow older?

JP: People particularly worry about losing their independence because their health is poor …

ER: … and I'd like to add social isolation. In my case I must say that being involved in all sorts of activities in my community has helped me live a long and full life.

RH: Professor Philp – one last question: How can you tell if you've got a healthy lifestyle?

JP: Well, there are four main areas you can consider: emotional wellbeing, social networks, a healthy diet and physical activity. Try our online quiz at www.bbc.co.uk/quizengine/livelonger … (fade out)

**Healthy Living**

## TASK 1: Commercials

**You will hear four commercials. What is each commercial about?**
**Write the correct numbers (1–4) in the boxes next to the categories (A–F).**
**Be careful: Use each number only once.**
***(You will have 5 seconds after the first listening and 5 seconds after the second listening.)***

| | | | | | |
|---|---|---|---|---|---|
| A | Healthy pills | ☐ | D | Healthy training | ☐ |
| B | Healthy cooking | ☐ | E | Healthy equipment | ☐ |
| C | Healthy media use | ☐ | F | Healthy diet | ☐ |

4

## TASK 2: Riverbank State Park

**You will hear a conversation between a man and a woman at the Riverbank State Park Information Office. Find the position of the different facilities (1–5) on the map. Write the correct numbers in the boxes.**
**Be careful: Use each number only once. There is one example (0) at the beginning.**
***(You will have 5 seconds after the first listening and 5 seconds after the second listening.)***

0 *Café* (**Example**)
1 Keep-Fit Track
2 Skateboard Area
3 Swimming Pool
4 Climbing Area
5 Subway

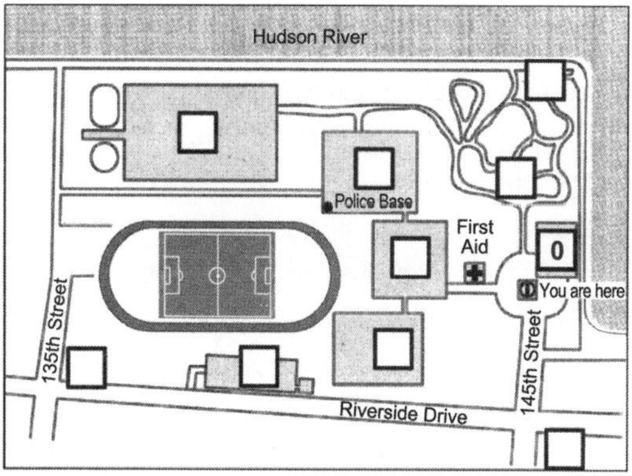


5

## TASK 3: Music Making Fans Deaf[1]?

**You will hear a radio report about the dangers of loud music.**
**Underline the wrong words in the text and write the correct version in the space provided.**
***(You will have 10 seconds after the first listening and 15 seconds after the second listening.)***

Hearing loss is one of the thirty secrets of the music business, and everyone involved – from musicians on stage to fans who listen to MP3s through headphones – is at risk.

In a wildly discussed story this week, *'The Who'* guitarist Pete Townshend admitted that he was completely deaf in one ear. *"I can't even hear my phone ring. And there is a constant ringing in my ears when I play the guitar."*

More than 28 million Americans suffer from hearing loss to some extent, according to a decent report, and the number is expected to rise to 78 million by the year 2030. Over the last twenty years, environmental noise has doubled each decade. Everything is louder – and rock & roll is a big part of it.

For the iPod generation, the trouble could be worse. Studies show that listening for too long, even if it's not allowed, can cause serious harm.

Kathy Peck is the director of H.E.A.R., an organization that wants to make people aware of music-related hearing problems: *"It's about teaching people. If you don't start taking action, you'll be totally, unbelievably uncool, because you won't be able to hear a damm thing by the time you're forty."*

JONATHAN RINGEN for BBC news 5

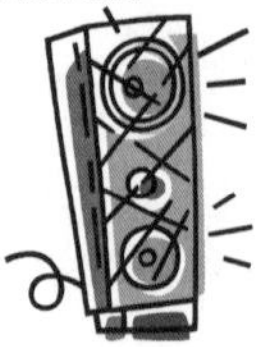

1 **deaf:** unable to hear anything or unable to hear very well

## TASK 4: Well-being Holidays

**You will hear a telephone conversation between a man and a travel agent. Complete the grid. You do not have to write complete sentences but one word is not enough.**
***(You will have 10 seconds after the first listening and 20 seconds after the second listening.)***

| | **NORTON GRANGE** | **BEMBRIDGE HOUSE** | |
|---|---|---|---|
| |  |  | |
| Distance to lake: | | | 1/1 |
| Special well-being offers: | **"Autumn Deal":** | **"Relax Deal":** | 1/1 |
| Healthy meals: | | | 1/1 |
| Website: | | | 1 |

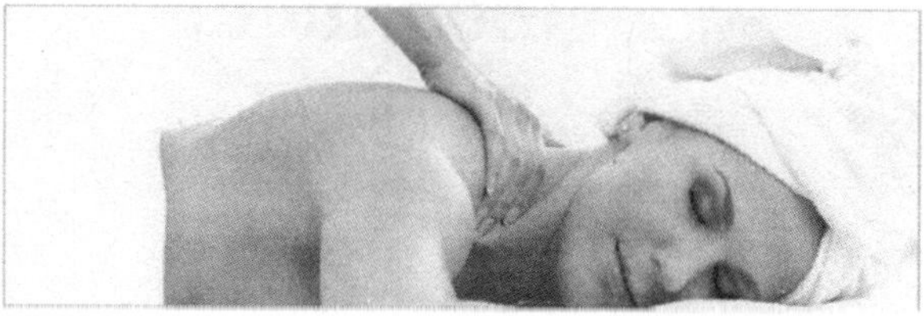

## TASK 5: How to Live Longer

**You will hear a radio interview about the secrets of a longer life.**
**Fill in the missing information.**
**You do not have to write complete sentences but one word is not enough.**
***(You will have 30 seconds after the first listening and 90 seconds after the second listening.)***

1. Two reasons why people are getting older and older these days:

   ______________________________ 1

   ______________________________ 1

2. Mr Ronthaler's tips for a longer life: (2 tips)

   ______________________________ 1

   ______________________________ 1

3. Why high-quality sleep is important:

   ______________________________ 1

4. Old people's main worries: (2 aspects)

   ______________________________ 1

   ______________________________ 1

5. Aspects that influence a healthy lifestyle: (2 examples)

   ______________________________ 1

   ______________________________ 1

# Good luck!

## Lösung

***Allgemeine Hinweise:*** *In dem vorliegenden Hörverstehenstest geht es um das Hauptthema* ***„Healthy Living"****. Du kannst dich also schon darauf einstellen, dass verschiedene Aspekte zum Thema „Gesundheit" und „Gesundes Leben" eine Rolle spielen werden. Die Hörverstehensprüfung umfasst insgesamt fünf verschiedene Texte. Wichtig ist, dass du nicht gleich nervös wirst, wenn du die eine oder andere Aufgabe nicht sofort lösen kannst. Alle Texte werden zweimal vorgespielt und es ist in der Regel genügend Zeit vorgesehen, damit du die Lösungen auf das Angabenblatt schreiben kannst. Du kannst dir Notizen auf einem Extrablatt machen, aber pass auf, dass du am Ende alles auf das Angabenblatt geschrieben hast. Mach dir auch keine Sorgen, wenn du beim ersten Hördurchgang nicht alles sofort verstehst. In aller Regel wird die gesuchte Lösung nicht gerade von diesem Begriff abhängen. Außerdem kannst du die meisten unbekannten Wörter sowieso aus dem Sinnzusammenhang erschließen. In diesem Teil der Prüfung werden dir für Grammatik- bzw. Rechtschreibfehler nur dann Punkte abgezogen, wenn diese sinnentstellend sind.*

*Die Gesamtpunktzahl der Abschlussprüfung ergibt sich durch Addition der im Hörverstehenstest und im schriftlichen Teil erreichten Punkte. Zusätzlich fließen noch die im Speaking Test erzielten Punkte in die Gesamtpunktzahl der Abschlussprüfung ein. Der Hörverstehenstest umfasst insgesamt 30 Punkte. Dies ist ein Fünftel der zu vergebenen Punkte. Es geht also ungefähr um 1,5 Notenstufen. Zu Beginn der Hörverstehensprüfung ist es besonders wichtig, dass du dich konzentrierst. Atme also zuerst ein paar Mal ganz bewusst tief durch – so wirst du ruhiger und kannst besser konzentriert arbeiten. Vor Beginn der Tonaufnahme bekommst du etwa fünf Minuten Zeit um das Angabenblatt kurz durchzusehen. Du weißt dann schon, um welche Themengebiete es in den einzelnen Texten geht und kannst dich entsprechend darauf einstellen.*

### Task 1: Commercials

***Hinweis:*** *Für die folgende Aufgabe hörst du vier kurze Werbetexte, die unterschiedliche Produkte zum Thema „Gesundheit" anpreisen (1, 2, 3, und 4). Auf dem Angabenblatt findest du sechs Möglichkeiten (A, B, C, D, E und F). Du sollst nun die Hauptaussagen der jeweiligen „statements" heraushören und in die Kästchen die entsprechenden Ziffern schreiben. Du darfst aber keine Ziffer zweimal verwenden. Zwei Kästchen bleiben also frei. Einzelne Stichwörter oder Begriffe im Text geben dir den Hinweis auf die richtige Lösung. Die besondere Schwierigkeit bei dieser Aufgabe besteht darin, dass manche Stichwörter bei mehreren „statements" vorkommen.*

Commercial 1: "**Healthy training**" **D**

***Hinweis:*** *In diesem Werbetext geht es um ein Fitness Centre und darum, wie man seine Muskeln aufbauen und seine eigene Fitness trainieren kann.*

Commercial 2: "**Healthy diet**" **F**

***Hinweis:*** *Die entscheidenden Stichworte sind hier „overweight", „losing pounds" und „perfect weight". Hier ist eindeutig vom Abnehmen die Rede. Und nachdem es um den Bereich Gesundheit geht, wird ein Weg zum gesunden Abnehmen angepriesen.*

Commercial 3: "**Healthy media use**" | C |

*Hinweis: Hier wird das Problem der übermäßigen Computernutzung bei Kindern thematisiert. Das Programm SAFEEYES soll angeblich dabei helfen, diesem Problem Einhalt zu gebieten. Eine „gesunde" Mediennutzung ist dabei das Ziel. Du hast also nur die Möglichkeit, dich für den Buchstaben C zu entscheiden.*

Commercial 4: "**Healthy Cooking**" | B |

*Hinweis: Die Zubereitung von gesunden und köstlichen Speisen ist der Schwerpunkt bei diesem „commercial". Der Satz "Add some spice to your life!" ist sowohl wörtlich als auch im übertragenen Sinne zu verstehen. „Würze" für das Leben und „Gewürze" für die Speisen. Die Schwierigkeit liegt bei dieser Aufgabe darin, dass auch von der Küchenausstattung „kitchen equipment" die Rede ist. Du könntest also dazu verleitet sein, den Buchstaben E „Healthy equipment" als richtige Lösung auszuwählen. Der Hauptaspekt liegt aber beim Kochen und von daher ist der Buchstabe B richtig.*

***Wichtig: Insgesamt bleiben bei Task 1 Buchstabe A und Buchstabe E übrig.***

**Task 2: Riverbank State Park**

*Hinweis: In dem nächsten Prüfungsteil hörst du ein Gespräch zwischen einem Mann und Kathy, die im Informationsbüro des Riverbank State Parks arbeitet und Auskünfte erteilt. Der Riverbank State Park ist ein großer Park mit einigen Sportstätten. Der Mann ist gerade in die Gegend gezogen und möchte von Kathy wissen, welche Sportmöglichkeiten in diesem Park angeboten werden. Auf dem Angabenblatt findest du einen Plan von diesem Park mit leeren Kästchen. Daneben sind einzelne Sportmöglichkeiten und die U-Bahnstation mit Nummern aufgelistet. Höre nun genau hin und finde heraus, wo die einzelnen Orte liegen. Trage dann die einzelnen Ziffern in die leeren Kästchen ein. Es sind acht Kästchen vorgegeben. Du hast aber nur fünf Ziffern zur Verfügung. Drei Kästchen müssen also frei bleiben. Im Plan ist ein kleines „i – you are here" eingetragen. Das ist dein Ausgangspunkt.*
*Bei dieser Aufgabe wird pro richtig zugeordneter Ziffer ein Punkt vergeben. Für falsch zugeordnete Ziffern werden keine Punkte abgezogen. Du darfst aber keine Ziffer mehrfach verwenden. Für jede mehrfach eingesetzte Ziffer wird ein Punkt abgezogen, damit du deine Antworten nicht einfach erraten kannst. Das erste Beispiel „Cafe" ist bereits angegeben.*

0 *Café* (**Example**)
1 Keep-Fit Track
2 Skateboard Area
3 Swimming Pool
4 Climbing Area
5 Subway

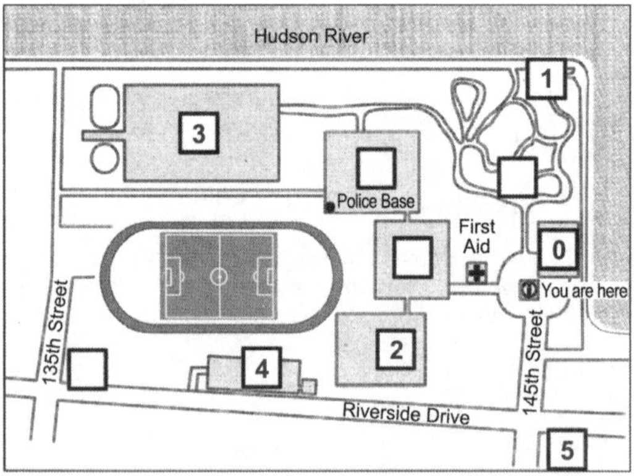

1. **Keep Fit Track**
   ***Hinweis:*** *Die entscheidenden Hinweise sind hier „right at the river bank" und „**keep-fit track** with a fantastic view of the Hudson River".*

2. **Skateboard Area**
   ***Hinweis:*** *Die Hinweise „complex of three buildings" und „behind the first aid station" führen dich schon in die richtige Richtung. Die entscheidende Textstelle ist hier: "... left of the central building you'll find our great indoor **skateboard area** ...". Die Schwierigkeit liegt hier eventuell darin, dass du das große Fußballfeld mit dem „central building" verwechselst.*

3. **Swimming Pool**
   ***Hinweis:*** *Den Swimming Pool zu finden ist nicht ganz leicht. Die entsprechende Textstelle lautet: „... the 4th major building in our park – **the swimming pools** ...". Hier ist wirklich entscheidend, dass du „major building" heraushörst. Die beiden außen liegenden Becken geben dir ebenso einen Hinweis. Darüber hinaus enthält der Text keinen weiteren Hinweis. Solltest du die Lösung hier nicht beim ersten Hören herausfinden, dann lass dich nicht nervös machen. Versuch einfach die anderen Gebäude zu finden und dann mache beim zweiten Hören einen weiteren Anlauf. Es ist wirklich entscheidend, dass du nicht mutlos wirst, auch wenn du dir bei der einen oder anderen Aufgabe nicht sicher bist.*

4. **Climbing Area**
   ***Hinweis:*** *Die Hinweise „building across the soccer field" und „Riverside Fire Station" geben dir schon deutliche Signale. Die Textstelle lautet dann „... now it's a cool indoor and outdoor **climbing area** ...". Die Schwierigkeit liegt hier darin, dass du „across" so interpretieren könntest, dass du das Kästchen an der Ecke zur „135th street" auswählst. Diese Lösung kann aber nicht richtig sein, weil ja von einem umgebauten Gebäude die Rede ist. An dieser Ecke steht aber kein Gebäude.*

5. **Subway**
   ***Hinweis:*** *In dem relevanten Textabschnitt ist von mehreren Möglichkeiten die Rede, wie man zum „Riverbank State Park" kommt: mit dem Taxi, Bus oder mit der U-Bahn. Der Mann fragt nach „public transport". Er ist zwar dieses Mal mit dem Taxi gekommen, möchte aber künftig die öffentlichen Verkehrsmittel nützen. Du sollst nun herausfinden, wo die U-Bahn ankommt. Die Textstelle lautet hier "... if you come by **subway**: take the #1 train to 145th and Riverside Drive ...". Du darfst es nicht mit der Bushaltestelle verwechseln. Sowohl der Bus als auch die U-Bahn halten, wenn man es großzügig auslegt, „at the corner of Riverside Drive", aber jeweils an einer anderen Ecke. Aus diesem Grund ist hier die Nummerierung der Straßen ganz entscheidend.*

## Task 3: Music Making Fans Deaf

***Hinweis:*** *Im folgenden Hörtext hörst du einen Radiobericht über die Gefahren von zu **lauter Musik**. Die Informationen auf dem Angabenblatt unterscheiden sich aber an einigen Stellen von den Informationen, die im Radiobericht vorkommen. Bei dieser Aufgabe wird pro richtig verbessertem Ausdruck ein Punkt vergeben. Übersteigt die Gesamtzahl der von dir verbesserten Fakten die Zahl der zu findenden Fehler, so wird pro überzähligem Ausdruck ein Punkt abgezogen. Da auf diese Aufgabe fünf Punkte vergeben werden, musst du also insgesamt **fünf** Informationen berichtigen, nicht mehr und nicht weniger. Der Text wird zweimal vorgespielt. Wenn du beim ersten Hören nicht gleich alle Stellen verbessern kannst, dann hilft es dir vielleicht für das zweite Hören, wenn du die entsprechenden Stellen schon einmal kennzeichnest. Vor dem ersten Hören hast du genügend Zeit, um dir das Angabenblatt genau anzusehen. So kannst du dich schon gut auf die Höraufgabe vorbereiten. Manchmal liegen die einzelnen Begriffe lautlich sehr eng beieinander. Wenn du Schwierigkeiten hast, das richtige Wort zu hören, kannst du auch versuchen, die richtige Lösung aus dem Sinnzusammenhang zu*

*erschließen. Es gibt hier nur einen Sprecher. Du musst hier nicht zwischen mehreren Sprechern unterscheiden. Das macht die Aufgabe ein bisschen leichter.*
*Das Wort „deaf" wird im Aufgabenblatt angegeben: „taub, schwerhörig = unable to hear anything or unable to hear very well". Das ist wichtig, weil der Ausdruck gleich in der Überschrift vorkommt.*

| | | |
|---|---|---|
| thirty | → **dirty** | Text: „... one of the **dirty** secrets of the music business ..." |
| wildly | → **widely** | Text: „... in a **widely** discussed story this week ..." |
| decent | → **recent** | Text: „... according to a **recent** report ..." |
| allowed | → **loud** | Text: „... even if it's not **loud** ..." |
| teaching | → **reaching** | Text: „... It's about **reaching** people ..." |

**Task 4: Well-being Holidays**

***Hinweis:*** *In der nächsten Höraufgabe geht es wie bei den übrigen Texten dieses Hörverstehenstests um das Thema **„Gesundes Leben"** und hier im Besonderen um zwei Hotels, die unterschiedliche „wellness holidays" anbieten. Du hörst nun ein Telefongespräch zwischen dem Touristen Rick und Judith, die für ein Reisebüro arbeitet. Du musst also zwischen zwei Stimmen unterscheiden können und die entsprechenden Informationen auf das Angabenblatt schreiben. Es werden nur die Kerninformationen verlangt. Du brauchst also keine vollständigen Sätze zu schreiben. Es handelt sich um insgesamt sieben Details.*

| | NORTON GRANGE | BEMBRIDGE HOUSE |
|---|---|---|
| Distance to lake: | **(right) on your (the) doorstep** | **(just) a 20-minute walk away** |
| Special well-being offers: | **two 45-minute (hot-stone) massages/two (45-minute) hot-stone massages** ** | **free use of health club** |
| Healthy meals: | **(fresh, light) seafood dishes** | **vegetarian meals/fat-free (main) dishes** |
| Website: | * **www.travel4living.co.uk** | |

***Hinweis:***
* *Da die Internetadresse hier buchstabiert wird, kannst du bei dieser Aufgabe nur dann den Punkt bekommen, wenn du die gesamte Adresse richtig geschrieben hast. Zum Beispiel gibt es für die folgende Lösung(en):*
***www.travelfo(u)rliving.co.uk*** *keinen Punkt. Die Bewertung der Rechtschreibung macht in diesem Fall auch Sinn, denn es ist ganz entscheidend, dass man die genaue Internetadresse erfassen kann, weil sie sonst nicht funktioniert.*
** *Hier musst du eines der beiden Details (**45-minute/hot-stone**) erwähnen, sonst erhältst du den Punkt nicht.*

**Task 5: How to Live Longer**

***Hinweis:*** *Die letzte Höraufgabe ist ein Radiointerview. Es sind drei Sprecher beteiligt. Der **Gastgeber (radio host)** will von **Professor Jane Philp** und von **Herrn Edward Ronthaler** wissen, warum die Menschen heute länger leben und was man tun muss bzw. kann, um länger zu leben. Bei dieser Aufgabe musst du drei Sprecher voneinander unterscheiden. Manchmal hilft es, wenn du dir beim ersten Hören ein paar Notizen machst und dann die Antworten auf das Angabenblatt schreibst.*
*Bei den folgenden Lösungen werden manchmal mehr als die geforderten zwei Aspekte ange-*

*geben, weil auch mehrere Lösungen möglich und richtig sind. Auch wenn du dir nicht sicher bist, ist es immer besser, du gibst eine Lösung an bevor du gar nichts hinschreibst.*

1. Two reasons why people are getting older and older these days:
   - **better health care** (for older people)
   - **higher standard of living** (more and better food; healthier surroundings)

2. Mr Ronthaler's tips for a longer life: (2 tips)
   - **walking half a mile every morning/daily walks** (in the morning) *
   - (regular) **cold showers**

3. Why high-quality sleep is important:
   - **we repair our body through sleep**
   - **it's a key to a long and healthy life** **

4. Old people's main worries: (2 aspects)
   - **losing their independence/poor health** ***
   - **social isolation**

5. Aspects that influence a healthy lifestyle: (2 examples)
   - **emotional wellbeing/social networks/healthy diet/physical acitivity** ****

***Hinweis:***

* *Der Aspekt „**daily**" bzw. „**every morning**" muss erwähnt sein, damit der Punkt vergeben werden kann.*

** *Eine von zwei Antworten genügt.*

*** *Diese beiden Aspekte zählen nicht als zwei voneinander unabhängige Antworten. Den Aspekt „**social isolation**" musst du daher unbedingt erwähnen.*

**** *Zwei von vier Antworten genügen.*

***Allgemeiner Hinweis:** Du wirst sehen, dass dir die Übung mit den vergangenen Abschlussprüfungen sehr viel bringt. Konzentriere dich auf die Bereiche, die dir noch am meisten Schwierigkeiten bereiten. Die Wiederholung des Wortschatzes und mancher Grammatikkapitel ist auch entscheidend. Es ist gut, wenn du rechtzeitig mit deinen Vorbereitungen beginnst. Dann wirst du bestimmt sehr erfolgreich sein. Viel Kraft und Ausdauer bei der Prüfungsvorbereitung und vor allem weiterhin viel Freude mit der englischen Sprache.*

**Abschlussprüfung an Realschulen: Englisch 2010**
**Written Test**

## Part I: Reading – Alaska

### TEXT

WINTER 2010

# Drop Anchor in Anchorage

If you come here in the winter or spring, the first thing you will notice in this city of 275,000 people is undoubtedly the cold. At 61 degrees latitude, Anchorage is only slightly farther north than St. Petersburg, Helsinki, and Oslo.

Upon my arrival in late February, it was -13 °C and snowing; but I came prepared – as should you. Good thermal underwear will keep you warm for long periods of time. Dressed properly, there is no reason at all why you can't discover the uniqueness of America's northernmost urban landscapes – all on foot and without having to dart in and out of downtown stores, museums and restaurants to keep warm.

Alaska, the 49th state to join the U.S. and the largest of all states with 1,717,855 square kilometres, is surprisingly urban. Seventy-four per cent of the state's population of 627,000 live in Anchorage, Fairbanks or the state capital, Juneau. Even Alaska's largest cluster of native people – 21,000 out of a total of 102,000 – lives in Anchorage. Whites are the largest ethnic group, but African-Americans, Asians and Latinos also call the state home.

From 1733 to 1867, when Alaska belonged to Russia, Russian Orthodox missionaries were sent over to try to convert the native peoples. Although Alaska has been an American territory since 1867 and a state since 1959, you can still see the distinctive onion-domed churches and visit active Russian Orthodox congregations in 80 Alaskan communities.

Another very visible – and very Alaskan – experience is seeing moose. Not only do they stroll through downtown Anchorage; you will often see them alongside the highway, as I did when driving north to Willow.

If you're planning a trip to Alaska in spring, like I did, you might be rewarded with the sight of the Northern Lights, the so-called aurora borealis. The aurora is most active late at night or early in the morning, when the sky is clear and the air chilly. The best times to watch are in February, March, September, and October, especially when it is dark because of a new moon. So why not join some hardy Alaskans, put on your parka und lie on your back in the snow to watch?

POINTS

## TASK 1

**Read the text *'Drop Anchor in Anchorage'* (page 1).**
**Are sentences 1–10 *'True'* (T) or *'False'* (F)? If there is not enough information to answer 'True' or 'False', choose *'Not in the text'* (N).**
**Tick (✓) the correct answer.**

10

| | T | F | N |
|---|---|---|---|
| 1. Anchorage is almost as far in the north as Oslo. | ☐ | ☐ | ☐ |
| 2. In February, temperatures are constantly below 0 °C. | ☐ | ☐ | ☐ |
| 3. It's too cold to explore the city on foot. | ☐ | ☐ | ☐ |
| 4. Most Alaskan people live in big cities. | ☐ | ☐ | ☐ |
| 5. 102,000 native Alaskans live in Anchorage. | ☐ | ☐ | ☐ |
| 6. Asians are the second largest ethnic group in Alaska. | ☐ | ☐ | ☐ |
| 7. From 1733 to 1867, Alaska sent missionaries to Russia. | ☐ | ☐ | ☐ |
| 8. There are many signs of Russian influence in Alaska. | ☐ | ☐ | ☐ |
| 9. You can see moose in the centre of Anchorage. | ☐ | ☐ | ☐ |
| 10. The aurora can only be seen when there is a new moon. | ☐ | ☐ | ☐ |

## TASK 2

**The following text is about dog mushing*.**
**The sentences of the text are mixed up. Put the different parts (A – I) into the correct order. Write your answers in the grid below.**
**Two parts (B and F) have already been put in the correct place.**

| | |
|---|---|
| A | He decided to send medicine by train from Seward to Nenana, near Fairbanks, where it was given to 20 mushers, who used more than 100 dogs for the 1,085 km journey from Nenana to Nome. It took 127.5 hours to complete and went down in history as the "Great Race of Mercy". |
| B | **Dog mushing has been an Alaskan tradition since the early 1900s. The first white settlers to the area depended on the 1,850-kilometer-long trail from Seward in the south to Nome in the west, passing through the town of Iditarod in between.** |
| C | First held in 1973, it has developed into a competition between more than 50 mushers and 1,000 dogs from around the world. |
| D | The 2011 Iditarod will have a ceremonial start in downtown Anchorage on March 1, with the official race beginning in Wasilla (70 km north of Anchorage) on March 2. The race will end in Nome. |
| E | There were no flights between the two towns, so Governor Scott Bone had to find a way to get the medicine to Nome. |
| F | **The Iditarod race, held each year in early March, is a commemoration of this historic race against time.** |
| G | In the winter of 1925, a dangerous disease threatened Nome, and the nearest medicine was in Anchorage – 1,931 kilometers away. |
| H | They cover about 1,600 km of the most extreme and beautiful terrain known to man in eight to 15 days – across mountains, frozen rivers and dense forests. |
| I | In those days, everything from mail and groceries to gold and furs was delivered by mushers and their dogs, particularly in winter. |

| 1 | 2 | 3 | 4 | 5 | 6 | 7 | 8 | 9 |
|---|---|---|---|---|---|---|---|---|
| B | | | | | F | | | |

* dog mushing in Alaska

© *Ventura69/Dreamstime.com*

## TASK 3

**Use the information from the text about dog mushing (page 3) to place the five cities below correctly on the map.**
**Write the correct numbers (1–5) in the boxes.**
**Be careful: There is one box on the map that you do not need.**

| | |
|---|---|
| 1 | Iditarod |
| 2 | Nenana |
| 3 | Nome |
| 4 | Seward |
| 5 | Wasilla |

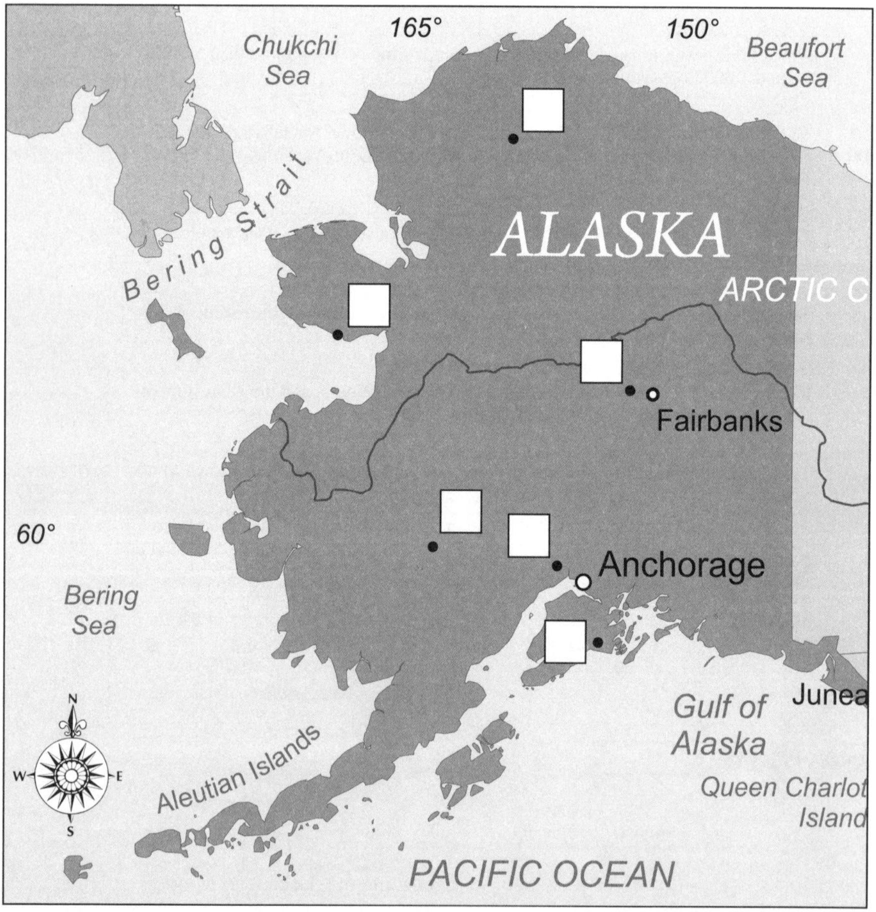

## TASK 4

**Verwenden Sie die Informationen aus der folgenden Broschüre und bearbeiten Sie die Aufgaben (1–5) stichpunktartig auf Deutsch (keine wörtliche Übersetzung nötig; Einzelwörter genügen nicht als Antwort):**

### BE ALERT IN BEAR COUNTRY

**Preparation**

- Always have pepper spray ready for immediate use. Don't hide it in your backpack.
- A small number of national parks and national forests require visitors to carry special bear-resistant food storage containers.

**In the camp**

Never feed or come up to a bear. Bears are much more intelligent than we human beings think they actually are. If you feed a bear just once, it may change its habits and try and stay close to you. But if you follow these simple rules, you can reduce the risk of a bear coming to your campsite:

- Make sure that you double pack all food (and spices) in plastic to reduce food smells.
- Avoid foods that are spicy or smoked.
- Never eat or cook within or around your tent. Bears have discovered that campfires mean food.
- If you are aware of a problem bear in the area (especially Grizzlies and Brown bears) you should change the clothes you wore while cooking.
- Always hang your food, together with any articles that have come in contact with it, from a tree.
- Wash and store all dishes and food utensils immediately after use. Dump dishwater in designated areas or at least 300 feet from your sleeping area.
- Place your tent 300 feet up-wind from where you cooked your food.
- Try to separate and reduce the amount of smells coming from one single place. A bear that finds no food in the camp is more likely to lose interest and move on to better pickings.

1. Bereits im Vorfeld zu beachten: (2 Details) 2

2. Grund des strikten Fütterungsverbots: 1

Wichtige Hinweise in Bezug auf …

3. Nahrungsmittel: (2 Details) 2

4. Kleidung: 1

5. Abwasch: (2 Details) 2

## Part II: Use of English

### TASK 1

**Look at the text *'Drop Anchor in Anchorage'* (page 1).**
**What do the following words mean?**
**Match the expressions (A–F) with their corresponding definitions (0–6).**
**Write the correct numbers in the grid below.**
**Be careful: There is one definition that you do not need.**
**One definition (0) has already been matched correctly.**

**A** thermal (line 10)
**B** properly (line 11)
**C** urban (line 12)
**D** ethnic (line 18)
**E** distinctive (line 22)
**F** hardy (line 33)

**0** connected with a town or city
**1** strong and able to survive difficult conditions and bad weather
**2** designed to prevent heat escaping from the body
**3** having a special quality or appearance that is different and easy to recognize
**4** connected with the place where you were born
**5** in a way that is correct and/or appropriate
**6** belonging to a nation, race or people that shares a cultural tradition

| A | B | C | D | E | F |
|---|---|---|---|---|---|
| | | 0 | | | |

5

### TASK 2

**Find a word or expression in the text *'Drop Anchor in Anchorage'* (page 1) which means the same as each of the words (1–5) below. The paragraph where you can find the word or expression is indicated in brackets.**

1. surely → ____________________ (paragraph 1, lines 1–8)
2. explore → ____________________ (paragraph 2, lines 9–13)
3. group → ____________________ (paragraph 3, lines 14–19)
4. colony → ____________________ (paragraph 4, lines 20–24)
5. wander → ____________________ (paragraph 5, lines 25–27) 5

## TASK 3

**Use the word given in capitals at the end of some of the lines to form a word of the same word family that fits in the space in the same line.**

1 Bears are shy animals. Conflicts arise when they are attracted ATTRACTION
to human food. Here are a few things you can do to get the bear to leave:

2 ■ First make sure that you and your family are in a save SAFETY
spot (inside a house or vehicle, or standing close together with other people).

3 ■ If the bear is not aggressive, try to figure out why it is visiting your AGGRESSION

4 home. You can call your local Fish and Game office for suggestion. SUGGEST

■ If the bear is threatening your life you may either call the Police (911), or shoot the bear yourself.

■ Remember, if the bear has come to your home or camp because food or

5 garbage has been stored badly, it can NOT be legaly killed. LEGAL 5

## TASK 4

**Complete the second sentence so that it has a similar meaning to the first sentence, using the KEY WORD given in brackets. Do not change the KEY WORD given. You must use between two and five words including the KEY WORD.**
**There is one example (0) at the beginning.**

**Example**

0 The Iditarod race is the toughest dog mushing race in the world. (AS) ← **KEY WORD**

(1) (2) (3) (4)

No other race in the world *is as tough as* the Iditarod race.

1 After finishing in 1st position in 2009, Lance Mackey almost collapsed. (WHEN)
Lance Mackey almost collapsed when he finished in 1st position in 2009. 1

2 He didn't go to the doctor but called for the vets to examine his dogs first. (INSTEAD)
But instead of going to the doctor he called for the vets to examine his dogs first. 1

3 In the evening, Mackey was served a special 8-course meal that cost his sponsor $3,500. (PAY)
His sponsor had to pay $3,500 for Mackey's special 8-course meal. 1

4 But he couldn't finish the meal because he was so tired. (SUCCEED)
He didn't succeed in finishing the meal because he was so tired. 1

5 He wanted to go to bed but officials had arranged a press conference after dinner. (GONE)
If they hadn't arranged a press conference, he would n't have gone to bed. 1

## TASK 5

**Complete the following text. Use the correct forms of the words in brackets and find words of your own to replace the question marks. There is one example (0) at the beginning.**

**Who's an Eskimo?**

Most people who **(0)** hear ______ **(hear/Example)** the word 'Eskimo' think
of igloos, parkas with fur in them and the habit of **(1)** the rubber ✗ ______ **(rub)** 1
noses in the cold air. Though often used in popular culture, the word 'Eskimo'
may also **(2)** met ✗ ______ **(meet)** with an angry look. That, of course, 1
depends **(3)** ______ ✗ **(???)** where you are. In Canada and Greenland, 1
the word is **(4)** completely ✓ ______ **(complete)** taboo. Native residents of the 1
Arctic want you **(5)** to use ✓ ______ **(use)** the exact names of their peoples – 1
in Canada, it's the Inuit, in Greenland the Kalaallit. Alaskans also use the term
'Alaska Native', **(6)** which ✓ ______ **(???)** includes all Eskimo, Aleut and 1
Indian people of Alaska.

So, what's the problem with 'Eskimo'? Until the 1970s, the word **(7)** thought ✗ ______ 1
**(think)** to mean 'eaters of raw meat', a description which made the native people
appear barbaric. Now, however, language specialists **(8)** finding ✗ ______ **(find)** 1
out that 'Eskimo' actually means 'people who speak a different language'.

So, in the US, **(9)** ______ ✗ **(???)** the rules of political correctness 1
change faster **(10)** than ✓ ______ **(???)** anyone can remove the skin from a 1
moose, the word 'Eskimo' is now considered OK and even the US press feels
comfortable using it again.

## Part III: Guided Writing

**You only have to do one of the following two tasks.**
**Important: First read both tasks, then decide whether you want to do Task A or Task B.**
**You can write down your ideas on your extra sheet before you do the task on your exam paper.** 30

### TASK A

**You have just read the following advertisement on the noticeboard in your school:**

**Our Work & Stay Program 2010**

Howard Creek Guesthouse Ranch, Alaska

Help us in the daily running of the Guesthouse Ranch and you can stay with us for free and take part in most of our activities. You will be provided with meals, snacks & drinks and accommodation. We are looking for people who have experience in

***childcare, housework, gardening, cooking or first aid.***

Contact:
Sally Grigg
45 Hillcrest Drive
Port Alsworth, Alaska 99653

You have decided to apply for the *Work & Stay Program* in Alaska.
Write your **letter of application** to Sally Grigg.

In your letter, …
① explain why you want to go to Alaska
② say which area you have experience in and why
③ describe your personal qualities
④ ask for further details on one of the following: *accommodation, activities, people on the ranch*

Do not forget to write a suitable beginning and ending. You do not have to write any dates or addresses. **Write about 200 words.**

## TASK B

**You are taking part in the *Language Courses Abroad* program in the US. During your 3-week stay, you decide to write an e-mail to your English-speaking friend.**

In your **e-mail**, write about:

① why you are taking part in the program
② what you have enjoyed most so far und why
③ your host family
④ your plans for the last few days in the US

Do not forget to write a suitable beginning and ending.
**Write about 200 words.**

Task ☐

Write A or B in the box.

# Lösung

## Part I: Reading – Alaska

***Allgemeine Hinweise:*** *Immer wieder werden in der Abschlussprüfung landeskundliche Themen gestellt. Das Rahmenthema im Written Test 2010 heißt „**Alaska**". In den Texten und Aufgaben zu dieser Abschlussprüfung wirst du dich mit verschiedenen Teilaspekten Alaskas beschäftigen. Das ist ein sehr breit angelegtes Thema, aber du wirst sehen, dass du nach der Lektüre des Haupttextes „Drop Anchor in Anchorage" bereits mit der Materie vertraut bist. Auch dein Vorwissen über Alaska, das du z. B. aus Fernsehsendungen oder dem Erdkundeunterricht hast, kannst du bei der Bearbeitung dieser Prüfung einfließen lassen.*
*Da alle Aufgaben inhaltlich mit dem Thema „Alaska" zu tun haben, solltest du als Erstes den Text ganz durchlesen. Es ist möglich, dass du manche Begriffe, die im Text vorkommen, noch nie gehört hast. Das macht nichts, denn du kannst ihre Bedeutung meist aus dem Sinnzusammenhang erschließen und den Text verstehen, auch wenn er dir unbekannte Wörter enthält.*
*Bearbeite dann die Aufgaben am besten der Reihe nach. So kannst du vermeiden, dass du eine Aufgabe versehentlich übersiehst. Wenn du jedoch bei einer Aufgabe größere Probleme hast, dann bearbeite lieber erst die anderen Aufgaben, die dir leichter fallen, und beschäftige dich am Ende noch einmal mit der schwierigeren Aufgabe. Vielleicht hast du dann ja noch einen „Gedankenblitz".*
*Die im Speaking Test und Listening Test erzielten Punkte fließen direkt in das Gesamtergebnis der Abschlussprüfung ein. Insgesamt gibt es 150 Punkte: Speaking 30 Punkte, Hörverstehen 30 Punkte, Reading 30 Punkte, Use of English 30 Punkte und Writing 30 Punkte.*

### Task 1: Richtig, falsch oder nicht im Text?

***Hinweis:*** *In den folgenden Aufgaben sollst du herausfinden, ob die formulierten Aussagen richtig (True – T), falsch (False – F) oder nicht im Text (Not in the text – N) sind. Du musst also die zehn vorgegebenen Sätze genau durchlesen und dann den Text nach passenden Aussagen hierzu durchforsten.*

1. **Anchorage is almost as far in the north as Oslo.** ✓ **False**
   ***Hinweis:*** *Relevante Textstelle: Zeilen 6 bis 8: "… Anchorage is only **slightly farther north** than St. Petersburg, Helsinki, and Oslo."*
   *Die Aussage ist falsch, denn Anchorage liegt etwas nördlicher als Oslo.*

2. **In February, temperatures are constantly below 0°C.** ✓ **Not in the text**
   ***Hinweis:*** *Relevante Textstelle: Zeilen 9 und 10: "Upon my arrival in late February, it was -13°C and snowing …" und "Good thermal underwear will keep you warm …"*
   *Es wird im Text lediglich ausgesagt, dass es bei der Ankunft im Februar minus 13 Grad hatte und dass man eine gute Thermounterwäsche braucht. Wir wissen aber nicht, ob die Temperaturen zu dieser Zeit immer unter 0 Grad liegen.*

3. **It's too cold to explore the city on foot.** ✓ **False**
   ***Hinweis:*** *Relevante Textstelle: Zeilen 11 bis 13: "Dressed properly, there is no reason at all why you can't discover the uniqueness of America's northernmost **urban** landscapes – all **on foot** and without having to dart in and out of downtown stores … to keep warm."*
   *Der Verfasser des Textes gibt eindeutig zu verstehen, dass man mit entsprechender Kleidung die Stadt sehr wohl auch zu Fuß erkunden kann. Möglicherweise kennst du den Begriff „urban landscapes" nicht. Das Schlüsselwort ist „urban" – es hat immer etwas mit Städten zu tun. Auch wenn du „urban landscapes" beim ersten Lesen nicht verstehst, kannst du aus dem Sinnzusammenhang verstehen, dass es nicht um Landschaften, sondern um Stadtlandschaften geht.*

4. **Most Alaskan people live in big cities.** ☑ **True**
*Hinweis: Relevante Textstelle: Zeilen 15 und 16: "**Seventy-four per cent** of the state's population of 627,000 **live in Anchorage, Fairbanks or the state capital, Juneau**."*
*Die Mehrheit der Bewohner Alaskas, genau genommen 74 %, leben in Städten. Die Aussage ist also richtig.*

5. **102,000 native Alaskans live in Anchorage.** ☑ **False**
*Hinweis: Relevante Textstelle: Zeilen 16 und 17: "Even Alaska's largest cluster of native people – **21,000** out of a total of 102,000 – lives in Anchorage."*
*21,000 der 102,000 Alaska Natives leben in Anchorage. Wichtig ist hier der Ausdruck „out of a total". Er wird übersetzt mit „von insgesamt". Die Aussage ist daher falsch.*

6. **Asians are the second largest ethnic group in Alaska.** ☑ **Not in the text**
*Hinweis: Relevante Textstelle: Zeilen 18 und 19: "Whites are the largest ethnic group, but African-Americans, Asians and Latinos also call the state home."*
*Die weiße Bevölkerung ist demnach die größte ethnische Gruppe. Es wird aber nichts darüber ausgesagt, wie groß die Anteile der anderen Bevölkerungsgruppen sind. Du musst daher das Häkchen bei „Not in the text" machen.*

7. **From 1733 to 1867, Alaska sent missionaries to Russia.** ☑ **False**
*Hinweis: Relevante Textstelle: Zeilen 20 und 21: "From 1733 to 1867, when Alaska belonged to Russia, Russian Orthodox missionaries were sent over to convert the native peoples."*
*Es ist genau umgekehrt: In der Zeit, als Alaska zu Russland gehörte, wurden Missionare nach Alaska geschickt. Die Aussage ist daher falsch.*

8. **There are many signs of Russian influence in Alaska.** ☑ **True**
*Hinweis: Relevante Textstelle: Zeilen 22 bis 24: "... you can **still** see the distinctive onion-domed churches and visit active Russian Orthodox congregations in 80 Alaskan communities. ..."*
*Man kann also in Alaska immer noch die typisch russischen Zwiebeltürme sehen. Außerdem gibt es noch zahlreiche russisch-orthodoxe Gemeinden. Ein wichtiges Schlüsselwort ist hier „still". Es wird hier mit „immer noch" übersetzt.*

9. **You can see moose in the centre of Anchorage.** ☑ **True**
*Hinweis: Relevante Textstelle: Zeilen 25 und 26: "Another very visible ... experience is seeing moose. Not only do they stroll through downtown Anchorage ..."*
*Elche sind also unter anderem auch im Stadtzentrum von Anchorage zu sehen. Die Aussage ist folglich richtig. Das wäre doch wirklich spannend, wenn man das einmal erleben könnte!*

10. **The aurora can only be seen when there is a new moon.** ☑ **False**
*Hinweis: Relevante Textstelle: Zeilen 30 bis 33: "The aurora is most active late at night or early in the morning, when the sky is clear and the air chilly. The **best times** to watch are in February, March, September, and October, especially when it is dark because of a **new moon**."*
*Die Schlüsselwörter sind hier „best times" und „new moon". Es gibt zwar bestimmte Zeiten, in denen das Nordlicht am besten zu sehen ist. Das ist in bestimmten Monaten und bei Neumond der Fall. Das bedeutet aber nicht, dass man das Nordlicht sonst nicht sehen kann. Es ist dann nur nicht so hell und vielleicht etwas weniger beeindruckend.*

**Task 2: Finde die richtige Reihenfolge**

*Hinweis: In der folgenden Aufgabe sollst du die vorgegeben Sätze bzw. Textpassagen in die richtige Reihenfolge bringen, sodass am Ende ein zusammenhängender Text entsteht. Du weißt bereits, dass der Text mit Abschnitt B beginnt; das ist eine große Hilfe. Einen weiteren Anhaltspunkt gibt dir Satz F: Er kommt an 6. Stelle. Du musst nun die restlichen Sätze bzw. Abschnitte ordnen. Lies dir am Ende den Text in der von dir festgelegten Reihenfolge noch einmal durch und überprüfe, ob der Text logisch aufgebaut ist.*
*Im Text geht es um „dog mushing". Du brauchst den Begriff „dog mushing" eigentlich nicht zu kennen, um die Aufgabe bearbeiten zu können. Er ist jedoch auf dem Angabenblatt mit einem Bild erklärt: Es geht um Hundeschlittenfahren bzw. den Transport von Gütern mit Hunden in Alaska.*

| 1 | 2 | 3 | 4 | 5 | 6 | 7 | 8 | 9 |
|---|---|---|---|---|---|---|---|---|
| B | I | G | E | A | F | C | H | D |

**B Satz 1 ist bereits vorgegeben.**

**I In those days, everything from mail and groceries to gold and furs was delivered by mushers and their dogs, particularly in winter. (Satz 2)**
*Hinweis: Der Anfangssatz B enthält die Zeitangabe „since the early 1900s" und beschreibt die Strecke, die die ersten weißen Siedler mit ihren Hunden zu überwinden hatten. Satz 2 schließt sich hier mit „In those days" an. Es wird nun erläutert, welche Güter auf dieser Strecke mit Hundeschlitten transportiert wurden.*

**G In the winter of 1925, a dangerous disease threatened Nome, and the nearest medicine was in Anchorage – 1,931 kilometers away. (Satz 3)**
*Hinweis: Der letzte Satz von Textabschnitt I endet mit „particularly in winter". Inhaltlich schließt sich nun Abschnitt G mit „In the winter of 1925" an. Es ist immer wichtig, dass du versuchst, herauszufinden, wie die einzelnen Sätze zusammenhängen. Oft werden dabei bereits verwendete Begriffe wieder aufgenommen und dann näher ausgeführt.*

**E There were no flights between the two towns, so Governor Scott Bone had to find a way to get the medicine to Nome. (Satz 4)**
*Hinweis: Im vorangegangenen Satz wird von einer gefährlichen Krankheit und dem Problem berichtet, dass es die erforderliche Medizin nur in dem weit entfernten Anchorage gab. Daher musste eine Lösung gefunden werden, wie diese Medizin nach Nome transportiert werden konnte. Dieser Sachverhalt wird nun in Satz 4 erläutert.*

**A He decided to send medicine by train from Seward to Nenana, near Fairbanks, where it was given to 20 mushers, who used more than 100 dogs for the 1,085 km journey from Nenana to Nome. It took 127.5 hours to complete and went down in history as the "Great Race of Mercy". (Satz 5)**
*Hinweis: Das Pronomen „he" bezieht sich auf „Governor Scott Bone", der im vorangegangenen Satz erwähnt wird. Die Anordnung ist hier also wieder eindeutig. In Satz 5 wird nun die Lösung präsentiert, wie die Medizin nach Nome transportiert wurde.*

**F Satz 6 ist vorgegeben.**

C **First held in 1973, it has developed into a competition between more than 50 mushers and 1,000 dogs from around the world. (Satz 7)**
***Hinweis:*** *In Satz 6 wird bereits auf das „Iditarod race" Bezug genommen, das in Erinnerung an das Ereignis von 1925 jährlich organisiert wird. Hier wird dieser Inhalt nun weiter ausgeführt und die Entwicklung von Anfang an beschrieben.*

H **They cover about 1,600 km of the most extreme and beautiful terrain known to man in eight to 15 days – across mountains, frozen rivers and dense forests. (Satz 8)**
***Hinweis:*** *Das Pronomen „they" bezieht sich auf die „more than 50 mushers" im Satz vorher. Es wird nun deutlich gemacht, welche Anstrengungen die Teilnahme an diesem Rennen mit sich bringt.*

D **The 2011 Iditarod will have a ceremonial start in downtown Anchorage on March 1, with the official race beginning in Wasilla (70 km north of Anchorage) on March 2. The race will end in Nome. (Satz 9)**
***Hinweis:*** *An der Zeitform (will-future) und der Jahreszahl 2011 kannst du erkennen, dass sich dieser letzte Abschnitt auf die Zukunft bezieht. Es ist daher logisch, dass er am Ende des Textes steht.*

**Task 3: Finde die Lage der Städte heraus**

***Hinweis:*** *In der folgenden Aufgabe sollst du die fünf vorgegebenen Städte richtig in die Karte eintragen. Informationen hierfür liefert dir der Text über „dog mushing" von Task 2. Auf der Karte sind sechs Kästchen eingezeichnet, jedoch nur fünf Städtenamen angegeben. Ein Kästchen bleibt also übrig.*

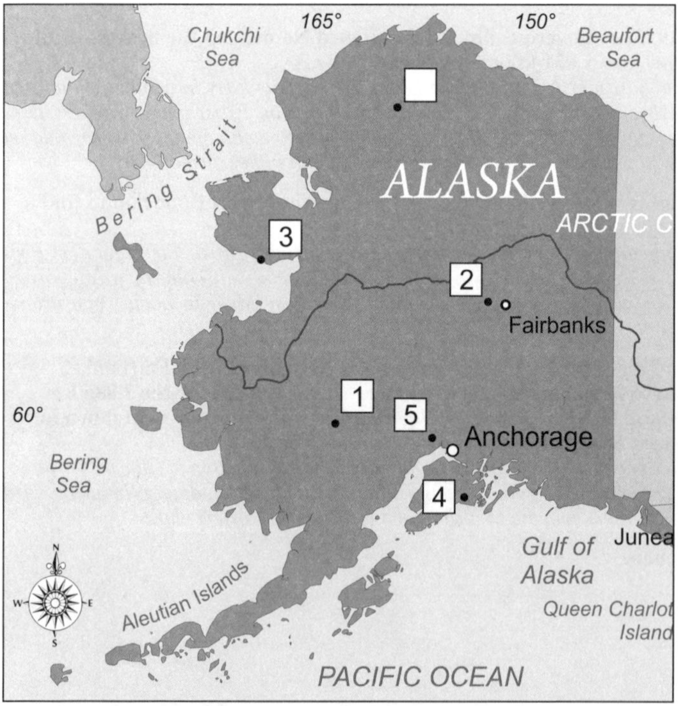

***Hinweis:*** *Mithilfe der Textpassage B, in der der 1 850 Kilometer lange Weg von Seward nach Nome beschrieben wird, kannst du die Lage von Seward, Nome und Iditarod erschließen: "from* ***Seward*** *in the south to* ***Nome*** *in the west, passing through the town of* ***Iditarod*** *in between." „**Seward** in the **south**" heißt, dass du die Nummer 4 ganz unten in die Karte eintragen musst. „**Nome** in the **west**" ist auch eindeutig; das Kästchen ganz links bekommt die Nummer 3.*
*Von Iditarod weißt du bisher nur, dass der Ort irgendwo dazwischen liegt. Er könnte also direkt neben Anchorage liegen oder etwas weiter westlich. Für die Lösung benötigst du daher zusätzliche Informationen. Du musst also nach weiteren Details im Text suchen. In der Textpassage D wirst du dann fündig: „beginning in* ***Wasilla*** *(70 km north of Anchorage)". Das Kästchen neben Anchorage muss also die Nummer 5 für den Ort* ***Wasilla*** *erhalten. Jetzt hast du aber auch gleich die Lösung für Iditarod, weil ja nach der Aussage in Textpassage B Iditarod zwischen Seward und Nome liegt. Jetzt ist nur noch das Kästchen westlich von Wasilla frei für* ***Iditarod****.*
*Nun fehlt dir nur noch der Ort* ***Nenana****. Du musst nochmal im Text auf die Suche gehen. Die Lösung findest du in Textpassage A: "from Seward to* ***Nenana, near Fairbanks****". Der Ort „Fairbanks" ist in der Karte eingezeichnet. Da* ***Nenana*** *in der Nähe von Fairbanks liegt, ist die Lösung eindeutig.*
*Das Kästchen ganz im Norden bleibt frei. Du musst ja nur fünf Nummern vergeben. Bei dieser Aufgabe wird für jede korrekt zugeordnete Zahl ein Punkt vergeben. Falsche Zuordnungen werden nicht zusätzlich mit einem Punktabzug geahndet. Du darfst aber eine Zahl nicht zweimal verwenden, weil dir dann ein Punkt abgezogen wird.*

## Task 4: Sprachmittlung
## "Be Alert in Bear Country"

***Hinweis:*** *Der vorliegende Text ist ein Auszug aus einer Broschüre, die wertvolle Tipps im Umgang mit Bären gibt. Bären sind in Alaska weit verbreitet und man kann ihnen dort durchaus in manchen Gebieten begegnen. Auch dieser Text befasst sich daher mit einem Teilaspekt von „**Alaska**", der Hauptthematik der Abschlussprüfung. Grundsätzlich sollst du bei dieser Aufgabenstellung die wesentlichen Aussagen des Textes herausfinden und auf Deutsch wiedergeben. Der tiefere Sinn dieser Aufgabe liegt darin, dass du später in privaten oder beruflichen Situationen sicherlich auch hin und wieder gefragt werden wirst, worum es in einem bestimmten englischen Text geht. Jemand, der kein Englisch kann, verlangt von dir dann eine Zusammenfassung der wesentlichen Informationen. Du sollst nun in dem entsprechenden Text nach den relevanten Informationen suchen und die erwähnten Aspekte stichpunktartig auf Deutsch notieren. Die angegebenen Punkte sind ein wichtiger Hinweis für dich, wie viele Aspekte oder Teilinformationen von dir verlangt werden. Du brauchst in der Regel keine vollständigen Sätze zu schreiben, Einzelwörter sind aber meist nicht ausreichend für eine Antwort. Es ist ebenso* ***keine*** *wörtliche Übersetzung verlangt. Die Lösungsvorschläge sind nur Anhaltspunkte für deine Lösung. Oft sind auch noch weitere Lösungen möglich.*

1. – **Pfefferspray (immer/stets) bereithalten / griffbereit haben (und nicht im Rucksack verstauen)**
   – **spezielle Essensbehälter/Lebensmittelbehälter mitführen, die bärensicher sind/ die geruchssicher sind und von Bären nicht geöffnet werden können**
   ***Hinweis:*** *Textstellen: "Always have pepper spray for immediate use"; "… carry special bear-resistant food storage containers."*

2. **wenn man einen Bären nur einmal füttert, kann das seine Gewohnheiten verändern/ … kann das dazu führen, dass er in deiner Nähe bleibt**
   ***Hinweis:*** *Textstelle: "If you feed a bear just once, it may change its habits and try and stay close to you."*

3. – **Essen (und Gewürze) doppelt in Plastik einpacken (um Gerüche zu vermindern)**
*Hinweis: Textstelle: "... double pack all food (and spices) in plastic to reduce food smells."*
– **(stark) gewürzte oder geräucherte Nahrungsmittel vermeiden**
*Hinweis: Textstelle: "Avoid foods that are spicy or smoked."*
– **Lebensmittel (und alles, was damit in Berührung gekommen ist,) immer an einem Baum aufhängen**
*Hinweis: Textstelle: "Always hang your food, together with any articles that have come in contact with it, from a tree."*
– **spezielle Essensbehälter / Lebensmittelbehälter mitführen, die bärensicher sind / die geruchssicher sind und von Bären nicht geöffnet werden können**
*Hinweis: Textstelle: "... carry special bear-resistant food storage containers."*

*Zusätzlicher Hinweis: Für diesen Teil der Aufgabenstellung gibt es nur 2 Punkte. Es reichen also zwei von den hier angegebenen Antworten. Für die letzte Lösung erhältst du nur einen Punkt, wenn du diese Lösung nicht schon bei Nummer 1 angegeben hast.*

4. **nach dem Kochen die Kleidung wechseln/die Kleidung, die man beim Kochen getragen hat, wechseln**
*Hinweis: Textstelle: "... you should change the clothes you wore while cooking."*

5. – **Geschirr direkt nach Gebrauch abwaschen und aufräumen/verstauen**
*Hinweis: Textstelle: "Wash and store all dishes and food utensils immediately after use."*
– **Spülwasser mindestens 300 Fuß vom Schlafplatz entfernt/in speziell ausgewiesenen Bereichen entsorgen**
*Hinweis: Textstelle: "Dump dishwater in designated areas or at least 300 feet from your sleeping area."*

*Zusätzlicher Hinweis: Du bekommst hier immer einen Punkt, wenn du den entsprechenden Aspekt richtig und vollständig wiedergegeben hast. Deine Lösung kann aber sprachlich durchaus von der Musterlösung abweichen. Du musst auch nicht jedes Wort in der Broschüre verstehen. Es reicht, wenn du die Kernaussagen des Textes erfassen kannst.*

## Part II: Use of English

### Task 1: Wortbedeutungen

*Hinweis: In der folgenden Aufgabe sollst du bestimmte Wörter aus dem Haupttext den entsprechenden Definitionen zuordnen. Eine Definition ist bereits richtig zugeordnet. Insgesamt bleibt eine Definition übrig. Wenn dir der Begriff bereits klar ist, kannst du gleich versuchen, die richtige Zuordnung zu treffen. Ansonsten solltest du dir die betreffende Stelle im Text noch einmal genau durchlesen und versuchen, die Bedeutung des Wortes aus dem Zusammenhang zu erschließen. Dann wird es dir leichtfallen, die passende Definition zuzuordnen.*

| A | B | C | D | E | F |
|---|---|---|---|---|---|
| 2 | 5 | 0 | 6 | 3 | 1 |

**A** **thermal (line 10):** Lösung: **Nummer 2** (designed to prevent heat escaping from the body)
***Hinweis:*** *Der Satz im Text "Good thermal underwear will keep you warm for long periods of time" gibt dir den entscheidenden Hinweis. Das Wort „thermal" kommt auch in der deutschen Sprache häufig vor, z. B. „Thermalbad", „Thermoskanne", „Thermohose".*

**B** **properly (line 11):** Lösung: **Nummer 5** (in a way that is correct and/or appropriate)
***Hinweis:*** *"Dressed properly ..." Es geht hier immer noch um die richtige bzw. passende Kleidung entsprechend dem in Alaska vorherrschenden Klima.*

**C** **urban (line 12):** Lösung: **ist bereits gegeben.**

**D** **ethnic (line 18):** Lösung: **Nummer 6** (belonging to a nation, race or people that shares a cultural tradition)
***Hinweis:*** *Die entscheidende Textstelle ist "the largest ethnic group". Es gibt auch in der deutschen Sprache den Begriff der „ethnischen Gruppe"; damit sind alle Menschen gemeint, die zu einer Nation oder einem Volk gehören, die eine gemeinsame kulturelle Tradition teilen bzw. auch eine gemeinsame Sprache sprechen.*

**E** **distinctive (line 22):** Lösung: **Nummer 3** (having a special quality or appearance that is different and easy to recognize)
***Hinweis:*** *Hier ist im Text von den besonderen Kirchen mit den Zwiebeltürmen die Rede, die sich von den anderen Gebäuden unterscheiden und daher auch leicht zu erkennen sind. Falls dir das Wort „distinctive" nicht geläufig ist, solltest du zuerst den gesamten Textabschnitt noch einmal genau lesen, bevor du dir dann die verbleibenden Definitionen ansiehst. So kommst du zur richtigen Lösung.*

**F** **hardy (line 33):** Lösung: **Nummer 1** (strong and able to survive difficult conditions and bad weather)
***Hinweis:*** *Den Ausdruck „hardy" kennst du vermutlich nicht. Wenn du aber den entsprechenden Satz im Text "So why not join some hardy Alaskans, put on your parka and lie... in the snow..." liest, dann wird dir die Bedeutung schnell klar. „Hardy" muss etwas damit zu tun haben, dass die Einwohner Alaskas viel aushalten und ziemlich widerstandsfähig sind. Folglich ist die Definition Nummer 1 richtig.*

### Task 2: Ähnliche Bedeutungen *(Synonyms)*

***Hinweis:*** *In der folgenden Aufgabe sollst du im Text nach Begriffen suchen, die eine ähnliche Bedeutung haben. Damit du nicht immer den ganzen Text durchsuchen musst, sind hinter den Linien für die Lösungen die Zeilennummern angegeben, in denen du den Begriff finden kannst. Du brauchst also nur in dem jeweiligen Textabschnitt zu suchen.*

1. surely – **undoubtedly**
***Hinweis:*** *Textstelle: "... the first thing you will notice in this city of 275,000 people is* ***undoubtedly*** *the cold." (Zeilen 2 bis 5)*
*to doubt – zweifeln; doubt – der Zweifel; undoubtedly – zweifellos ~ surely – sicherlich*

2. explore – **discover**
***Hinweis:*** *Textstelle: "... no reason at all why you can't* ***discover*** *the uniqueness ..." (Zeile 11)*
*to discover – entdecken; discovery – Entdeckung; to explore – erkunden*

3. group – **cluster**
***Hinweis:*** *Textstelle: "Even Alaska's largest* ***cluster*** *of native people …" (Zeilen 16 und 17) Der Ausdruck „cluster" ist dir vermutlich nicht bekannt. Du musst jetzt aber nur den angegebenen Textabschnitt durchlesen und prüfen, wo du das Wort „group" sinnvoll einsetzen und welches Wort du dadurch ersetzen könntest. Da gibt es nur diese eine Möglichkeit.*

4. colony – **territory**
***Hinweis:*** *Textstelle: "Although Alaska has been an American* ***territory*** *since 1897 …" (Zeilen 21 und 22)*
*Alaska ging 1867 in amerikanischen Besitz über und ist seit 1959 ein amerikanischer Staat. In oben genanntem Satz könntest du also „territory" durch „colony" ersetzen. Das Wort „Kolonie" gibt es auch in der deutschen Sprache.*

5. wander – **stroll**
***Hinweis:*** *Textstelle: "Not only do they* ***stroll*** *through downtown Anchorage …" (Zeilen 25 und 26)*
*Das Verb „to stroll" bedeutet „spazieren gehen", „schlendern". Der Ausdruck „to wander" kann zwar „wandern" bedeuten, hat aber auch die Bedeutung „schlendern, herumgehen". Und genau das tun Elche auch. Du darfst „to wander" aber nicht mit „to wonder" im Sinne von „sich wundern" verwechseln.*

## Task 3: Wortfamilien

***Hinweis:*** *Bei den folgenden Aufgaben 1 bis 5 sollst du ein anderes Wort derselben Wortfamilie finden und richtig in den Satz einsetzen. Die Stelle im Satz gibt klar vor, welche Form du brauchst, also ob ein Verb, Adverb, Nomen oder Adjektiv ergänzt werden muss. Wenn du ein Verb einsetzen musst, dann ist es wichtig, dass du auch die richtige Form (Aktiv/Passiv und Zeitform) wählst.*
*Der Wortschatz einer Sprache enthält zahlreiche sogenannte Wortfamilien. Das heißt, dass diese Wörter einen gemeinsamen Stamm haben, von dem du eine Reihe von weiteren Begriffen ableiten kannst, ohne dass du sie als neue Wörter wirklich lernen musst. Viele Wortfamilien folgen bestimmten Regeln, die du im Unterricht bereits gelernt hast. Wenn du dich nicht mehr richtig erinnern kannst, dann solltest du diese Wortbildungsregeln rechtzeitig vor der Prüfung noch einmal wiederholen. Das hilft dir nicht nur bei dieser Aufgabe, sondern für die gesamte Abschlussprüfung, weil du oft von einem Begriff auf drei bis vier andere schließen kannst, ohne sie noch richtig im Kopf zu haben.*
*In den Hinweisen zu den Lösungen findest du auch die übrigen „Mitglieder" der jeweiligen Wortfamilie, damit du siehst, dass du von einem Begriff oft auf viele andere zurückgreifen kannst.*

1. … when they are **attracted** to human food … (attraction)
***Hinweis:*** *Hier wird das entsprechende Verb in der Passivform gebraucht, da die Bären vom Essen angezogen* ***werden****. Da die Form von „to be" bereits vorgegeben ist, brauchst du nur das „past participle" ergänzen.*
***Wortfamilie:*** *to attract – attraction – attractive*

2. … that you and your family are in a **safe** spot … (safety)
***Hinweis:*** *Zwischen dem unbestimmten Artikel und dem Nomen „spot" kann nur ein Adjektiv stehen.*
***Wortfamilie:*** *to save – safe – safety (safety belt – Sicherheitsgurt, safety pin – Sicherheitsnadel, in safe hands – in sicheren Händen, on the safe side – zur Sicherheit, safe journey – gute Fahrt, better safe than sorry – Vorsicht ist besser als Nachsicht)*

3. If the bear is not **aggressive**, try to figure out why … (aggression)
   ***Hinweis:*** *Das Verb „is" verlangt hier nach einem Adjektiv.*
   ***Wortfamilie:*** *aggression – aggressive – aggressor – aggressiveness*

4. You can call your local Fish and Game office for **suggestions** … (suggest)
   ***Hinweis:*** *Hier benötigst du das entsprechende Nomen, und zwar im Plural. Für den Singular würde man den bestimmten oder unbestimmten Artikel bzw. das Zahlwort „one" benötigen.*
   ***Wortfamilie:*** *to suggest – suggestion – suggestible*

5. … it can NOT be **legally** killed. (legal)
   ***Hinweis:*** *Das einzufügende Wort beschreibt den Vorgang näher; es bezieht sich auf das Verb „to kill". Du benötigst daher ein Adverb. Wir verwenden das Wort „legal – rechtmäßig" auch in der deutschen Sprache, aber es gibt keine formale Unterscheidung zwischen Adjektiv und Adverb wie im Englischen, wo die meisten Adverbien auf –ly enden.*
   ***Wortfamilie:*** *to legalize – legal – legality – legalization (legal action – Gerichtsverfahren)*

**Task 4: Umformulierung von Sätzen mit Schlüsselwörtern**

***Hinweis:*** *In der vorliegenden Aufgabe musst du Sätze umformulieren und dabei das vorgegebene Schlüsselwort einbauen. Du sollst hier jeweils den zweiten Satz so vervollständigen, dass er* ***inhaltlich in etwa der Bedeutung des ersten Satzes entspricht****. Dabei musst du das „****key word****" verwenden, darfst dieses aber* ***nicht verändern****. Zusätzlich ist vorgegeben, dass du nur* ***zwei bis fünf Wörter*** *einschließlich des „key words" einfügen darfst, nicht mehr und nicht weniger. Du siehst also, die Vorgaben zu dieser Aufgabe sind recht strikt. Im Grunde geht es aber nur darum, dass du denselben Inhalt auf eine andere Art und Weise ausdrückst. Bei dieser Aufgabe führen Rechtschreibfehler nicht zu einem Punktabzug, solange diese nicht sinnentstellend sind. Hier werden sprachliche und grammatikalische Strukturen sowie dein Sprachgefühl getestet.*

1. Lance Mackey almost collapsed **WHEN he (had) finished** in 1$^{st}$ position in 2009.
   ***Hinweis:*** *Inhaltlich geht es darum, dass Lance Mackey kollabierte, nachdem er das Rennen als Sieger beendet hatte. Wenn du nun die Konstruktion „After + gerund" durch einen Nebensatz mit der Konjunktion „when" ersetzt, kannst du die Vorzeitigkeit des Ereignisses mit dem „past perfect" ausdrücken. Da die beiden Ereignisse aber fast gleichzeitig abliefen, kannst du auch das „simple past" verwenden.*

2. But **INSTEAD of going to/… calling (for)** the doctor he called for the vets to examine his dogs first.
   ***Hinweis:*** *Hier musst du genau das Gegenteil von Nummer 1 machen. Du musst den Satzteil "He didn't go to the doctor …" in einen verkürzten Nebensatz mit der Präposition „instead of" umwandeln. „Instead of" verlangt die -ing Form des Verbs. Am besten ist es, wenn du dir diese Konstruktionen wie Wortschatz einprägst und nicht „instead of" isoliert lernst, sondern in einem inhaltlichen Zusammenhang, wie z. B. „instead of going to the doctor …" – „anstatt zum Arzt zu gehen …".*

3. His **sponsor had to PAY** $ 3,500 for Mackey's special 8-course meal.
   ***Hinweis:*** *In diesem Beispiel wird von dir verlangt, dass die Informationen aus dem Relativsatz („that cost his sponsor $ 3,500") umformulierst. Es geht darum, dass der Sponsor eine bestimmte Summe bezahlen musste. Da du das Schlüsselwort „pay" nicht in eine andere Form bringen darfst, ist die Konstruktion mit „had to" die einzige Lösung.*

4. He **didn't/couldn't SUCCEED in finishing** the meal because he was so tired.
*Hinweis: Dem Verb „to succeed" folgt meist die Präposition „in" und damit die -ing Form des jeweiligen Verbs. Genau diese Konstruktion ist hier gefragt. Zudem benötigst du in dem Satz aus inhaltlichen Gründen eine Verneinung.*
*Das Verb „succeed" ist wiederum ein Beispiel dafür, dass es sinnvoll ist, wenn du neben Einzelwörtern auch sogenannte „phrases" lernst und du dir zu dem Verb „succeed" gleich einen Beispielsatz einprägst.*

5. If they hadn't arranged a press conference, he **would have GONE to bed**.
*Hinweis: Du findest hier ein ganz normales if-Satzgefüge vor. Es handelt sich um den Bedingungssatz vom Typ III; hier wird im „if-clause" das „past perfect" verwendet, im Hauptsatz das „conditional II". Wenn du bei der Bildung der „conditional sentences" unsicher bist, dann solltest du das entsprechende Kapitel in der Kurzgrammatik noch einmal durcharbeiten.*

## Task 5: Grammatik und Sprachgebrauch

*Hinweis: Zunächst einmal solltest du den Lückentext aufmerksam lesen, damit du weißt, worum es in diesem Prüfungsteil genau geht. Dabei verrät die Überschrift "Who's an Eskimo?" schon sehr viel. Du wirst also in dem vorliegenden Text einige Dinge über die Eskimos erfahren.*
*Bei dieser Aufgabenstellung gibt es zwei Arten von Lücken: Bei manchen Lücken ist ein Wort in Klammern vorgegeben, das du dann in die richtige Form bringen musst. So kann es sein, dass du ein Adjektiv in ein Adverb oder einen Infinitiv in eine Passivkonstruktion verwandeln musst. In den anderen Fällen stehen nur Fragezeichen in Klammern. Hier sollst du eine inhaltlich sinnvolle und grammatikalisch korrekte Ergänzung finden, wobei gelegentlich mehrere Lösungen möglich sind. Sehr häufig geben dir die Wörter direkt vor und direkt hinter der Lücke wichtige Hinweise auf die Lösung. Wenn du dir nicht sicher bist, welches Wort in eine Lücke gehört, hilft es dir vielleicht, wenn du den Satz im Kopf übersetzt und somit überprüfst, mit welchem Wort er einen Sinn ergibt. Für jede Lücke gibt es einen Punkt. Die erste Lücke ist bereits vorgegeben.*

### Who's an Eskimo?

1. **rubbing**
*Hinweis: In sehr vielen Fällen zieht eine Präposition oder ein Partikelwort die -ing Form des Verbs nach sich. Dies ist auch hier der Fall. Der Ausdruck „the habit of …" geht der Lücke voraus. Die Verdoppelung des -b darfst du dabei aber nicht vergessen.*

2. **be met**
*Hinweis: Das Hilfsverb „may" verlangt nach dem Vollverb „to meet". Da die aktive Form hier keinen Sinn macht, benötigst du das Passiv. Es wird gebildet mit der entsprechenden Form von „to be" und dem „past participle". Du musst aber beachten, dass das Verb „to meet" ein unregelmäßiges Verb ist: to meet – met – met.*

3. **on**
*Hinweis: Das Verb „to depend" zieht eigentlich immer das Wörtchen „on" nach sich. Es ist am besten, wenn du Verben, denen eine Präposition oder ein Partikel folgt, in einem Beispielsatz lernst, denn das Gehirn speichert Zusammenhänge leichter ab als isolierte Wörter. So wirst du sicherer im Gebrauch des Englischen.*

4. **completely**
*Hinweis: Das Adverb „completely" bezieht sich auf das Adjektiv „taboo" und wirkt hier als Verstärker. Wörter, die ebenfalls verstärkende Wirkung haben, sind „extremely", „absolutely" und „really".*

5. **to use**
*Hinweis:* Die Konstruktion „to want someone to do something" kommt relativ häufig vor. Auch hier ist es gut, wenn du dir einen Beispielsatz einprägst, wie z. B. "The teacher wants you to do your homework."

6. **which**
*Hinweis:* Hier wird ein Nebensatz angeschlossen, in dem der Begriff „Alaska Native" erläutert wird. Um diesen Nebensatz einzuleiten, benötigst du ein Relativpronomen. Das Relativpronomen, das du finden musst, bezieht sich auf „Alaska Native". Es kommt daher nur „which" als Lösung infrage, denn „that" kann nur in notwendigen Relativsätzen verwendet werden. In unserem Fall handelt es sich jedoch um einen nichtnotwendigen Relativsatz, der zusätzliche Informationen enthält, die zum Verständnis des Satzes nicht benötigt werden. Ein solcher Relativsatz wird immer mit einem Komma vom Hauptsatz abgetrennt.

7. **was thought**
*Hinweis:* Um hier die richtige Form des Verbs „to think" zu finden, kann es hilfreich sein, wenn du dir überlegst, was der Satz auf Deutsch bedeutet: „Man glaubte, dass das Wort „Esser von rohem Fleisch" bedeutete." Auf Englisch musst du das Verb jedoch in das Passiv setzen: "The word ***was thought*** to mean ..." Die Zeitangabe „Until the 1970s" zeigt dir, dass du das „simple past" verwenden musst.
*Lerne diese Konstruktion am besten auswendig.*

8. **have found**
*Hinweis:* Das Verb „to find" ist unregelmäßig: to find – found – found.
*Du benötigst hier das sogenannte „resultative perfect". Das bedeutet, dass ein Ereignis in der Vergangenheit stattfand, jedoch noch Auswirkungen auf die Gegenwart hat. In diesem Fall haben Sprachforscher die Bedeutung des Wortes „Eskimo" untersucht und eine andere Bedeutung herausgefunden als die bis dato angenommene.*
*Wenn du dir bezüglich der verschiedenen Verwendungsweisen des „present perfect" nicht sicher bist, dann solltest du diese Zeitform noch einmal wiederholen.*

9. **where**
*Hinweis:* Vor der Lücke steht eine Ortsangabe, nämlich „US" als Abkürzung für „United States". Der nachfolgende Nebensatz bezieht sich darauf und muss daher mit der passenden Konjunktion eingeleitet werden. Es kommt nur „where" infrage.

10. **than**
*Hinweis:* Hier geht es um eine ganz normale Steigerung. Vor der Lücke steht „faster", also eine Komparativform. Das Vergleichspartikel ist „than" (... schneller **als** ...). Du darfst es aber nicht mit der Zeitangabe „then" (dann) verwechseln. Vielleicht wiederholst du die Steigerung der Adjektive und Adverbien vor der Prüfung noch einmal. Es gibt hier einige Ausnahmen, die du dir unbedingt merken solltest.

**Part III: Guided Writing (Schriftliche Sprachproduktion)**

***Hinweis:*** *Es ist zunächst wichtig, dass du beide Aufgabenstellungen sorgfältig durchliest und dann erst entscheidest, welche du bearbeiten möchtest. Du hast die Möglichkeit, zwischen* ***Task A*** *und* ***Task B*** *zu wählen. Du kannst aber nicht jede der beiden Aufgaben zur Hälfte machen und hoffen, dass du Punkte bekommst. Bei den Schreibaufgaben geht es um zwei unterschiedliche Themenstellungen und auch die Art der Aufgabenstellung ist unterschiedlich. Die Themenschwerpunkte haben natürlich mit dem Hauptthema der Abschlussprüfung etwas zu tun oder stehen zumindest in inhaltlichem Zusammenhang. Bei der Wahl solltest du beachten, dass* ***Task A*** *stärker mit sprachlichen Vorgaben gesteuert ist als* ***Task B****. Übe beide Aufgabenstellungen öfter vor der Prüfung. Vielleicht fällt dir die Wahl der Aufgabenstellung dann in der Prüfung leichter, denn du weißt, welche der beiden Aufgabenstellungen dir mehr liegt. Es hängt aber immer auch vom jeweiligen Thema ab und du wirst manchmal die freiere und manchmal die stärker gelenkte Variante wählen. Du sollst ungefähr* ***200 Wörter*** *schreiben. Es ist nicht nötig, dass du die einzelnen Wörter zählst. Wichtig ist aber, dass du die jeweilige Aufgabe vollständig bearbeitest. Je nachdem, wie groß du schreibst, ist das in etwa eine Seite.*

**Task A**

***Hinweis:*** *Für die Aufgabenstellung bei* ***Task A*** *sollst du dich für eine Tätigkeit in Alaska bewerben und dafür einen* ***„letter of application"*** *(Bewerbungsschreiben) verfassen. Du musst dir vorstellen, dass du in deiner Schule am schwarzen Brett eine Anzeige hierzu gelesen hast. Die Anzeige ist auf dem Angabenblatt abgebildet und enthält schon einige wichtige Informationen hinsichtlich der Anforderungen und der Art der Tätigkeiten, die von dir verlangt werden. Es werden dann in der Aufgabenstellung* ***vier Aspekte*** *genannt, auf die du in deinem Schreiben Bezug nehmen sollst. Dein Schreiben sollte auch nach diesem Raster aufgebaut sein. Du benötigst zudem einen* ***passenden Anfang*** *und ein* ***passendes Ende****, aber du brauchst kein Datum und auch keine Adresse anzugeben. Also dann, auf nach Alaska!*

Dear Mrs Grigg,

I am writing to you because of your advertisement that I read on the noticeboard in my school (**suitable beginning**). My name is …, I am … years old and am very interested in taking part in your "Work and Stay Program 2010".
It has been my dream to visit Alaska since I was a little child. I have often heard from my parents about the beautiful countryside and the spectacular wildlife, and I would love to go there myself. However, instead of just spending my holidays in Alaska it would be even more interesting for me to work there and to get to know the people and their culture (**why you want to go to Alaska**).
I have lots of experience in childcare because I often look after my younger brothers when my parents are at work. I really enjoy spending time with them and I am used to the responsibility. In addition, I am good at cooking. It is one of my hobbies, and I regularly prepare meals for the entire family at weekends (**say which area you have experience in and why**). I am an active person, I am friendly and patient and like working with people. Apart from German, I speak English and French almost fluently (**describe your personal qualities**).
In your advertisement you mention that it is possible to take part in activities. Could you please send me some information on the activities, for example a brochure with your program for 2010? I would love to do typical and traditional things (**further details: activities**).
Should you need any further information, please do not hesitate to contact me. I very much look forward to hearing from you and hope that I can work for you this summer (**suitable ending**).

Yours sincerely,
(first and last name)

**Task B**

***Hinweis:** Für **Task B** musst du dir vorstellen, dass du gerade an einem dreiwöchigen Sprachkurs in Amerika teilnimmst und währenddessen eine E-Mail an deinen englischsprachige(n) Freund bzw. Freundin schreibst. In dieser Aufgabe ist weniger vorgegeben als in Task A; deshalb hast du mehr Möglichkeiten, eigene Gedanken in deine E-Mail einzubauen. Die **vier vorgegebenen Aspekte** sind aber die Richtschnur für dich und du musst diese Bereiche unbedingt bearbeiten. Du benötigst auch hier einen **passenden Anfang** und ein **passendes Ende**. Bestimmt hast du viele kreative Ideen, die du gut verwenden kannst. Es hilft dir, wenn du dich wirklich in die entsprechende Person hineinversetzt.*

Hello Aaron,

How are you? I haven't heard from you in a while. At the moment I'm in the United States and am taking part in a language course, but I have some time off right now, so I decided to contact you (**suitable beginning**). It was my parents' idea to send me on this course. They think it's the best way to improve my English and to practise it in real-life situations. At first I wasn't so keen on the idea, but when they said that it would be a 3-week course in the US, I was really excited (**why you are taking part in the program**).
The language course is much more fun than school. We do lots of activities together, for example sports and sightseeing tours. But what I've enjoyed most so far is that it's easy to make friends. I almost feel as if I was at home (**what you have enjoyed most so far and why**).
My host family's also very friendly and helpful. They've got one daughter and one son who's my age. We go on a lot of trips together and in the evenings we often have a barbecue or play games. They're great (**your host family**).
In the last few days we're planning to visit Washington D.C. I'm really looking forward to visiting the capital and to seeing the White House and all the other famous sights. Then there'll also be a big farewell party with a professional DJ (**your plans for the last few days in the US**)!
Do you know when you'll have the time to visit me in Germany? I hope to hear from you soon. (**suitable ending**)

Bye,
(first name)

## Abschlussprüfung an Realschulen: Englisch 2010
## Listening Test

### TEXT 1: Jobs

1 My principal task is to plan, design, and administer projects for clients. I also prepare information regarding specifications, materials, colour, equipment, estimated costs, and construction time. Most of all I like coordinating renovations. At present I'm working on the modernisation of our town hall.

2 Well, I present menus, answer questions, and make suggestions regarding the dishes and the service. I also serve the courses from the kitchen or the bar. And I watch the guests so that I can respond quickly to their requests and react when they've finished the meal.

3 I perform routine procedures related to preparing human biological samples for microbiological and chemical analysis. I also carry out procedures related to preparing water, food, and diagnostic specimens for analysis.

4 My duty is to maintain law and order and serve in legal processes of courts. I enforce laws, investigate crimes, and arrest offenders. I also deal with traffic violations and write tickets. I question suspicious people, and I try and stop demonstrations becoming violent.

5 I assist with examinations and sometimes even conduct specified laboratory tests. After that I clean and sterilize the instruments and equipment. I also administer injections and medications, and I maintain records of patients' vital data.

### TEXT 2: The Best Job in the World

NARRATOR: The position that the Queensland Tourist Board advertised recently must count as one of the best jobs in the world: caretaker of Hamilton Island. Our reporter Susan Taylor talked to the man who's landed the job, Ben Southall.

S. TAYLOR: Ben, within the first 48 hours of the competition, there were more than 7,500 online applications. In the end, 34,000 people applied, each sending in a 60-second video résumé. They were told to be creative and they all were. What made your application stand out?

BEN: Well, the basic job requirements were simple: the ability to speak English, and some job experience. I once worked as a tour guide and a charity fundraiser in Africa. But what probably made the difference between me and the other competitors was my love of adventure. The jury were impressed by my video which included clips of me riding a lion and kissing a giraffe. I think that's what got me the job.

S. TAYLOR: What will your new job be like?

BEN: As caretaker of Hamilton Island, I will live at Blue Pearl, a beautiful home with a stunning view of the South Pacific Ocean. Sounds horrible, doesn't it? But seriously, it's going to be really tough: I'll have to travel all round the island, which means I'll have to learn how to sail and survive away from civilisation. But my main job will be to update the existing homepage and report to a global audience via weekly blogs, photo diaries and videos so that the whole world can witness the beauty of this island.

NARRATOR: Ben certainly sounds happy. But the Queensland Tourist Board is, too. The competition and advertising it cost about a million Dollars, but experts have calculated that the increase in interest in Queensland, Hamilton Island, and the Great Barrier Reef is worth 200 times that amount. And Ben's just had an unexpected pay rise. The value of the Australian Dollar has gone up since he got the job, and he'll earn the equivalent of 10,000 pounds more than he thought he would. So everyone's a winner.

## TEXT 3: Mark Zuckerberg

Imagine being 23 years old and worth more than a billion dollars. Pretty **sweet**, right? It is indeed, but it's anything but common.

Mark Zuckerberg, the founder of Facebook, has followed in the footsteps of Bill Gates. At present, he's the 785th richest person in the world and he was listed as one of the most influential people by Time Magazine. **Also**... he's not you.

Facebook was launched from Zuckerberg's Harvard dorm room on February 4, 2004... the rest is history. Today, it is one of the fastest growing social networking sites and the sixth-most-visited site in the world. Every day, some 70 million users of all ages log in for a **view** of their friend's profiles and to post information about themselves. Facebook is signing up nearly 1 million new users every week, and no one except Zuckerberg **probably** knows where the company is going.

But don't worry: not every college dropout gets to be head of a huge company by the time they're 23. **Lots** of successful people don't get their big break until they're 30. So don't kill yourself because you're not Mark Zuckerberg yet. Your career's not a sprint; it's a marathon.

## TEXT 4: Job Application

MRS GOODMAN: Brown and Brown, Personnel Department ... Jane Goodman speaking ...

APPLICANT: Hello Mrs Goodman. My name is Luigi Varesa and I'm answering the advertisement for a financial adviser I found in the weekend edition of the Yorkshire Post.

MRS GOODMAN: Oh yes... what was your name again?

APPLICANT: Luigi Varesa – that's L-U-I-G-I V-A-R-E-S-A.

MRS GOODMAN: ... E-S-A. So, Mr Varesa, tell me about yourself.

APPLICANT: I was born and raised in Milan, Italy. I attended the University of Milan and received my master's degree in Economics. After that, I moved to London and started working as a junior consultant for Smith and Sons.

MRS GOODMAN: That's interesting... How long did you work for Smith and Sons?

APPLICANT: I was there for 3 ½ years. I left the company last month.

MRS GOODMAN: And why did you leave?

APPLICANT: It's not that I didn't like my old job, but I'm moving to Leeds for family reasons and I understood your company has an opening there, too.

MRS GOODMAN: Yes, that's right. So tell me, why are you interested in this particular position?

APPLICANT: I know that Brown and Brown is a great company and I'm impressed by the quality of your products. When I saw the advertisement, I jumped at the opportunity to work for such a wonderful firm.

MRS GOODMAN: I see ... We have many international business clients. What other languages do you speak – apart from English?

APPLICANT: My mother tongue is Italian, I have a certificate in advanced French and my English is business fluent, of course. And I'm planning to take Spanish lessons.

Mrs Goodman: Right … Well, I'd like you to come in for an interview next week so we can discuss things further. When would suit you?
Applicant: Well … anytime really.
Mrs Goodman: How would Wednesday 21st suit you?
Applicant: That'd be fine … except for the afternoon.
Mrs Goodman: How about quarter to eleven then?
Applicant: Perfect … see you then.
Mrs Goodman: And don't forget to bring in your CV and references and so on …
Applicant: O.K. Thanks again, Mrs Goodman. Goodbye.
Mrs Goodman: Goodbye.

## TEXT 5: Educo Africa

Speaker: Hello, and welcome to another edition of "What's the right job for me?" I'm Julie Brown and my guests in the studio today are Steve Daniels, a social worker, and Carlita and Suleiman, two teenagers Mr Daniels was in charge of.
Guests: Hello. Hi.
Speaker: Mr Daniels, you're a social worker, but not a "typical" one, right?
Mr Daniels: Well, yes, I work for an organisation called Educo Africa, where I'm involved in a programme called YES.
Speaker: Can you tell us a bit more about the programme?
Mr Daniels: Sure, YES stands for Youth Empowerment Scheme. It's an 18-month programme for young South Africans who have committed crimes. The offenders have to complete this programme to stay out of jail. We built special camps in the wilderness where the young people stay.
Speaker: Suleiman and Carlita, you spent the last 18 months in one of those camps … what did you do there?
Suleiman: We spent many days doing long-distance marches, crossing icy rivers and abseiling off cliffs.
Speaker: Ooh …
Carlita: Yeah, it was really tough … we had to carry heavy rucksacks and sleep outside …
Speaker: And you never thought of giving up?
Suleiman: To be honest, I was about to quit on day 11 when we had our wilderness "solo" – 24 hours without food, alone with leopards and snakes …
Speaker: Sounds challenging! Mr Daniels, why do the young people have to do all this?
Mr Daniels: Well, alone with their thoughts, the kids have a lot of time to look at their hopes and fears, to think about plans. We want them to find out what they want from life.
Speaker: Suleiman, was this programme a success for you?
Suleiman: Well, the camp helped me to realize that we mustn't do wrong things – that we mustn't fight each other but stand together against gangsterism.
Speaker: And was it a success for you, too, Carlita?
Carlita: It definitely was. Mr Daniels told me: "I cannot change the world as one person, but I can change the world for one person". That's what happened for me. I learned to take responsibility and to respect others and their property.
Speaker: And what does the social worker say?
Mr Daniels: You know, I think society as a whole benefits. Nine out of ten young people in YES leave their gangs, give up drugs and crime, and start learning jobs. Believe me, when I watch these young people becoming strong adults I wouldn't want to do anything else …

## Jobs and Career

### TASK 1: Jobs

**You will hear five people introducing their jobs.**
**Which jobs are they talking about?**
**Write the correct numbers (1–5) in the boxes next to the categories (A–H).**
**Be careful: Use each number only once.**
***(You will have 5 seconds after the first listening and 5 seconds after the second listening.)***

| | | | | | |
|---|---|---|---|---|---|
| A | Sheriff | ☐ | E | Builder | ☐ |
| B | Lawyer | ☐ | F | Laboratory assistant | ☐ |
| C | Cook | ☐ | G | Waiter | ☐ |
| D | Nurse | ☐ | H | Architect | ☐ |

5

### TASK 2: The Best Job in the World

**You will hear an interview with the man who has the best job in the world.**
**One answer to each of the following questions (1–4) is correct.**
**Tick (✓) A, B, C or D.**
***(You will have 5 seconds after the first listening and 5 seconds after the second listening.)***

1 The candidates had to …
- A ☐ apply within 48 hours.
- B ☐ send in audio podcasts.
- C ☐ show their creativity.
- D ☐ talk for 60 seconds.

2 Ben was chosen because of his …
- A ☐ language skills.
- B ☐ job experience.
- C ☐ charity work.
- D ☐ love of adventure.

3 Ben's main job will be to …
- A ☐ travel around.
- B ☐ survive challenges.
- C ☐ promote the island.
- D ☐ learn to sail.

4 The Queensland Tourist Board …
- A ☐ invested nearly $ 1 million.
- B ☐ paid Ben 10,000 pounds.
- C ☐ lost a lot of money.
- D ☐ will do more advertising.

4

## TASK 3: Mark Zuckerberg

**You will hear a radio report about Mark Zuckerberg, the founder of Facebook.**
**Underline the wrong words in the text and write the correct version in the space provided.**
***(You will have 10 seconds after the first listening and 15 seconds after the second listening.)***

Imagine being 23 years old and worth more than a billion dollars. Pretty neat, right? It is indeed, but it's anything but common.

Mark Zuckerberg, the founder of Facebook, has followed in the footsteps of Bill Gates. At present, he's the 785th richest person in the world and he was listed as one of the most influential people by Time Magazine. Although … he's not you.

Facebook was launched from Zuckerberg's Harvard dorm room on February 4, 2004 … the rest is history. Today, it is one of the fastest growing social networking sites and the sixth-most-visited site in the world. Every day, some 70 million users of all ages log in for a few of their friends' profiles and to post information about themselves. Facebook is signing up nearly 1 million new users every week, and no one except Zuckerberg properly knows where the company is going.

But don't worry: not every college dropout gets to be head of a huge company by the time they're 23. Loads of successful people don't get their big break until they're 30. So don't kill yourself because you're not Mark Zuckerberg yet. Your career's not a sprint; it's a marathon.

5

*Cartoon © Tomislav Zvonarić/Toonpool.com*

## TASK 4: Job Application

**You will listen to a telephone conversation. A man is applying for a job. Complete the woman's notes. You do not have to write complete sentences, but one word is not enough.**
***(You will have 10 seconds after the first listening and 20 seconds after the second listening.)***

### MEMO

Date: *15 July 2010*

Re: *Job Adv. Financial Adviser*

Name of Applicant: ______________________ 1

Job Experience: ______________________ 1

Languages: ______________________ 1

Interview: ______________ ______________ 1

**Additional Notes:**

*Left old job because …* 1

*Why interested in this job?*

- 1
- 1

*© Sean Prior, Dreamstime.com*

## TASK 5: Educo Africa

**You have downloaded a programme from *Radio Hit FM*. Listen to the discussion and complete the fact sheet below. You don't have to write complete sentences, but one word is not enough.**
***(You will have 30 seconds after the first listening and 90 seconds after the second listening.)***

# *YES: Youth Empowerment Scheme*

*Programme for:* .................................... 1
....................................

*Camp activities:*

1) .................................... 1

2) .................................... 1

*Aims of 24-hour wilderness solo:*

1) .................................... 1

2) .................................... 1

*What Suleiman learned:* .................................... 1

*What Carlita learned:* .................................... 1

*Effects on society:*

1) .................................... 1

2) .................................... 1

# Good luck!

## Lösung

*Allgemeine Hinweise: Das große fachübergreifende Thema in der 9. Jahrgangsstufe ist die* ***„berufliche Orientierung"****. Du hast dich deshalb in den letzten beiden Jahren sicherlich intensiv mit dieser Thematik im Unterricht auseinandergesetzt, z. B. mit* ***Bewerbungen****, verschiedenen* ***Berufsbildern*** *oder* ***beruflich erfolgreichen Personen****. Aus diesem Grund hast du bereits einiges an Vorwissen zum Thema des Hörverstehenstests* ***„Jobs and Career"****. Du kannst dich also darauf einstellen, dass verschiedene Aspekte zum Thema* ***Berufe*** *und* ***Karriere*** *eine Rolle spielen werden.*
*Die Hörverstehensprüfung besteht insgesamt aus fünf Teilen. Wichtig ist, dass du nicht nervös wirst, wenn du die eine oder andere Aufgabe nicht sofort lösen kannst. Alle Texte werden zweimal vorgespielt und in der Regel hast du genügend Zeit, die Lösungen auf das Angabenblatt zu schreiben. Wenn du dir Notizen auf ein Extrablatt machst, musst du aufpassen, dass du am Ende alle Lösungen überträgst und dass du nichts vergisst.*
*Du brauchst auch nicht beunruhigt zu sein, wenn du beim ersten Hördurchgang nicht gleich alles verstehst. Pass einfach beim zweiten Hören an den betreffenden Stellen besonders gut auf. Versuche außerdem, Wörter, die du nicht verstanden hast, aus dem Sinnzusammenhang zu erschließen.*
*Bei Grammatik- bzw. Rechtschreibfehlern werden nur dann Punkte abgezogen, wenn diese sinnentstellend sind, d. h, wenn sie eine falsche oder unverständliche Bedeutung ergeben.*
*Zu Beginn der Hörverstehensprüfung ist es besonders wichtig, dass du dich konzentrierst. Atme ein paar Mal ganz bewusst tief durch – das fördert die Konzentration. Vor Beginn des Hörverstehenstests bekommst du etwa fünf Minuten Zeit, die Aufgabenstellungen zu lesen. Du weißt dann schon, um welche Themengebiete es in den einzelnen Texten geht und kannst dich entsprechend darauf einstellen.*

### Task 1: Jobs

***Hinweis:*** *Für die folgende Aufgabe hörst du fünf Personen, die ihre Berufe vorstellen (1–5). Auf dem Angabenblatt findest du acht Berufe (A – H), denen du nun die im Hörtext beschriebenen Berufe zuordnen sollst. Schreibe also die passende Nummer in das entsprechende Kästchen. Jede Ziffer darf nur einmal verwendet werden. Drei Kästchen bleiben frei.*
*Einzelne Stichwörter oder Begriffe im Text geben dir den Hinweis auf die richtige Lösung. Die besondere Schwierigkeit bei dieser Aufgabe besteht darin, dass manche Stichwörter bei mehreren Berufsbildern gleichzeitig vorkommen; du musst also genau aufpassen.*

A: **Sheriff** | 4 |

***Hinweis:*** *In Text 4 erklärt der Sprecher, dass er dafür sorgen muss, dass Recht und Ordnung aufrechterhalten werden: "My duty is to maintain law and order ..." Er spricht auch von Verkehrsverstößen („traffic violations") und von Einsätzen bei Demonstrationen („I try and stop demonstrations becoming violent"). Aufgrund dieser Aussagen muss es sich um einen Polizisten handeln.*
*Die Schwierigkeit bei der Zuordnung besteht lediglich darin, dass dir klar sein muss, dass ein „sheriff" ein Polizist ist. Zwar hat ein „lawyer" auch etwas mit Gesetzen und manchmal auch mit Verbrechen zu tun, jedoch ist er nicht für die* ***Einhaltung*** *von Gesetzen zuständig.*

B: **Lawyer** | – |

C: **Cook** | – |

D: **Nurse** | 5 |

*__Hinweis:__ Die Person in Text 5 erklärt, dass sie bei Untersuchungen hilft und Medikamente und Spritzen verabreicht ("I assist with examinations … I also administer injections and medications …") und dass sie neben anderen Aufgaben die Vitaldaten der Patienten aufzeichnen muss. Das sind eindeutig Aufgaben einer Krankenschwester bzw. eines Krankenpflegers. Die Lösung ist eindeutig, da kein weiterer Beruf zur Auswahl steht, der hier infrage kommen könnte. Eventuell könntest du dadurch verwirrt werden, dass im Text von „__laboratory__ tests" die Rede ist und der Beruf des „__laboratory__ assistant" zur Auswahl steht. Ein Laborassistent hat aber nicht mit Patienten zu tun. Daher scheidet hier dieses Berufsbild aus.*

E: **Builder** | – |

F: **Laboratory assistant** | 3 |

*__Hinweis:__ Hier passt das Berufsbild des Laborassistenten bzw. der Laborassistentin. Stichworte sind z. B. „microbiological and chemical analysis". Das Wort „analysis" kommt gleich mehrmals vor. Auch wenn du die anderen Begriffe nicht ganz verstehst, so müsste doch klar werden, dass es hier um biologische und chemische Analysen geht. Das sind typische Aufgaben für das oben angegebene Berufsbild.*

G: **Waiter** | 2 |

*__Hinweis:__ In Text 2 werden die Tätigkeiten eines Kellners beschrieben. Als Hauptaussagen können folgende Ausdrücke festgehalten werden: „present menus", „serve the courses from the kitchen or the bar", „watch the guests", „respond quickly to their requests when they've finished their meal". Die einzige Fehlerquelle besteht darin, dass du hier fälschlicherweise den Beruf des Kochs markierst, weil dieser Beruf auch mit Essen und mit einem Restaurant zu tun hat. Du musst also genau hinhören. Hier ist nicht von Essenszubereitung oder von den Tätigkeiten in einer Küche die Rede.*

H: **Architect** | 1 |

*__Hinweis:__ Hier musst du aufpassen, dass du nicht den Beruf des „builder" mit dem Beruf des „architect" verwechselst. Ein Architekt __plant__ entsprechende Projekte: "My principal task ist to plan, design, and administer projects …" Ein „builder" hingegen wäre für die konkrete Ausführung von Einzelaufgaben zuständig. Die Lösung ist daher eindeutig.*

***Insgesamt bleiben bei Task 1 die Buchstabe B (Lawyer), C (Cook) und E (Builder) übrig.***

## Task 2: The Best Job in the World

*Hinweis: Im nächsten Prüfungsteil hörst du ein Gespräch zwischen der Reporterin Susan Taylor und Ben Southall, der Hausmeister auf Hamilton Island ist. Der Text beginnt und endet mit einem Erzähler. Der Job wurde in einem Wettbewerb angeboten und Ben Southall hat diesen Wettbewerb gewonnen. In dem Gespräch beschreibt er die Auswahlkriterien und gibt einen ausführlichen Einblick in seinen zukünftigen Tätigkeitsbereich.*
*Auf dem Angabenblatt findest du vier Satzanfänge mit jeweils vier Möglichkeiten, wie der jeweilige Satz enden könnte. Du sollst nun genau hinhören und herausfinden, welches Satzende jeweils das richtige ist und ein Häkchen setzen. Drei Kästchen müssen also je Satzanfang frei bleiben.*

1. The candidates had to **show their creativity. (Lösung C)**
   ***Hinweis:*** *Der entscheidende Hinweis hier ist der folgende Satz: "They were told to be* ***creative*** *and they all were" (Zeile 6). Die Kandidaten mussten sich nicht innerhalb von 48 Stunden bewerben, sondern in den ersten 48 Stunden hatte sich bereits eine große Anzahl an Bewerbern gemeldet. Antwortmöglichkeit A scheidet daher aus. Außerdem mussten die Bewerber ein Video einsenden, das 60 Sekunden lang war, und nicht 60 Sekunden lang reden. Die Satzenden B und D sind also auch nicht möglich.*
   *Grundsätzlich werden in die Hörverstehenstexte kleine „Fallen" eingebaut, die Verwirrung stiften könnten. Wenn du aber genau hinhörst, dann ist die Lösung der Aufgabe kein Problem.*

2. Ben was chosen because of his **love of adventure. (Lösung D)**
   ***Hinweis:*** *Hier ist die relevante Information für die Lösung in den folgenden Sätzen enthalten: "But what probably made the difference between me and the other competitors was my* ***love of adventure****. The jury were impressed by my video which included clips of me riding a lion and kissing a giraffe. I think that's what got me the job." (Zeilen 9 bis 12)*
   *Ben nennt zwar auch die anderen Voraussetzungen, die erwartet wurden (ability to speak English, job experience, charity work). Diese werden auch in der Aufgabe unter den Buchstaben A, B und C nahezu wortwörtlich aufgeführt. Jedoch waren diese Aspekte nicht ausschlaggebend dafür, dass Ben für den Job ausgewählt wurde. Deshalb kann nur Lösung D richtig sein.*

3. Ben's main job will be to **promote the island. (Lösung C)**
   ***Hinweis:*** *Es ist immer wichtig, dass du die Aufgabenstellung genau liest. Hier geht es um „Ben's* ***main*** *job", also um seine* ***Haupt****aufgabe. Er nennt einige Aufgaben im Interview, die auch in der Aufgabenstellung unter den Buchstaben A, B und D genannt werden. Du sollst aber heraushören, was seine Hauptaufgabe ist, und das beschreibt er in folgendem Satz: "But my main job will be to update the existing homepage and report to a global audience via weekly blogs, photo diaries and videos so that the whole world can witness the beauty of the island." (Zeilen 17 bis 19)*

4. The Queensland Tourist Board **invested nearly $ 1 million. (Lösung A)**
   ***Hinweis:*** *Die Summe von einer Million Dollar wird vom Erzähler eindeutig im letzten Teil des Textes genannt: "The competition and advertising it cost about a million dollars ..." (Zeilen 20 und 21)*
   *Du könntest höchstens mit der Zahl „10,000 pounds" durcheinanderkommen, die im Text und auch in der Aufgabenstellung unter Buchstabe B auftaucht. Hier geht es aber nur um die Wertsteigerung des Gehalts von Ben aufgrund des veränderten Wechselkurses.*

**Task 3: Mark Zuckerberg**

***Hinweis:** Im folgenden Hörtext hörst du einen Radiobericht über **Mark Zuckerberg**, den **Gründer von „Facebook"**. Die Informationen auf dem Angabenblatt unterscheiden sich aber an einigen Stellen von den Informationen, die im Radiobericht vorkommen. Bei dieser Aufgabe wird pro richtig verbessertem Ausdruck ein Punkt vergeben. Übersteigt die Gesamtzahl der von dir verbesserten Fakten die Zahl der zu findenden Fehler, so wird pro überzähligem Ausdruck ein Punkt abgezogen. Da auf diese Aufgabe fünf Punkte vergeben werden, musst du also insgesamt **fünf** Informationen berichtigen, nicht mehr und nicht weniger. Auch diesen Text hörst du zweimal. Wenn du beim ersten Hören nicht gleich alle Stellen verbessern kannst, dann hilft es dir vielleicht für das zweite Hören, wenn du die Stellen schon einmal kennzeichnest. Vor dem ersten Hören hast du genügend Zeit, um dir das Angabenblatt genau anzusehen. So kannst du dich schon gut auf die Höraufgabe einstellen.*
*Manchmal liegen die einzelnen Begriffe lautlich sehr eng beieinander. Wenn du Schwierigkeiten hast, das richtige Wort zu hören, kannst du auch versuchen, die richtige Lösung aus dem Sinnzusammenhang zu erschließen. Es gibt hier nur einen Sprecher. Du musst hier nicht zwischen mehreren Sprechern unterscheiden. Das macht die Aufgabe ein bisschen leichter.*

| | |
|---|---|
| neat → **sweet** | Text: "Pretty **sweet**, right?" (Zeile 1) |
| Although → **Also** | Text: "**Also** … he's not you." (Zeile 5) |
| few → **view** | Text: "Every day, some 70 million users of all ages log in for a **view** of their friends' profiles and to post information about themselves." (Zeilen 8 und 9) |
| properly → **probably** | Text: "… and no one except Zuckerberg **probably** knows where the company is going." (Zeilen 10 und 11) |
| Loads → **Lots** | Text: "**Lots** of successful people don't get their big break until they're 30." (Zeile13) |

**Task 4: Job Application**

***Hinweis:** In der nächsten Höraufgabe geht es um eine Bewerbung. Der Bewerber, Luigi Varesa, hat eine Anzeige für eine Tätigkeit als Finanzberater in der Zeitung gelesen und ruft bei der Firma „Brown and Brown" an. Du schlüpfst nun in die Rolle der Mitarbeiterin im Personalbüro, Frau Goodman, und notierst alle auf dem Aufgabenblatt geforderten Informationen, während du das Telefongespräch zwischen dem Bewerber und der Dame im Personalbüro der Firma hörst. Es werden nur die Kerninformationen verlangt, du kannst also in Stichpunkten antworten. Auch hier gilt, dass Rechtschreibfehler nicht gewertet werden, solange sie nicht sinnentstellend sind.*

Name of applicant: **Luigi Varesa**
***Hinweis:** Da der Name im Hörtext buchstabiert wird, kann der Punkt nur vergeben werden, wenn er richtig geschrieben ist.*

Job Experience: **junior consultant (for Smith and Sons) / 3 ½ years (for Smith and Sons)**
***Hinweis:** Hier genügt einer der genannten Aspekte, damit du den Punkt erhältst.*

Languages: **Italian, French, (Business) English**
***Hinweis:** Hier musst du alle drei Sprachen nennen. Dass Luigi Spanisch lernen will, ist hier irrelevant.*

Interview: **Wednesday / Wed 21st, 10:45 (quarter to eleven / quarter to 11)**
***Hinweis:** Du musst hier das Datum und die Uhrzeit angeben, damit du den Punkt erhältst.*

Left old job because…
**moving to Leeds / family reasons / private reasons**
***Hinweis:*** *Hier genügt einer der genannten Aspekte, damit du den Punkt erhältst. Es ist nicht notwendig, dass du den Satz grammatikalisch korrekt vervollständigst. Auch hier sind Stichpunkte ausreichend.*

Why interested in this job?
- **(Brown and Brown is a) great company / wonderful firm**
- **quality of products**

***Hinweis:*** *Beide Aspekte müssen genannt werden, um die volle Punktzahl zu erhalten. Die Anzahl der zu vergebenden Punkte ist immer ein wichtiger Anhaltspunkt für dich.*

**Task 5: Educo Africa**

***Hinweis:*** *In der letzten Höraufgabe geht es um ein Radiointerview von „Radio Hit FM", in dem du gleich vier Sprecher voneinander unterscheiden musst: Der* ***Sprecher (speaker)*** *will vom Sozialarbeiter* ***(social worker) Steve Daniels*** *und von den beiden Jugendlichen* ***Carlita*** *und* ***Suleiman*** *einige Dinge über die Organisation* ***„Educo Africa"*** *und über das Projekt* ***YES (Youth Empowerment Scheme)*** *erfahren. In diesem Projekt wird versucht, kriminelle Jugendliche in Südafrika zurück auf die rechte Bahn zu bringen.*
*Bei Höraufgaben, in denen du deine Antworten in Stichpunkten formulieren sollst, kann es hilfreich sein, wenn du dir beim ersten Hören ein paar Notizen machst und erst danach die Antworten auf das Angabenblatt schreibst.*
*Bei den folgenden Lösungen werden manchmal mehr als die geforderten Aspekte angegeben, weil auch mehrere unterschiedliche Lösungen möglich und richtig sind. Auch wenn du dir einmal bezüglich einer Antwort nicht sicher sein solltest, ist es besser, du gibst eine Lösung an, bevor du gar nichts schreibst. So hast du immer noch die Chance, dass deine Lösung richtig ist.*

Programme for: **(young) South Africans who have committed crimes / offenders**
***Hinweis:*** *Zeilen 9 und 10: Der Teilaspekt* ***crime*** *ist hier wichtig. Das Wort „offender" drückt ebenfalls aus, dass eine Person in Konflikt mit dem Gesetz gekommen ist.*

Camp acitivities: **long-distance marches, cross (icy) rivers, abseil off cliffs, carry (heavy) rucksacks, sleep outside**
***Hinweis:*** *Zeilen 15 bis 19: Es werden zwei Punkte vergeben, also sind zwei Aspekte ausreichend.*

Aims of 24-hour wilderness solo: **look at (their / your) hopes (and fears), think about plans, find out what they / you want from life**
***Hinweis:*** *Zeilen 24 bis 26: Auch hier werden zwei Punkte vergeben, du musst also nur zwei Ziele nennen.*

What Suleiman learned: **mustn't do wrong things, mustn't fight each other, stand together (against gangsterism)**
***Hinweis:*** *Zeilen 28 und 29: Ein Aspekt reicht. Es gibt nur einen Punkt auf diesen Teilbereich der Aufgabe.*

What Carlita learned: **to take responsibility, to respect others, to respect other people's property**
***Hinweis:*** *Zeilen 32 und 33: Du brauchst nur einen Aspekt zu nennen.*

Effects on society: **(9 out of 10 / most / many young people) leave their gangs, give up drugs (and crime), start learning jobs**
***Hinweis:*** *Zeilen 35 und 36: Hier musst du zwei Aspekte nennen, die mit jeweils einem Punkt bewertet werden.*

## Abschlussprüfung an Realschulen: Englisch 2011
## Written Test

### Part I: Reading

#### TEXT: WHAT NEXT? – LIFE AFTER SCHOOL

**WHAT NEXT?**
**LIFE AFTER SCHOOL**

It's almost here – the end of your life as a school student. Wow! What an achievement. **[1]** Do you have the next phase of your life sorted? Will you study some more, look for a job, or a bit of both? The options for your future are limitless and it's totally up to you where you go from here …

© Steve Kingsman / Dreamstime.com

Choosing what to do after school is a personal choice, and your decision should be based on what you enjoy, what you're good at and what you want to achieve. Making a decision based on anything else – such as what other people want you to study, or what you think will earn the most money – is not a good idea. By the time you leave school, you should have an idea of your strengths and interests. **[2]** But if you don't want to rush into the next stage of your life: Why not think about taking a gap year?

***Monique Wright, TV reporter:***
*"If you know exactly what you want to do, that's great, but don't worry if you don't. You don't need to have your whole life mapped out at this stage."*

Taking a gap year is not just about filling your backpack and heading off around the world. It is about living life to the full and realising that there is a world of opportunity out there just waiting to be explored. The idea is to get away from those situations you're used to and comfortable with – your family, school and home – and discover a bit about yourself.

***Nanda Jarosz, age 19:***
*"In my gap year, I travelled all round Europe. It really gave me a clearer sense of direction. I got back in January and started a new job almost straight away.* **[3]** *You know, it's true what people say, the culture shock of coming back isn't so bad when you immediately jump into something new."*

You can do it in your own country or hometown, or you can do something exotic like volunteer for an overseas program and use the experience to learn new skills or earn some money. The key is to do something productive. **[4]**

***Toni McDonald, age 17:***
*"I decided to get a job and save for a car.* **[5]** *I wanted to see what it was like working five days a week, doing the nine-to-five. It was pretty tiring but it was good to have that money."*

There are no rules about when to take a gap year, but somewhere between leaving school and starting further education makes the most sense.

There are three common options: travelling, volunteering or working. **[6]** You can choose to do volunteer work both in your country and overseas, and that can be a very satisfying option. You can work in communities in your country, or help people in other countries build better lives. **[7]** Or if you're after something different, there are organisations that can help you to line up working holidays, such as being a jackaroo on an outback property in Australia or working in a pub in the UK.

***James Moody, General Manager:***
*"The benefit of taking a gap year is a long term one; employers do seem to genuinely value those candidates who have taken this option. They see it as showing an interest in the non-academic side of life and a sign of initiative."*

In the end it's up to you as to how you spend your time – just be sure to make the most of it.

*Did you know? If you have a criminal record, that is, if you've been found guilty of a crime, you might not be allowed to enter some countries, such as the USA or the UK.*



POINTS

## TASK 1

Read the text *'What next? – Life after School'* (pages 1/2).
Are sentences 1–10 *'True'* (T) or *'False'* (F)? If there is not enough information to answer *'True'* or *'False'*, choose *'Not in the text'* (N).
**Tick (✓) the correct answer.**

| | T | F | N |
|---|---|---|---|
| 1. Financial aspects should influence your decision about your future life. | ☐ | ☐ | ☐ |
| 2. A gap year is basically about leaving your comfort zone. | ☐ | ☐ | ☐ |
| 3. You should not waste too much time after returning from your gap year. | ☐ | ☐ | ☐ |
| 4. Taking a gap year doesn't necessarily mean going abroad. | ☐ | ☐ | ☐ |
| 5. You can only earn up to $ 2,000 during a gap year. | ☐ | ☐ | ☐ |
| 6. Toni McDonald worked full time during her gap year. | ☐ | ☐ | ☐ |
| 7. You have to take your gap year right after leaving school. | ☐ | ☐ | ☐ |
| 8. Volunteering is the most popular option among people taking a gap year. | ☐ | ☐ | ☐ |
| 9. Employers often criticise young people for taking a gap year. | ☐ | ☐ | ☐ |
| 10. If you have committed a crime, you are not allowed to take a gap year. | ☐ | ☐ | ☐ |

10

## TASK 2

Look at the text *'What next? – Life after School'* (pages 1/2).
Five sentences have been removed from the text. Choose the correct gap (1–7) in the text for each of the sentences below (A–E).
**Write the correct number of the gap behind each sentence.**
Be careful: There are two gaps which you do not need to use.

**A** I'm also planning on going to New Zealand for a holiday at the end of the year, so I'm saving for that too. | 5

**B** And you don't have to live in third-world conditions to improve their situation – why not go to New Zealand and volunteer in the Stop Child Poverty campaign, for example? | 7

**C** Watching television on the couch for twelve months doesn't really count. | 4

**D** Building on your qualities should lead you in the right direction. | 2

**E** The last two might involve some extra study, but it's nothing like doing your HSC (Higher School Certificate) again. | 6 5

*© Andres Rodriguez / Dreamstime.com*

## TASK 3

Four young Australians have been interviewed about education after school. Read their answers. For questions 1–7, choose the correct person (A–D) and **write his or her letter in the box**. The people may be chosen more than once. There is one example (0) at the beginning.

**A – Ümit Hibbert**
*At the moment I'm studying for a Bachelor of Communications at the University of Western Sydney, majoring in public relations. I'm in my first year but already keen to use my theoretical knowledge soon. I feel that a career in public relations is all about people, and that's my passion. I grew up overseas with Turkish-speaking gypsies, and I'm really curious about what other cultures have to offer. My aim is to help give a voice to multicultural minorities in Western Sydney.*

**B – Ken O'Kooke**
*I'm just about to complete the Commercial Cookery Certificate at Ryde Technical School, not far away from my hometown. My courses cover everything you need to work in a commercial kitchen. They include everything from basic skills, such as cutting onions, to complex dessert making. In the afternoon classes you learn how menus come together and about special dietary requirements. Anyway, all the efforts seem to be paying off at last: Finishing among the top three of the Canberra Cooking Competition was a fantastic feeling.*

**C – Brittany Burge**
*I'm doing a Certificate in Banking via distance education. This gives me an opportunity to study what I'm most interested in while I'm still at school, in my own environment and time. For me the key benefit of studying by distance is not having to travel to a campus 400 kilometres from where I live. Beyond that I can always contact my teacher with any queries. I usually do this by email, but always have the option to phone as well as using the online tutorial.*

**D – Richard Rachowski**
*I'm working for an Information Technology company, focusing on software development and specialising in games design. We write software for interactive games. I design user interfaces and test the games system. The most important aspect of my job is communicating with my teammates, especially when creating something as complex as a video game. Quite a few people may think that it is just a bunch of freaks hanging out all day and playing video games – actually it is hard work right from the start.*

**Which person …**

| | | |
|---|---|---|
| **0.** | **has already been awarded a prize?** | B |
| 1. | uses all kinds of media to communicate? | C |
| 2. | will work with people from all sorts of cultural backgrounds? | A |
| 3. | denies that his job is just about having fun? | D |
| 4. | attends theoretical and practical courses? | B |
| 5. | wants to support small ethnic groups? | A |
| 6. | saves a lot of time staying at home? | C |
| 7. | finds it necessary to exchange ideas with colleagues? | D |

7

## TASK 4

Im Rahmen Ihrer Vorbereitungen für ein Auslandsjahr in Australien stoßen Sie auf folgende Internetseite. **Fassen Sie anhand der Fragen 1–6 die wichtigsten Informationen auf Deutsch zusammen** (keine wörtliche Übersetzung nötig; Einzelwörter genügen nicht als Antwort).

Travel Health - everything you need to know

File Edit View Go Bookmarks Tools Help

http://www.travelclinic.com.au/travel-health.asp

HOME | WHEN TO SEE US | FIND A CLINIC | ▼ **TRAVEL HEALTH** | INTERNATIONAL SITES | CONTACT

THE TRAVEL CLINIC
TRAVEL CLINICS AUSTRALIA

### Medical advice for global travellers

#### Before you travel

- Consult your doctor for advice how best to protect your health and reduce your risk of illness.
- Take a medical kit when travelling. Note that different items and kits are required, depending on your destination and individual needs. Kit contents must include a thermometer to detect fever and medicine to treat pain.

#### To minimise jet-lag

- Book stopover flights to break the trip into sections.
- Aim to arrive late afternoon/early evening.
- On arrival, immediately adopt local time for eating and sleeping.

#### How to get medical help while overseas

- Most hospitals in Australia are quite experienced at dealing with all kinds of travellers' medical problems and generally supply excellent health care. Consulates are also a good initial contact, especially for more serious problems.
- An increasing number of travel health insurance companies are now supplying an international 24 hour emergency telephone number as a first point of contact. Depending on the nature of the problem, either you are referred to the nearest medical service or, if necessary, arrangements are made to transport you home.

Done

*Eigene Zusammenstellung nach www.travelclinic.com*

1. Warum sollte man vor einer Reise einen Arzt aufsuchen? 1

um sich rat zu suchen

2. Von welchen **beiden** Faktoren hängt die Zusammenstellung der Reiseapotheke ab? 1

3. Welche Art von Medikamenten sollte die Reiseapotheke beinhalten? 1

4. Was kann man tun, um einem Jetlag entgegenzuwirken? (**2 Aspekte**) 2

5. Was wird über die Qualität der australischen Krankenhäuser ausgesagt? 1

6. Wie kann der 24-Stunden Notrufdienst weiterhelfen? (**2 Aspekte**) 2

## Part II: Use of English

### TASK 1

Look at the text *'What next? – Life after School'* (pages 1/2).
What do the following words mean?
Match the expressions (A–F) with their corresponding definitions (0–6).
**Write the correct numbers in the grid below.**
Be careful: There is one definition that you do not need.
One definition (0) has already been matched correctly.

**A** to base sth. on sth. *(l. 11)*
**B** to rush into sth. *(l. 19)*
**C** to map sth. out *(l. 26)*
**D** to head off *(l. 28)*
**E** to be after sth. *(l. 68)*
**F** to line sth. up *(l. 70)*

**0** to arrange everything necessary for an event to happen
**1** to try to find something
**2** to hit an object, causing damage
**3** to move in a particular direction
**4** to develop something from something else
**5** to plan something in a careful or detailed way
**6** to do something quickly without taking time to think about it

| A | B | C | D | E | F |
|---|---|---|---|---|---|
| 4 | 6 | 5 | 3 | 1 | **0** |

5

### TASK 2

**Find a word or expression** in the text *'What next? – Life after School'* (pages 1/2) **which means the <u>opposite</u> of each of the words (1–5) below**. The lines where you can find the word or expression are indicated in brackets. There is one example (0) at the beginning.

0. past → *future* (lines 1–8)
1. least → most (lines 9–21)
2. weaknesses → strenghths (lines 9–21)
3. spend → earn (lines 36–50)
4. unusual → common (lines 61–73)
5. frustrating → satisfying (lines 61–73)

5

## TASK 3

Use the word given in capitals at the end of some of the lines to **form a word of the same word family** that fits in the space in the same line. There is one example (0) at the beginning.

| | | | |
|---|---|---|---|
| 0. | Did you know that your free-time *activities* can | ACTIVE | |
| 1. | help you ________________ the future you want? No matter | CREATION | |
| | what you're interested in, there's a place for you to learn more | | |
| 2. | about the things that you find ________________ and make | EXCITEMENT | |
| | new friends. After-school activities can be a great way to beef | | |
| 3. | up your ________________, too. Companies like to see the | APPLY | |
| 4. | ________________ you. They want to see that you're | REALITY | |
| 5. | ________________ in activities beyond the classroom. | INVOLVEMENT | 5 |

## TASK 4

Complete the second sentence so that it has a similar meaning to the first sentence, using the KEY WORD given in brackets. **Do not change the KEY WORD given.** You must use **between two and five words including the KEY WORD**.
There is one example (0) at the beginning.

0. **Example**
Many young people who live alone like the fact that they can do what they want. (ENJOY) ← **KEY WORD**
(1) (2)
Many young people *enjoy taking* their own decisions when they live alone.

1. If you don't want to tidy your place – that's not a problem. (MATTER)
________________ if your room is in a mess or not. 1

2. But for some, moving out can also be scary. (FEEL)
Some young people might also ________________ out. 1

3. This may be the first time you are responsible for yourself. (NEVER)
You may ________________ for yourself before. 1

4. Normally parents provide food, clothing and shelter for their children. (USED)
In most families parents are ________________ food, clothing and shelter. 1

5. But after moving out, you'll have to deal with these things on your own. (SOON)
You'll have to deal with these things on your own ________________ have moved out. 1

## TASK 5

**Complete the following text.** Use the correct forms of the words in brackets and find words of your own to replace the question marks. There is one example (0) at the beginning.

**On the move**

Moving out of home is one of the **(0)** _most interesting_ **(interesting)** times of your life. But it can also be challenging if you're not **(1)** _fully_ **(full)** 1
prepared. Here are a few tips to make it all go as smoothly **(2)** _as_ **(???)** 1
possible.

If you need to leave your **(3)** _parents'_ **(parent)** house because you 1
will be attending **(4)** _further_ **(far)** education or if you can't find work 1
in your hometown, then your decisions will be about **(5)** _finding_ **(find)** 1
the right type of accommodation for you. This also involves a lot of stress. However, it's a good opportunity to prove to your parents that you can make it on your own.

If you are moving away from home with a full-time job, the most obvious choice is to move into a rented property, that is a property **(6)** _owned_ 1
**(own)** by someone else. It's a big responsibility, so a better option for your
**(7)** _first_ **(one)** year away from home might be renting with other 1
young people **(8)** _who_ **(???)** are in a similar situation. Check 1
your local paper under 'shared accommodation' **(9)** _for_ **(???)** 1
suitable options. We also recommend visiting the website www.movingout.gov.au
which **(10)** _is updated_ **(update)** on a regular basis. 1

## Part III: Guided Writing

You only have to do **one** of the following two tasks.
Important: First read both tasks, then decide whether you want to do Task A or Task B.
You can write down your ideas on your extra sheet before you do the task on your exam paper. 30

### TASK A

An American friend of yours is planning to start his own business. He wants to organise summer camps for European students in Florida. He would like to know what you think about it.

Write an **e-mail** to your friend.

*© Monkey Business Images / Dreamstime.com*

In your e-mail …
① say why you think it is a good idea
② mention possible risks
③ explain how you could help your friend
④ write about your own future plans[1]

Do not forget to write a suitable beginning and ending. **Write about 200 words.**

1 Sorry, no gap year!

### TASK B

You took part in a summer volunteer program in India. Back home you write **an entry for your blog** beginning with the words:

> My three-week summer volunteer program in India came to an end all too soon. Working with little children at a day care center in Jaipur was the experience of a lifetime …

Your blog entry should include the following aspects:
① what you did during the program
② one negative experience
③ why you think it was worth it
④ how you would like to support the project in the future

*© Marco Rullkoetter / Dreamstime.com*

**Write about 200 words.**
**(Do not copy the beginning of the blog entry).**

Task ☐

Write A or B in the box.

## Lösung

### Part I: Reading

***Allgemeine Hinweise:*** *Bald hältst du dein Abschlusszeugnis in Händen. Die Realschulzeit geht zu Ende und du überlegst dir sicherlich seit geraumer Zeit, wie es nach der Schule weitergehen soll. Viele Schülerinnen und Schüler beginnen eine Berufsausbildung, andere gehen weiter auf die Schule. Manche aber entscheiden sich für ein Brückenjahr, ein sogenanntes „gap year". Im* **Written Test** *der diesjährigen Abschlussprüfung geht es genau um dieses Thema, nämlich um das Leben nach der Schule.*
*In den verschiedenen Teilaufgaben und Texten werden dir unterschiedliche Aspekte zu dieser Thematik begegnen. Da du dich mit der Frage, was du nach deiner Schulzeit tun möchtest, bereits ausgiebig beschäftigt hast, hast du bereits ein großes Hintergrundwissen, auf das du bei der Bearbeitung der Aufgaben zurückgreifen kannst.*
*Da alle Aufgaben inhaltlich mit dem Gesamtthema „**What next? – Life after School**" zu tun haben, solltest du zunächst den Text ganz durchlesen. Bearbeite dann die Aufgaben möglichst der Reihe nach, um zu vermeiden, dass du eine Aufgabe übersiehst. Wenn du jedoch bei einer Fragestellung größere Probleme hast, dann bearbeite lieber erst die Aufgaben, die dir leichter fallen und beschäftige dich am Ende noch einmal mit der schwierigeren Aufgabe. Falls der Text Wörter enthält, die dir unbekannt sind, lass dich nicht verunsichern. Du wirst sehen, dass du viele Ausdrücke aus dem Zusammenhang erschließen und den Sinn des Textes verstehen kannst, auch wenn du nicht jedes Wort kennst.*
*Die im Speaking Test und Listening Test erzielten Punkte fließen direkt in das Gesamtergebnis der Abschlussprüfung ein. Insgesamt gibt es 150 Punkte: Speaking 30 Punkte, Listening 30 Punkte, Reading 30 Punkte, Use of English 30 Punkte und Writing 30 Punkte.*

### Task 1: Richtig, falsch oder nicht im Text?

***Hinweis:*** *In den folgenden Aufgaben sollst du herausfinden, ob die formulierten Aussagen* ***richtig, falsch*** *oder* ***nicht im Text*** *sind. Lies also die zehn vorgegebenen Sätze aufmerksam durch und suche dann im Text nach den betreffenden Textstellen.*

1. **Financial aspects should influence your decision about your future life.** ☑ **False**
   ***Hinweis:*** *Relevante Textstelle (Zeilen 13 bis 16): "Making a decision based on … what you think will* ***earn the most money*** *– is* ***not a good idea*** *…"*
   *Dieser Satz ist falsch. Das Geld sollte bei der Berufswahl nach Aussage des Textes nicht die Hauptrolle spielen.*

2. **A gap year is basically about leaving your comfort zone.** ☑ **True**
   ***Hinweis:*** *Relevante Textstelle (Zeilen 32 bis 34): "… to get away from those* ***situations*** *you're used to and* ***comfortable*** *with …"*
   *Die Aussage wird im Text bestätigt. Im Brückenjahr verlassen viele die gewohnte Umgebung und lernen, sich in neuen Situationen zurechtzufinden.*

3. **You should not waste too much time after returning from your gap year.** ☑ **True**
   ***Hinweis:*** *Relevante Textstelle (Zeilen 42 bis 44): "… the culture shock of* ***coming back*** *isn't so bad when you* ***immediately*** *jump into* ***something new****."*
   *Nanda Jarosz meint, dass man gleich nach der Rückkehr etwas Neues anfangen sollte. Sie glaubt, dass man auf diese Weise einen Kulturschock („culture shock") vermeiden könne.*

4. **Taking a gap year doesn't necessarily mean going abroad.** ☑ **True**
*Hinweis: Relevante Textstelle (Zeilen 45/46): "You can do it* ***in your own country or hometown****, …"*
*Die Aussage ist richtig. Man kann das Brückenjahr auch im eigenen Land bzw. in der Heimatstadt verbringen.*

5. **You can only earn up to $ 2,000 during a gap year.** ☑ **Not in the text**
*Hinweis: Relevante Textstelle (Zeilen 48/49): "… to learn new skills or* ***earn some money****."*
*Es ist klar, dass man im Brückenjahr auch arbeiten kann. Es wird aber keine Aussage darüber gemacht, wie viel man (maximal) verdienen darf.*

6. **Toni McDonald worked full time during her gap year.** ☑ **True**
*Hinweis: Relevante Textstelle (Zeilen 53 bis 55): "I wanted to see what it was like working* ***five days a week****, doing the* ***nine-to-five****."*
*Vermutlich ist dir der Begriff „nine-to-five" nicht geläufig. Der Ausdruck bedeutet, dass Toni täglich von 9:00 Uhr bis 17:00 Uhr gearbeitet hat. Das sind die Arbeitszeiten eines regulären Vollzeitjobs. Die Aussage ist also richtig.*

7. **You have to take your gap year right after leaving school.** ☑ **False**
*Hinweis: Relevante Textstelle (Zeilen 57 bis 60) "There are* ***no rules*** *about when to take a gap year, but somewhere between leaving school and starting further education makes the most sense."*
*Es wird lediglich gesagt, dass es am sinnvollsten ist, wenn man das Brückenjahr nach Abschluss der Schule macht. Es gibt hier aber keine Vorschriften. Die Aussage ist daher falsch.*

8. **Volunteering is the most popular option among people taking a gap year.** ☑ **Not in the text**
*Hinweis: Relevante Textstelle (Zeilen 61/62): "There are* ***three common options:*** *travelling, volunteering or working."*
*Es werden die drei beliebtesten Varianten genannt: „Volunteering" ist dabei nur eine der Möglichkeiten. Es könnte sein, dass du mit dem Begriff „volunteering" Schwierigkeiten hast, denn er lässt sich nicht so einfach übersetzen. Im Prinzip bedeutet „volunteering", dass sich eine Person ohne Bezahlung bei einem sozialen Projekt bzw. einem Freiwilligendienst engagiert. Bei uns ist damit das freiwillige soziale Jahr gemeint.*

9. **Employers often criticise young people for taking a gap year.** ☑ **False**
*Hinweis: Relevante Textstelle (Zeilen 76 bis 78): "…* ***employers*** *do seem to genuinely* ***value*** *those candidates who have taken this option."*
*Genau das Gegenteil ist der Fall. Arbeitgeber schätzen es in den meisten Fällen, wenn jemand zusätzliche Erfahrung, beispielsweise aus dem Ausland, mitbringt. Das zeigt, dass die Person offen und flexibel ist. Die Aussage ist daher nicht richtig.*

10. **If you have committed a crime, you are not allowed to take a gap year.** ☑ **False**
*Hinweis: Relevante Textstelle (Zeilen 85 bis 88): "If you have a* ***criminal*** *record …, you might not be allowed to* ***enter some countries*** *…"*
*Jemand, der vorbestraft ist, darf natürlich, sofern er nicht im Gefängnis ist, ein Brückenjahr machen. Er darf aber nicht mehr in bestimmte Länder einreisen.*

**Task 2: Finde die richtigen Lücken**

*Hinweis: In der folgenden Aufgabe sollst du für die vorgegebenen Sätze die richtigen Stellen im Text „What next? – Life after School“ finden, sodass am Ende ein sinnvoller Text entsteht. Es gibt* ***sieben Lücken****, aber nur* ***fünf Sätze*** *(Sätze A bis E). Am Ende bleiben folglich zwei Lücken übrig. Bei dieser Aufgabe ist es notwendig, dass du alle Absätze, in denen möglicherweise ein Satz fehlt, noch einmal aufmerksam liest. Die Sätze vor und nach der Lücke geben dir Hinweise, welcher Satz jeweils der richtige ist.*

A **I'm also planning on going to New Zealand for a holiday at the end of the year, so I'm saving for that too.** **(Lücke 5)**
*Hinweis: Es ist die Rede davon, dass Toni einen Job zum Geld verdienen wollte und für ein Auto spart. Dieser Gedankengang wird nun fortgeführt durch „... so I'm* ***saving*** *for that too ...“. An keiner weiteren Textstelle geht es um das Thema „Sparen“.*

B **And you don't have to live in third-world conditions to improve their situation – why not go to New Zealand and volunteer in the Stop Child Poverty campaign, for example?** **(Lücke 7)**
*Hinweis: In dem Satz vor Lücke 7 wird beschrieben, dass man im Brückenjahr auch Menschen in anderen Ländern helfen kann. In Lösungssatz B bezieht sich „their situation“ auf „people“ (Zeile 67).*

C **Watching television on the couch for twelve months doesn't really count.** **(Lücke 4)**
*Hinweis: Auch hier ist der Satz vor der Lücke entscheidend. Es wird deutlich gemacht, dass man das Brückenjahr dazu nutzen sollte, etwas Produktives zu tun. Man kann beispielsweise Geld verdienen oder neue Fertigkeiten erwerben. Fernsehen und auf der Couch liegen gehören hier nicht dazu.*

D **Building on your qualities should lead you in the right direction.** **(Lücke 2)**
*Hinweis: Im entsprechenden Textabschnitt und unmittelbar vor Lücke 2 geht der Autor des Textes darauf ein, dass Schulabsolventen in der Regel bereits eine gewisse Vorstellung von ihren eigenen Stärken und Interessen haben. Diese Eigenschaften („qualities“ vgl. Lösungssatz) könnten bei der Entscheidung, wie man das Brückenjahr verbringen möchte, eine Hilfe sein. Sie können in die richtige Richtung („right direction“) weisen.*

E **The last two might involve some extra study, but it's nothing like doing your HSC (Higher School Certificate) again.** **(Lücke 6)**
*Hinweis: In den Zeilen 61/62 werden drei Möglichkeiten genannt, wie man das Brückenjahr verbringen kann. Lösungssatz E beginnt mit „The last two ...“. Diese Formulierung bezieht sich eindeutig auf die vorher genannten Möglichkeiten „travelling, volunteering or working“. Der Gedankengang wird fortgeführt und es wird deutlich gemacht, dass man zumindest bei den beiden letztgenannten Varianten auch etwas dazulernen kann bzw. muss.*

***Lücke 1 und Lücke 3 bleiben übrig.***

**Task 3: Zuordnungsaufgabe**

***Hinweis:*** *In dieser Aufgabe liegen dir die Aussagen von vier jungen Australiern vor, die über ihre Ausbildung bzw. berufliche Tätigkeit nach Abschluss der Schule berichten. Zu den Interviews findest du sieben Fragen. Du sollst nun herausfinden, welche Fragen zu wem passen. Die Personen können mehrmals zugeordnet werden.*

1. **uses all kinds of media to communicate? (C – Brittany Burge)**
   ***Hinweis:*** *Textstelle: "I usually do this by email, but always have the option to phone as well as using the online tutorial."*
   *Brittany Burge macht eine Ausbildung im Rahmen eines Fernkurses. Sie findet es sehr gut, dass sie nicht so weit fahren muss und mit den modernen Kommunikationsmitteln die Entfernung gut überwinden kann.*

2. **will work with people from all sorts of cultural backgrounds? (A – Ümit Hibbert)**
   ***Hinweis:*** *Textstelle: "… I'm really curious about what other cultures have to offer. My aim is to help give a voice to multicultural minorities in Western Sydney."*
   *Ümit Hibbert will multikulturellen Minderheiten in Sydney helfen. Diese Menschen haben ganz unterschiedliche kulturelle Wurzeln.*

3. **denies that his job is just about having fun? (D – Richard Rachowski)**
   ***Hinweis:*** *Textstelle: "… actually it is hard work right from the start."*
   *Richard Rachowski ist Softwareentwickler von interaktiven Spielen. Manche Menschen meinen, dass er dabei den ganzen Tag nur Computerspiele spielt und Spaß hat. Er verneint dies aber und betont, dass es harte Arbeit ist, die Software für ein Spiel zu entwickeln.*

4. **attends theoretical and practical courses (B – Ken O'Kooke)**
   ***Hinweis:*** *Textstelle: "… include everything from basic skills … In the afternoon classes you learn how menus come together …"*
   *Diese Antwort ist nicht so einfach, weil du zwischen den Zeilen lesen musst, um die richtige Lösung zu finden. Ümit Hibbert spricht von „theoretical knowledge". Er möchte dieses Wissen bald anwenden. Aus dieser Aussage kannst du schließen, dass er bisher nur theoretische Kenntnisse erworben hat. Ken O'Kooke hingegen macht ein „Cookery Certificate". Da ist es selbstverständlich, dass sowohl praktische („cutting onions", „dessert making") als auch theoretische Aspekte („how menus come together", „dietary requirements") gelehrt werden.*

5. **wants to support small ethnic groups (A – Ümit Hibbert)**
   ***Hinweis:*** *Textstelle: "My aim is to help give a voice to multicultural minorities in Western Sydney."*
   *Du hast bereits dieselbe Textstelle für Frage 2 benötigt. Du weißt also schon, dass Ümit Hibbert mit multikulturellen Minderheiten arbeiten möchte.*

6. **saves a lot of time staying at home (C – Brittany Burge)**
   ***Hinweis:*** *Textstelle: "… the key benefit of studying by distance is not having to travel to a campus 400 kilometres from where I live."*
   *Aus Frage 1 weißt du bereits, dass Brittany Burge an einem Fernkurs teilnimmt. Es ist klar, dass sie deshalb viel Zeit spart, weil sie von zu Hause aus lernen und an „online tutorials" teilnehmen kann und nicht zum weit entfernt liegenden Campus fahren muss.*

7. **finds it necessary to exchange ideas with colleagues? (D – Richard Rachowski)**
   ***Hinweis:*** *Textstelle: "The most important aspect of my job is communicating with my teammates, …"*
   *Für Richard Rachowski ist der Austausch mit den Kollegen ganz entscheidend. Für die Entwicklung von Computerspielen braucht man viele Ideen und muss sehr kreativ sein. Das kann nur in einem Team gut funktionieren.*

## Task 4: Mediation/Sprachmittlung – "Medical advice for global travellers"

***Hinweis:*** *Auch diese Aufgabe steht in einem inhaltlichen Zusammenhang mit dem Haupttext „What next? – Life after School": Du möchtest ein Auslandsjahr in Australien verbringen und entdeckst eine Internetseite, die zahlreiche medizinische Ratschläge enthält.*
*Bei dieser Aufgabenstellung sollst du die* ***wesentlichen Aussagen*** *des Textes herausfinden und auf Deutsch wiedergeben. Grundsätzlich handelt es sich bei einer Mediation oder Sprachmittlung um eine realitätsnahe Aufgabe, denn du wirst immer wieder in Situationen geraten, in denen du einem englischen Text die wichtigsten Informationen entnehmen und auf Deutsch zusammenfassen musst. Beachte, dass eine Sprachmittlung keine wörtliche Übersetzung ist! Stattdessen sollst du die relevanten Aspekte* ***stichpunktartig auf Deutsch*** *notieren. Die angegebenen Punkte sind ein wichtiger Hinweis für dich, wie viele Aspekte oder Teilinformationen von dir verlangt werden. Du brauchst in der Regel keine vollständigen Sätze zu schreiben, Einzelwörter sind aber meist nicht ausreichend für eine Antwort. Da du nicht wortwörtlich übersetzt, kann deine Lösung sprachlich von den hier vorgeschlagenen Musterlösungen abweichen.*

1. – **um sich Rat zu holen, wie man seine Gesundheit am besten schützen kann**
   – **um sich Rat zu holen, wie man das Krankheitsrisiko verringert**
   ***Hinweis:*** *Textstelle: "Consult your doctor for advice how best to protect your health and reduce your risk of illness."*
   *Auf diese Aufgabe wird nur ein Punkt vergeben. Wenn du einen der oben angegebenen Aspekte anführst, ist die Aufgabe richtig und vollständig beantwortet.*

2. – **vom Reiseziel und den individuellen/persönlichen Bedürfnissen**
   ***Hinweis:*** *Textstelle: "Note that different items and kits are required, depending on your destination and individual needs."*
   *Hier bekommst du den Punkt nur, wenn du beide Faktoren nennst.*

3. – **Schmerzmittel/Medizin, mit der man Schmerzen behandeln kann**
   ***Hinweis:*** *Textstelle: "Kit contents must include ... medicine to treat pain."*
   *Es ist immer wichtig, dass du die Aufgabenstellung genau liest. Hier geht es um Medikamente, die die Reiseapotheke beinhalten soll. Deshalb wäre „Thermometer" als Antwort falsch.*

4. – **Flüge mit Zwischenlandungen buchen / Zwischenstopps einlegen**
   – **versuchen, am späten Nachmittag oder frühen Abend anzukommen**
   – **sich (bei Ankunft) sofort auf die Ortszeit einstellen**
   ***Hinweis:*** *Textstellen: "Book stopover flights to break the trip into sections"; "Aim to arrive late afternoon/early evening"; "On arrival, immediately adopt local time for eating and sleeping"*
   *Hier werden nur zwei von drei möglichen Aspekten verlangt.*

5. – **die meisten/sie sind im Umgang mit allen möglichen Reisekrankheiten (ziemlich) erfahren**
   – **sie bieten hervorragende ärztliche Versorgung/Betreuung**
   ***Hinweis:*** *Textstellen: "Most hospitals in Australia are quite experienced at dealing with all kinds of travellers' medical problems ..."; "... generally supply excellent health care."*
   *Auf diese Aufgabe wird nur ein Punkt vergeben. Wenn du einen der oben angegebenen Aspekte anführst, ist die Aufgabe richtig und vollständig beantwortet.*

6. – **man wird an das nächstgelegene medizinische Versorgungszentrum/den nächsten Arzt verwiesen**
   – **wenn nötig werden Vorkehrungen für einen Heimtransport/Krankentransport in das Heimatland getroffen**

   ***Hinweis:*** *Textstelle: "… you are referred to the nearest medical service …"; "… if necessary, arrangements are made to transport you home."*
   *Bei dieser Aufgabe musst du beide Aspekte nennen, um die volle Punktzahl zu erhalten.*

## Part II: Use of English

### Task 1: Wortbedeutungen

***Hinweis:*** *Deine Aufgabe ist es, bestimmte „phrasal verbs" oder „prepositional verbs", die im Text „What next? – Life after School" vorkommen, den entsprechenden Definitionen zuzuordnen. Eine Definition bleibt übrig. Es ist sinnvoll, wenn du dir die relevanten Textstellen durchliest, auch wenn du glaubst, die Bedeutung der Verben zu kennen. So kannst du mithilfe des Kontextes überprüfen, ob du richtig liegst. Wenn dir die Verben unbekannt sind, hilft dir der Kontext, die richtige Bedeutung zu erschließen.*
*Sogenannte „phrasal verbs" bzw. „prepositional verbs" sind in der englischen Sprache sehr häufig. Verben können oft mit mehreren Präpositionen/Partikeln verbunden werden und erhalten so ganz unterschiedliche Bedeutungen. Lerne diese Verben am besten in einem inhaltlichen Zusammenhang.*

| A | B | C | D | E | F |
|---|---|---|---|---|---|
| 4 | 6 | 5 | 3 | 1 | 0 |

**A** **to base sth. on sth.** – Lösung: **Nummer 4** (to develop something from something else)
***Hinweis:*** *Die Formulierung „etwas basiert auf …" gibt es auch im Deutschen. Du kannst also deine Muttersprache oder andere Fremdsprachen zu Hilfe nehmen, wenn du dir Wortbedeutungen erschließen musst.*

**B** **to rush into sth.** – Lösung: **Nummer 6** (to do something quickly without taking time to think about it)
***Hinweis:*** *Das Signalwort in der Definition ist „quickly". Mit dem Verb „to rush" verbindet man, dass etwas schnell oder in Eile geschieht. Im Text ist davon die Rede, dass ein „gap year" sinnvoll sein kann, wenn man sich nicht von einem Lebensabschnitt in den nächsten stürzen möchte.*
*Eine weitere Hilfe, um dir die Bedeutung von „to rush into" zu erschließen, kann z. B. der Begriff „rush hour" sein, den du vermutlich kennst. Es wird damit die Zeitphase beschrieben, in der die meisten Menschen zur Arbeit bzw. von der Arbeit zurück fahren. Auch in diesem Kontext versuchen die Menschen, möglichst schnell an ihr Ziel zu gelangen.*

**C** **to map sth. out** – Lösung: **Nummer 5** (to plan something in a careful or detailed way)
***Hinweis:*** *Das Wort „map" kennst du sicherlich in erster Linie in der Bedeutung „Karte, Landkarte", es kann jedoch auch als Verb verwendet werden: „to map something out" bedeutet „planen, festlegen".*

**D** **to head off** – Lösung: **Nummer 3** (to move in a particular direction)
***Hinweis:*** *Das Wort „head" hat als Nomen, als Adjektiv und auch als Verb zahlreiche verschiedene Bedeutungen. Es gibt auch viele zusammengesetzte Nomen wie „headteacher", „headache" oder „headline". Im Wörterbuch findet sich hierzu eine ganze Seite. In dem vorgegebenen Sinnzusammenhang könnte man „head off" etwa mit „reisen", „wegfahren", „aufbrechen" übersetzen.*

**E** **to be after sth.** – Lösung: **Nummer 1** (to try to find something)
*Hinweis: Das Verb „be" findet entweder als Vollverb oder als Hilfsverb Verwendung. In Zeile 68 im Text wird es als Vollverb gebraucht. Mit „after" erhält es jedoch eine komplett andere Bedeutung: Hier bedeutet es „suchen". Lerne diese Bedeutung auswendig.*

**Task 2: Gegensätzliche Bedeutungen (Opposites)**

*Hinweis: In dieser Aufgabe sollst du im Text nach Begriffen suchen, die eine gegensätzliche Bedeutung haben. Damit du nicht den ganzen Text durchsuchen musst, sind hinter den Schreiblinien die Zeilen angegeben, in denen du den jeweiligen Begriff im Text findest. Auch hier wird ein Beispiel angeführt.*

1. least – **most**
   *Hinweis: Textstelle (Zeilen 15/16): "… or what you think will earn the **most** money …"*
   *Hier handelt es sich um ein unregelmäßig gesteigertes Adjektiv im Superlativ. Lerne die Steigerungsformen auswendig: much – more – most; little – less – least.*

2. weaknesses – **strengths**
   *Hinweis: Textstelle (Zeilen 17/18): "… you should have an idea of your **strengths** and interests."*
   *Du musst hier unbedingt den Plural bilden, weil „weaknesses" ebenfalls in der Mehrzahl steht. Wörter aus derselben Wortfamilie sind: „strong" und „to strengthen".*

3. spend – **earn**
   *Hinweis: Textstelle (Zeilen 48/49): "… to learn new skills or **earn** some money."*
   *Das Verb „spend" wird hier in der Grundform gebraucht. Du benötigst daher auch den Infinitiv von „earn".*

4. unusual – **common**
   *Hinweis: Textstelle (Zeile 61): "There are three **common** options …"*
   *„Common" ist ein Wort mit vielen Bedeutungen. Als Adjektiv bedeutet es:*
   *1. häufig, weit verbreitet*
   *2. gemeinsam, allgemein*
   *3. gewöhnlich, einfach.*
   *In Zeile 61 wird es im Sinne von „häufig, weit verbreitet" verwendet.*

5. frustrating – **satisfying**
   *Hinweis: Textstelle (Zeilen 64/65): "… and that can be a very **satisfying** option."*
   *Auch hier kennst du Wörter aus derselben Wortfamilie: „to satisfy" und „satisfaction".*

**Task 3: Wortfamilien**

*Hinweis: Bei den folgenden Aufgaben 1 bis 5 sollst du ein anderes Wort derselben Wortfamilie finden und richtig in den Satz einsetzen. Die Lücke im Satz gibt eindeutig vor, welche Form du brauchst, also ob z. B. ein Verb, ein Adverb, ein Nomen oder ein Verb ergänzt werden muss. Wenn du ein Verb einsetzen musst, dann ist es wichtig, dass du auch die richtige Form (Aktiv/Passiv und die richtige Zeitform) verwendest. Setzt du ein Nomen ein, musst du dir überlegen, ob die Singular- oder die Pluralform gefordert ist.*
*Der Wortschatz einer Sprache enthält zahlreiche sogenannte „Wortfamilien", die einen gemeinsamen Stamm haben. Das bedeutet, dass du von einem dir bekannten Wort eine Reihe von weiteren Begriffen ableiten kannst, ohne dass du sie als neue Wörter wirklich lernen musst. Viele Wortfamilien folgen bestimmten Regeln, die du im Unterricht bereits gelernt hast. Wiederhole diese Wortbildungsregeln vor der Prüfung noch einmal, denn sie helfen dir nicht nur bei dieser Aufgabe, sondern für die gesamte Abschlussprüfung.*
*In den Hinweisen zu den Lösungen findest du Beispiele für weitere „Mitglieder" der Wortfamilien.*

1. … can help you **(to) create** the future you want?
*Hinweis: Hier kannst du das Partikel „to" des Infinitivs verwenden, oder „to" weglassen. Du benötigst auf jeden Fall die Grundform des Verbs.*
***Wortfamilie:** to create – creative – creation – creator – creature – creativity*

2. … learn more about the things that you find **exciting** …
***Hinweis:** Du musst hier das Adjektiv einfügen. Die Lücke bezieht sich inhaltlich auf „things".*
***Wortfamilie:** to excite – excitement – exciting – excited – excitable*

3. … a great way to beef up your **application(s)**, too.
***Hinweis:** Das Verb „to beef up" verlangt ein Nomen als Ergänzung und auch das Pronomen „your" vor der Lücke zeigt dir, dass du „application(s)" einsetzen musst. Hier sind sowohl der Singular als auch der Plural möglich.*
***Wortfamilie:** to apply – application – applicant*

4. Companies like to see the **real** you.
***Hinweis:** Das Wort „real" wird hier adjektivisch verwendet. Es bezieht sich auf das folgende „you". Im Deutschen würde man sagen: „Firmen möchten dein wahres Ich sehen."*
***Wortfamilie:** to realize – really – reality – realization – real*

5. … that you're **involved** in activities beyond the classroom.
***Hinweis:** Auf „to be" folgt ein Adjektiv, kein Adverb. Deshalb musst du in diesem Fall „involved" einsetzen. Es bedeutet „engagiert, beteiligt".*
***Wortfamilie:** to involve –involvement – involved*

**Task 4: Umformulierung von Sätzen mit Schlüsselwörtern**

***Hinweis:** In der vorliegenden Aufgabe werden sprachliche und grammatikalische Strukturen sowie dein Sprachgefühl getestet. Du musst **Sätze umformulieren** und dabei die vorgegebenen **Schlüsselwörter** einbauen. Denke daran, dass du die Schlüsselwörter unverändert übernehmen musst und dass der neue Satz eine ähnliche Bedeutung wie der vorgegebene Satz haben muss. Zusätzlich wird von dir verlangt, dass du nur zwei bis fünf Wörter einschließlich des „key word" einfügst. Du siehst also, die Vorgaben zu dieser Aufgabe sind recht strikt. Im Grunde geht es jedoch nur darum, dass du **denselben Inhalt auf eine andere Art ausdrückst**. Bei dieser Aufgabe führen Rechtschreibfehler nicht zu einem Punktabzug solange diese nicht sinnentstellend sind.*

1. **It doesn't matter** if your room is in a mess or not.
***Hinweis:** Der Ausdruck „It doesn't matter" („Macht nichts/Nicht so wichtig") ist dir geläufig. Lass dich hier nicht verwirren: Bei dem Satzgefüge handelt es sich um keinen Bedingungssatz, denn „if" wird nicht in der Bedeutung „wenn/falls" verwendet. Es bedeutet „ob" und könnte im Englischen durch „whether" ersetzt werden. „It doesn't matter if" kannst du also übersetzen mit „Es ist egal, ob …/Es spielt keine Rolle, ob …"*

2. Some young people might also **feel scared of moving/feel scared when they move** out.
***Hinweis:** Auf das Verb „to feel" folgt ein Adjektiv, und kein Adverb, da es sich um ein Verb der Gefühlswahrnehmung handelt. Du musst also „scared" einsetzen. Danach hast du mehrere Möglichkeiten, wie du den Satz vervollständigst. Du kannst z. B. „scared of + -ing-Form" ergänzen, oder aber einen Nebensatz mit „when" bilden.*

3. You may **never have been responsible** for yourself before.
*Hinweis: Aufgrund der Zeitangabe „before" benötigst du hier eine Verbform, die Vorzeitigkeit ausdrückt. Das Adverb „never" (indefinite time adverb) steht hinter dem ersten Hilfsverb („may").*

4. In most families parents are **used to providing** food, clothing and shelter.
*Hinweis: Der Gebrauch von „used to" ist nicht ganz einfach. Es gibt zwei grundsätzlich verschiedene Verwendungsformen:*
   *1. **used to do something** wird verwendet, wenn eine Person eine Handlung in der Vergangenheit regelmäßig ausgeführt hat, dies heute aber nicht mehr tut:*
   *I used to drink coffee, but nowadays I drink tea.*
   *2. **be used to (doing) something** bedeutet, dass eine Person an eine Sache gewöhnt ist und dass diese Sache oder Aktivität nichts Neues für sie ist.*
*In der vorliegenden Aufgabe kommt die zweite Bedeutung zum Tragen. Du benötigst daher auch nachfolgend die entsprechende -ing Form des Verbs „provide".*

5. You'll have to deal with these things on your own **as soon as you/soon after you** have moved out.
*Hinweis: Beide hier angegebenen Lösungsmöglichkeiten sind richtig, sie geben dem Satz jedoch leicht unterschiedliche Bedeutungen: „As soon as" bedeutet „sobald", „soon after" bedeutet „kurz nachdem".*

## Task 5: Grammatik und Sprachgebrauch

*Hinweis: Lies den gesamten Text zuerst einmal aufmerksam durch, damit du weißt, wovon er handelt. Es ist möglich, die Gesamtaussage des Textes trotz der Lücken zu erfassen. Auch die Überschrift „On the move?" liefert dir bereits einen hilfreichen Hinweis: In dem Text geht es darum, aus welchen Gründen junge Menschen von zu Hause ausziehen, welchen Herausforderungen sie sich stellen müssen und welche Möglichkeiten es gibt.*
*Dieses Hintergrundwissen hilft dir im Anschluss, die richtigen Wörter für die Lücken zu finden. Der Text enthält zwei Arten von Lücken: Sind Wörter in Klammern vorgegeben, so musst du sie in die richtige grammatikalische Form bringen, du musst also z. B. aus einem Adjektiv ein Adverb ableiten, oder einen Infinitiv in eine Passivkonstruktion umwandeln. Stehen drei Fragezeichen in Klammern hinter der Lücke, so sollst du eine sinnvolle inhaltliche Ergänzung finden. Achte vor allem auf Signalwörter sowie auf die Wörter direkt vor und hinter der Lücke; sie liefern dir oft wertvolle Hinweise auf das fehlende Wort.*
*Nimm dir am Ende die Zeit, den gesamten Text erneut durchzulesen, um zu überprüfen, dass der Text einen Sinn ergibt.*

1. **fully**
*Hinweis: Du benötigst hier das Adverb von „full", da es sich auf das Adjektiv „prepared" bezieht und dieses näher bestimmt. Bei der regelmäßigen Bildung von Adverbien wird ein „-ly" an das Adjektiv angehängt. Bei „fully" kommt nur ein „y" hinzu, da eine Anhäufung des Buchstaben „l" vermieden wird.*

2. **as**
*Hinweis: Dieser Satz enthält einen Vergleich: „… as smoothly …" ist bereits vorgegeben. Du kannst also nur „as" ergänzen. Diese Konstruktion wird mit „genauso … wie" übersetzt.*

3. **parents'/parent's/parental**
*Hinweis: Hier sind verschiedene Lösungen möglich. Entweder es ist das elterliche („parental") Haus oder das Haus der Eltern („parents' " oder „parent's"). Verwendest du den s-Genitiv „parents' ", so bedeutet das, dass du von Mutter und Vater sprichst. Verwendest du den Genitiv „parent's", so beziehst du dich nur auf einen Elternteil.*

4. **further**
*Hinweis:* *In diesem Fall ist der Komparativ von „far" die richtige Form. „Far" ist ein Adjektiv, das unregelmäßig gesteigert wird. Der Begriff „further education" im Sinne von „Weiterbildung" oder „weiterführende Schulbildung" ist dir vielleicht bekannt. Solltest du dich entscheiden, weiter zur Schule zu gehen, z. B. auf die Fachoberschule, dann fällt das unter den Bereich „further education".*

5. **finding**
*Hinweis:* *Vor der Lücke steht die Präposition „about". Wenn nach einer Präposition ein Verb folgt, dann muss in der Regel die -ing Form gebildet werden. Daher ist die richtige Lösung „finding".*

6. **owned**
*Hinweis:* *Diese Lücke musst du mit einer Passivform füllen. Den Hinweis darauf gibt dir der sogenannte „by-agent", der hinter der Lücke steht („by someone else"). Genau genommen handelt es sich hier um einen verkürzten Relativsatz, denn die Bedeutung des Satzes ist „… a property which is owned by someone else"; die Immobilie oder die Wohnung, in die man zieht, gehört dem Vermieter. Du brauchst jedoch nur das past participle „owned" einzufügen.*

7. **first**
*Hinweis:* *Es geht hier nicht um* ***ein*** *Jahr, das man alleine wohnt, sondern um das* ***erste*** *Jahr. Man unterscheidet die sogenannten Kardinalzahlen (one, two, three …), die man in der Regel beim Zählen und Rechnen verwendet, von den Ordinalzahlen (first, second, third …), die zum Beispiel beim Datum verwendet werden.*

8. **who / that**
*Hinweis:* *Mit der Lücke wird ein Relativsatz eingeleitet, der „other young people" näher beschreibt. Da es sich um einen notwendigen Relativsatz handelt, also um einen Relativsatz, der für das Verständnis des Satzes notwendig ist, kannst du hier zwischen den Relativpronomen „who" oder „that" wählen. Wenn es um eine Sache ginge, dann müsstest du statt „who" das Relativpronomen „which" einsetzen.*

9. **for**
*Hinweis:* *Im Text geht es inhaltlich darum, dass junge Menschen die örtlichen Zeitungen nach Anzeigen durchsehen sollten, die Wohnungen anbieten, die man mit mehreren Personen teilen kann. Sprachlich steht die Lücke in Zusammenhang mit dem Verb „check" zu Beginn des Satzes. Du musst also „for" einsetzen. „Check for" bedeutet hier „suchen nach".*

10. **is updated / will be updated**
*Hinweis:* *Die angegebene Website wird regelmäßig aktualisiert. Du benötigst hier die Passivform des Verbs. Sowohl das „simple present" als auch das „will-future" sind hier richtig, weil aus dem Text nicht hervorgeht, ob die Seite „regelmäßig aktualisiert wird" oder „regelmäßig aktualisiert werden wird".*

## Part III: Guided Writing – Schriftliche Sprachproduktion

***Hinweis:*** *Dieser Aufgabenteil umfasst 30 Punkte und zählt damit genauso viel wie der Listening Test oder der Speaking Test. Insgesamt sollst du* ***ungefähr 200 Wörter*** *schreiben. Du bekommst keinen Punktabzug, wenn du ein bisschen mehr oder ein bisschen weniger schreibst. Daher ist es nicht nötig, dass du die einzelnen Wörter zählst. Wichtig ist jedoch, dass du die Aufgabe, für die du dich entscheidest, vollständig bearbeitest und* ***alle*** *in der Aufgabenstellung* ***vorgegebenen Aspekte berücksichtigst****.*
*Im Prüfungsteil „Writing" hast du die Möglichkeit, zwischen* ***Task A*** *und* ***Task B*** *auszuwählen. Lies zunächst einmal beide Aufgabenstellungen sorgfältig durch und entscheide dann, welche Aufgabe du bearbeiten möchtest. Denke daran, „A" oder „B" an entsprechender Stelle auf deinem Lösungsblatt anzugeben. Auch die Aufgaben zum Schreiben stehen in einem inhaltlichen Zusammenhang mit dem Hauptthema der Abschlussprüfung.*

### Task A

***Hinweis:*** *Ein amerikanischer Freund von dir möchte Sommeraufenthalte für junge Europäer in Florida organisieren und fragt dich um deine Meinung. Du musst dich nun in diese Rolle hineinversetzen und deinem Freund in einer E-Mail deinen Standpunkt mitteilen. In der Aufgabenstellung werden vier Aspekte genannt, auf die du in deinem Schreiben Bezug nehmen sollst. Du benötigst zudem einen passenden Anfang und ein passendes Ende, du brauchst aber kein Datum und auch keine Adresse anzugeben, da es sich um eine E-Mail handelt. Beachte, dass du kein „gap year" wählen darfst, wenn du über deine eigenen Zukunftspläne schreibst.*

Dear Patrick,

Thanks for your e-mail. Your plans for your new business sound like a great idea **(beginning)**. Florida's a very attractive place for European students. Not only do they love the warm climate and the beach but they're also happy to get the opportunity to practise their English. In summer camps in Florida they could combine both aspects **(say why you think it is a good idea)**. The only problem I can see is that it might be too expensive for a lot of the students. That's why it might be a good idea to make the program as cheap as possible. Maybe you could organize part-time summer jobs for them as well. That would solve some of the money problems **(mention possible risks)**. If you sent me the details, I could write an e-mail to all of my friends. I could also translate everything into German and help you with creating leaflets, if you like, and I could easily find addresses of schools and colleges **(explain how you could help your friend)**.
By the way, I've just decided to go on to further education. I really want to become an engineer and help design new cars. You know that I've always been interested in all kinds of technical things **(write about your own future plans – no gap year)**. Maybe I'll be able to attend your summer camp next year! I'm really looking forward to hearing from you and hope that I can help you in some way.

See you,
(your first name) **(ending)**

**Task B**

***Hinweis:*** *Für diese „Guided Writing Task“ musst du dir vorstellen, dass du gerade von einem dreiwöchigen Aufenthalt in Indien zurückgekehrt bist, wo du dich im Rahmen eines Freiwilligenprogramms um kleine Kinder gekümmert hast. Du hast in einer Art Kinderhort in Jaipur gearbeitet. Nun bist du wieder zu Hause und möchtest deine Erlebnisse in deinem Blog festhalten. Der Anfang deines Eintrags ist bereits vorgegeben.*
*Auch bei dieser Aufgabenstellung werden dir vier Aspekte vorgegeben, die du unbedingt bearbeiten musst. Bestimmt hast du viele kreative Ideen, die du gut verwenden kannst. Du hast auch sicherlich schon einiges über Indien gehört bzw. gelernt. Zur Bearbeitung dieser Aufgabe sind jedoch keine spezifischen Kenntnisse über dieses Land notwendig.*

I worked with nearly 100 children between the ages of three and five. My co-workers and I cooked for them, played games with them and organised medical help when necessary. The child care center is organized and run by the church. They want to support poor families and single parents who can't take care of their children during the day because they need to go to work and earn their living. The single parents – mostly mothers – are very grateful for this support (**what you did during the program**).
One evening though, a little boy wasn't picked up by his mother. The child was very upset and I stayed with him overnight at the center. It was really bad and we were worried that something terrible had happened to his mother. It turned out that she had been run over by a car and had to stay in hospital for a week. And nobody else felt responsible for the boy. That made me really sad, but I'm glad he had us to help him (**one negative experience**).
All in all, the work in India was a great experience for me. Life there is so different. Basic needs are very important. I realized how privileged I am to live in a country like Germany. It was hard work and I hardly had any time to myself but it was a wonderful experience to help these children, to give them love and care and to make life a bit better for them (**why you think it was worth it**).
I definitely want to go there again and I'm going to help collect money for this project. If people know that their money is used properly, I'm sure they will be more than happy to support the project. If these children get a good start in life, they will eventually be able to create a new India that can support itself (**how you would like to support the project in the future**).

**Abschlussprüfung an Realschulen: Englisch 2011**
**Listening Test**

## TEXT 1: Detroit Motor Show

**1** Designed to transport in style, this car offers maximum comfort and all kinds of multimedia entertainment … hand assembly, only top quality materials, an interior that makes you feel as if you were in a five star hotel suite … and to top it all, every newly produced car is polished for five hours …

**2** While this car cannot fly, it definitely has an almost unreal look and feel, … the prototype here shows a visionary idea of what cars might look like in 20 years. With its revolutionary styling and the latest technology long before you can buy it, it is definitely the highlight of this year's Motor Show …

**3** … traditionally an "everyday life car" on the road, this is the one everyone can afford. Today it can be found almost everywhere. It offers roomy backseats for up to five people and huge trunks, perfect for lots of suitcases, sports equipment or for long trips …

**4** … trust me, this is one of the world's fastest and most exciting cars, the all new top model is a candy-coated ball of power. The new design is as functional as it is sexy, it sounds like the perfect combination of horsepower and style, the roaring sound is incredible …

**5** … people still raise questions about these cars as a reliable means of transportation. But high fuel prices and environmental concerns make these battery-powered vehicles increasingly attractive … additional computer animated programs even make them sound like sports cars …

## TEXT 2: The Accident

MAN: Honey. What time will Katie be home?

WOMAN: Uh, she should be here any minute. She took the car to drive Jimmy to the park and to pick up something from the store.

MAN: Okay, I was just a little worried that … Man, what was that? Oh, no. The car! She's driven over the mailbox and hit a tree in the front yard.

WOMAN: Quick! Let's go and see if Katie's okay.

MAN: Ah, my car.

WOMAN: Honey, are you okay?

DAUGHTER: Oh, Mom. I'm so sorry. I can't believe this has happened.

MAN: Oh, my car!

WOMAN: Forget your car!

MAN: Driving with the cell phone. I know.

DAUGHTER: It wasn't that at all. I mean, as I was pulling into the driveway, something rolled from under the seat and got stuck under the brake pedal. I wanted to brake but I couldn't stop the car. I swear I didn't even touch the gas pedal!

WOMAN: Uh, I think I know what the problem was. Honey, did you put those tennis balls away like I told you? The ones YOU put under the driver's seat …

MAN: Man, I thought I got those.

DAUGHTER: And I wanted to be home before the weather changed. You know how I hate driving in bad weather …

WOMAN: Oh, I know, sweetheart, I know …

MAN: At least I had the windshield wipers repaired.

DAUGHTER: And Mom. I was gonna use the car this weekend to go camping with my friends, but now my plans are ruined. My friends are gonna hate me. What am I gonna do? Can't we call the garage?

MAN: No way. They can't repair it before the weekend.

WOMAN: Hon, what *is* your daughter going to do? It looks like it's mainly your fault.

MAN: My fault? Was I driving the car? Hey, why don't you just invite your friends over for a pizza? I'll pay.

DAUGHTER: Mom, we've been planning this weekend for months. I need a car.

WOMAN: Hon.

MAN: What? I mean, man, that's tough.

WOMAN: I think what your dad is trying to say is that you can take his new Jeep.

DAUGHTER: Yeah, awesome.

MAN: What?

DAUGHTER: Yes!

MAN: Wait, not my new Jeep. I don't even have 500 miles on it.

WOMAN: You love your daughter, don't you?

MAN: Ask me after she returns from the trip.

## TEXT 3: Choosing the Safest Car for Your Kids

Sure, they're more likely to crash the family car than any other member of your household, but that's precisely why the <u>teen</u> drivers need to be driving the safest car.

"Parents should buy new vehicles because they tend to be safer in a crash and provide modern safety equipment such as side airbags," said Anne McCartt, spokeswoman for an Insurance <u>Institute</u>. "Buying a new car is an important matter, so you should discuss it in a serious way."

That's exactly what happened in the home of Dr. Art Kellerman, who had seen the results of bad vehicle choices too many times in his emergency room. Dad and son sat down with their wish lists. His son wanted power, looks and a good <u>sound</u> system. Dad wanted safety, reliability and economy.

Fortunately, Dad won, and the two agreed on a Honda Accord Coupe with side airbags. <u>Sixteen</u> days later, his son had an accident at high speed at a crossing. All the airbags opened, preventing <u>brain</u> and other injuries.

"That was the best money I've ever spent," says Kellerman. "You can always buy another car, but you can't buy another kid."

## TEXT 4: Renting a Motorhome

GEORGE: Welcome to Cool Motorhomes Ltd. My name's George. How can I help you?

ALAN: Good morning. This is Alan Cox speaking. I would like to rent a motorhome for five people for the summer holidays.

GEORGE: You've come to the right firm. We have a very wide range. Our brand new motorhomes all offer a bathroom with shower and toilet, dining area and kitchen. Our model "Dallas" sleeps two adults and three children. There are five bunk beds and an extra large garage for your bikes, sports equipment or anything you want. "Denver" is our flagship with three fixed double beds in it. The bathroom in the rear even offers you a separate shower, which is rare in a motorhome.

ALAN: What equipment is standard in the motorhomes?

GEORGE: They both offer full kitchen equipment, and a free BBQ set plus outdoor chairs and table will be included.

ALAN: What about the electronic devices on board?

GEORGE: There is a stove and a fridge in both models. "Dallas" also offers a microwave oven and a hi-fi sound system. "Denver", on the other hand, includes a satellite TV system so you can watch TV wherever you are.

ALAN: How do the prices compare?

GEORGE: "Dallas" is £ 845 a week and "Denver" £ 905. When exactly would you like to travel?

ALAN: We haven't decided yet. Somewhere between mid-July and the end of September.

GEORGE: Well, I can offer you "Dallas" … in the last two weeks of August … Now let's check "Denver" … It would be available … from 12th to 28th September.

ALAN: Got that … I'll have to think it over before I can make my final booking.

GEORGE. No problem. I'll reserve both vehicles for you until tomorrow evening. Your provisional reservation number is JWFY778/2011.

ALAN: What was that?

GEORGE: JWFY778/2011 …

ALAN: Thanks – now I've got it. Bye.

GEORGE: Have a nice day!

## TEXT 5: Taxi, Taxi

LINDA: Good morning. I'm Linda Robertson. According to a recent survey, being a London taxi driver is the second most dangerous job in Britain – right after working as a police officer. I am at a taxi rank in Piccadilly to find out what taxi drivers think about this survey. Gary, you've been a taxi driver for quite a while – what would you say?

GARY, TAXI DRIVER 1: I totally agree. It's a really tough job, not just physically, but mentally as well. The main reason is the amount of traffic. It's getting worse and worse.

LINDA: I quite understand that. Imagine traffic jams being part of your job! Jason, you've been driving taxis for more than twenty years, what do you think?

JASON, TAXI DRIVER 2: Well, the passengers that get into the back just want to get from A to B as quickly as possible. They say, "I've got 15 minutes to get there," and straightaway you're under enormous pressure.

LINDA: Here's some background information for our listeners: London taxi drivers and their cabs have to be licensed. To get this licence the driver has to pass a test called "The Knowledge". Julie, you passed the test just two weeks ago. What can you tell our listeners about "The Knowledge"?

JULIE, TAXI DRIVER 3: Above all that it's difficult. To prepare for the test you have to learn 25,000 streets by heart! And you need to be able to find all important places around central London without satellite navigation.

LINDA: Wow, that sounds really tough. What kept you motivated?

JULIE: Well, I've always wanted to be a cabby … and research says that learning all the streets makes part of the brain grow – isn't that great?

LINDA: Seriously? (*laughter*) … A few years ago the congestion charge was introduced in London to reduce the traffic in the city, which means that people who drive into the centre of London have to pay a special fee … Gary, do you think the congestion charge is working?

GARY: When it first came in, it worked, the number of cars was reduced. If you want to know what I think … It seems to me that traffic is increasing again now, up to the levels before the charge.

LINDA: Well, if you're listening to this while you're stuck in a traffic jam, spare a thought for the cabbies who have to spend most of their working life in them. Linda Robertson for BBC London Life.

## On the Move

### TASK 1: Detroit Motor Show

You will hear a live report from a motor show.
What kind of cars is the reporter talking about?
**Write the correct numbers (1–5) in the boxes next to the categories (A–F).**
Be careful: Use each number only once.
*(You will have 5 seconds after the first listening and 5 seconds after the second listening.)*

**A** electric ☐

**B** family ☐

**C** future ☐

©*Alexshevchenko / Dreamstime.com*

**D** luxury ☐

**E** sports ☐

**F** off-road ☐

5

### TASK 2: The Accident

You will hear a conversation between parents and their daughter. One ending to each of the following sentences (1–4) is correct. **Tick (✓) A, B, C or D.**
*(You will have 5 seconds after the first listening and 5 seconds after the second listening.)*

1. The accident took place …
   - A ☐ at a public park.
   - B ☐ on the way to the store.
   - C ☐ in front of the house.
   - D ☐ near a post office.

2. The accident happened because …
   - A ☐ weather conditions were bad.
   - B ☐ Katie was using her mobile phone.
   - C ☐ she stepped on the gas pedal.
   - D ☐ of a blocked brake pedal.

3. Katie is upset because …
   - A ☐ she has no car for the weekend.
   - B ☐ she will have to pay for the damage.
   - C ☐ she is afraid of her parents' reaction.
   - D ☐ her father can't repair the car.

4. In the end …
   - A ☐ her parents offer to drive Katie.
   - B ☐ she is allowed to use the new car.
   - C ☐ they buy a pizza and stay at home.
   - D ☐ they rent a Jeep for the weekend.

4

## TASK 3: Choosing the Safest Car for Your Kids

You will hear a radio report about the best cars for young drivers.
**Underline the wrong words in the text and write the correct version in the space provided.**
*(You will have 10 seconds after the first listening and 15 seconds after the second listening.)*

Sure, they're more likely to crash the family car than any other member of your household, but that's precisely why the keen drivers need to be driving the safest car.
"Parents should buy new vehicles because they tend to be safer in a crash and provide modern safety equipment such as side airbags," said Anne McCartt, spokeswoman for an Insurance Institution. "Buying a new car is an important matter, so you should discuss it in a serious way."
That's exactly what happened in the home of Dr. Art Kellerman, who had seen the results of bad vehicle choices too many times in his emergency room. Dad and son sat down with their wish lists. His son wanted power, looks and a good surround system. Dad wanted safety, reliability and economy.
Fortunately, Dad won, and the two agreed on a Honda Accord Coupe with side airbags. Sixty days later, his son had an accident at high speed at a crossing. All the airbags opened, preventing pain and other injuries. "That was the best money I've ever spent," says Kellerman. "You can always buy another car, but you can't buy another kid."

5

*Photo © Wavebreakmedia LTD / Dreamstime.com*

## TASK 4: Renting a Motorhome

You will hear a telephone conversation between a customer and a sales assistant.
**Complete the customer's notes.**
*(You will have 10 seconds after the first listening and 20 seconds after the second listening.)*

| | Model "Dallas" | Model "Denver" | |
|---|---|---|---|
| suitable for | 5 | 6 | |
| beds | 5 bunk beds | ____________ | 1 |
| special features | ____________ | ____________ | 1/1 |
| electronic devices | stove + fridge ____________ | stove + fridge ____________ | 1/1 |
| price per week | £ 845 | £ 905 | |
| available | ____________ | ____________ | 1/1 |
| mileage | unlimited | unlimited | |
| provisional reservation number _ _ _ _ _ _ _ _/2011 | | | 1 |

© Bruder / Dreamstime.com

## TASK 5: Taxi, Taxi

You will hear a radio interview with three London taxi drivers. **Answer questions 1–5**. You don't have to write complete sentences, but one word is not enough.
*(You will have 30 seconds after the first listening and 90 seconds after the second listening.)*

1. What is the most dangerous job in Britain?

   ______________________________ 1

2. Give **two** reasons why being a taxi driver is a stressful job.

   ______________________________ 1

   ______________________________ 1

3. To pass the test and get a licence as a taxi driver you have to … (**two** details):

   ______________________________ 1

   ______________________________ 1

4. According to research, how does the job affect the taxi driver's brain?

   ______________________________ 1

5. What does Gary say about the congestion charge? (**two** aspects)

   ______________________________ 1

   ______________________________ 1

# Good luck!

**Lösung**

***Allgemeine Hinweise:*** *In diesem Teil der Prüfung geht es um das Rahmenthema* ***„Auto und Fortbewegung"****. Die vorliegende Hörverstehensprüfung umfasst insgesamt fünf Texte. Zu Beginn des „Listening Test" hast du ausreichend Zeit, um die Aufgabenstellungen zu lesen. Du weißt dann schon, um welche Themengebiete es in den einzelnen Texten geht und kannst dich entsprechend darauf einstellen. Lies die Aufgabenstellungen genau, damit du weißt, auf welche Details du beim Hören besonders achten musst.*
*Wichtig ist, dass du nicht gleich nervös wirst, wenn du die eine oder andere Aufgabe nicht sofort lösen kannst. Alle Texte werden* ***zweimal vorgespielt*** *und es ist genügend Zeit vorgesehen, in der du die Lösungen auf das Angabenblatt schreiben kannst. Du kannst also, wenn du möchtest, während des Hörens Notizen auf einem Extrablatt machen. Achte aber im Anschluss darauf, dass du* ***alle*** *Lösungen auf das Angabenblatt überträgst.*
*Es ist gut möglich, dass du nicht alle Wörter, die in den Hörtexten vorkommen, auf Anhieb verstehst oder dass die Texte Wörter enthalten, die du nicht kennst. Das macht aber nichts, denn du kannst den Sinn der Texte dennoch verstehen und die Aufgaben dazu bearbeiten. Lass dich nur nicht verunsichern!*
*Wichtig für dich ist auch, dass bei Grammatik- bzw. Rechtschreibfehlern nur dann Punkte abgezogen werden, wenn sie sinnentstellend sind, d. h., wenn sie eine falsche oder unverständliche Bedeutung ergeben.*

**Task 1: Detroit Motor Show**

***Hinweis:*** *In der folgenden Aufgabe hörst du einen Live-Bericht von der Automesse in Detroit. Das ist eine sehr wichtige Automesse, auf der immer die neuesten Entwicklungen in der Automobilbranche vorgestellt werden. Der Reporter spricht über fünf verschiedene Modelle (1, 2, 3, 4, 5). Auf dem Angabenblatt sind sechs Möglichkeiten angegeben. Du sollst nun herausfinden, über welche Autotypen berichtet wird. Du musst nicht jedes Wort des Reporters verstehen, um die Gesamtaussage erfassen zu können. Deine Aufgabe ist es, herauszufinden, über welchen Autotyp gerade gesprochen wird und die entsprechende Ziffer in das passende Kästchen einzutragen. Jede Ziffer kann nur einmal verwendet werden; ein Kästchen bleibt frei. Einzelne Stichwörter oder Begriffe im Text geben dir den Hinweis auf die richtige Lösung. Die besondere Schwierigkeit bei dieser Aufgabe besteht darin, dass manche Stichwörter bei mehreren Automodellen vorkommen. Lass dich also nicht verwirren.*

D luxury **1**

***Hinweis:*** *Text 1 enthält viele Aussagen, die mit dem Begriff „luxury" in Verbindung gebracht werden können: "maximum comfort" (Zeile 1), "top quality materials" (Zeile 2), "five star hotel suite" (Zeile 3). Daneben enthält das beschriebene Auto eine umfassende Multimedia-Ausrüstung, wird handgefertigt und vor dem Verkauf fünf Stunden lang poliert.*

C future **2**

***Hinweis:*** *Die entscheidenden Textabschnitte sind hier "... shows a visionary idea of what cars might look like in 20 years ..." (Zeile 6) und "... the latest technology long before you can buy it ..." (Zeile 7). Es wird also von dem Prototypen eines zukunftsweisenden Autos berichtet. Eine Schwierigkeit könnte vielleicht der Begriff "the latest technology" darstellen. Er bedeutet nicht „die späteste Technik" sondern „die neueste". Es handelt sich um eine Ausnahme, die du unbedingt in Zusammenhang mit den Adjektiven und deren Steigerung lernen solltest.*

B family **3**

***Hinweis:*** *Hier wird ein Auto beschrieben, das sehr viel Platz bietet und eine Familie mit Kindern transportieren kann: "It offers roomy backseats for up to five people and huge trunks …" (Zeilen 10/11). Solltest du bei dieser Aufgabe Schwierigkeiten haben, könntest du auch nach dem Ausschlussverfahren vorgehen. Du wirst feststellen, dass alle übrigen Lösungsmöglichkeiten nicht infrage kommen.*

E sports **4**

***Hinweis:*** *Zwei Aussagen im Text machen deutlich, dass es hier um einen Sportwagen geht. Es wird betont, dass es sich um ein sehr schnelles Auto handelt: "… this is one of the world's fastest and most exciting cars …" (Zeile 12). Außerdem wird das besondere Motorengeräusch hervorgehoben: "… the roaring sound is incredible …" (Zeilen 14/15). Diese Aspekte spielen für andere Autotypen keine bedeutende bzw. ausschlaggebende Rolle.*

A electric **5**

***Hinweis:*** *Der Reporter beschreibt hier ein batteriebetriebenes Auto: "… battery-powered vehicles …" (Zeile 17). Neben Umweltaspekten spielen auch die hohen Benzinpreise eine entscheidende Rolle: "… environmental concerns …" (Zeile 17); "… high fuel prices …" (Zeile 17). Die einzige Fehlerquelle besteht darin, dass im Text auch der Begriff "sports cars" (Zeile 19) verwendet wird und du deshalb versucht bist, den Buchstaben E zu wählen. Du musst daher genau hinhören: Hier ist nur davon die Rede, dass Computerprogramme diese Elektroautos wie Sportwagen klingen lassen.*

*Insgesamt bleibt bei Task 1 der Buchstabe F (off-road) übrig.*

**Task 2: The Accident**

***Hinweis:*** *Du hörst ein Gespräch zwischen Katie und ihren Eltern. Katie hat gerade in der Einfahrt zum Haus mit dem Auto einen Unfall verursacht, bei dem glücklicherweise nur relativ geringe Schäden entstanden sind. Sie steht nun vor dem Problem, dass sie mit ihren Freunden ein Campingwochenende geplant und versprochen hat, dass sie selbst fährt. Auf dem Angabenblatt findest du vier Satzanfänge mit jeweils vier Möglichkeiten, wie die Sätze enden könnten. Du musst also bei dieser Multiple Choice Aufgabe die richtigen Satzenden herausfinden und in die entsprechenden Kästchen ein Häkchen setzen.*

1. The accident took place **in front of the house**. **(Lösung C)**
   ***Hinweis:*** *Die entscheidenden Hinweise sind in folgenden Textabschnitten enthalten: Katies Vater möchte wissen, wann ihre Tochter nach Hause kommen wird. Aus dieser Frage kannst du schließen, dass das Gespräch zwischen der Mutter und dem Vater zu Hause stattfindet: "What time will Katie be home?" (Zeile 1). Während des Gesprächs hört der Vater ein lautes Geräusch. Er sieht aus dem Fenster und stellt fest, dass Katie vor dem Haus über den Briefkasten gefahren ist und einen Baum gerammt hat. "… Man, what was that? Oh, no. The car! She's driven over the mailbox and hit a tree in the front yard" (Zeilen 4/5). Es passt nur Lösung C. Alle anderen Möglichkeiten scheiden aus.*

2. The accident happened because **of a blocked brake pedal**. (**Lösung D**)
*__Hinweis:__ Hier musst du genau hinhören, da alle vier angegebenen Möglichkeiten auch im Text angesprochen werden. Katie erwähnt, dass sie zu Hause sein wollte, bevor das Wetter schlechter wird. Diese Tatsache hat jedoch nichts mit dem Unfall zu tun. Lösung A passt daher nicht zum Satzanfang. Auch Lösung B kann nicht richtig sein, da Katie nicht telefonierte, als der Unfall passierte: "Driving with the cell phone. I know." (Zeile 12); "It wasn't that at all" (Zeile 13). Da Katie auch nicht Gas gegeben hat, ist Lösungsmöglichkeit C ebenfalls falsch: "I swear I didn't even touch the gas pedal" (Zeile 15). Schließlich bleibt nur noch Lösung D übrig: Der Vater hatte nicht alle Tennisbälle aus dem Auto geholt. Ein Ball ist in den Fußraum des Fahrers gerollt und hat das Bremspedal blockiert.*

3. Katie is upset because **she has no car for the weekend**. (**Lösung A**)
*__Hinweis:__ Die Lösung bei diesem Aufgabenteil ist einfacher. Im gesamten zweiten Dialogteil geht es darum, dass Katie mit Freunden ein Campingwochenende geplant hat und dafür ein Auto benötigt. In dem Gespräch ist zwar auch die Rede davon, wann das Auto repariert werden kann, du darfst dich jedoch nicht verwirren lassen: Nicht der Vater, sondern die Mechaniker in der Werkstatt werden es nicht schaffen, das Auto bis zum Wochenende zu reparieren: "Can't we call the garage?" (Zeile 25); "… __They__ can't repair it before the weekend" (Zeile 26). Antwortmöglichkeit D ist somit falsch. Du musst also bei Antwort A das Häkchen setzen.*

4. In the end **she is allowed to use the new car**. (**Lösung B**)
*__Hinweis:__ Obwohl der Vater eigentlich dagegen ist, darf Katie schließlich den neuen Jeep nehmen. Der Vater sagt zwar: "Wait, not my new Jeep" (Zeile 37), ausschlaggebend sind aber die darauf folgenden Äußerungen: "You love your daughter, don't you?" (Mutter, Zeile 38) und "Ask me after she returns from the trip" (Vater, Zeile 39). Aus diesen Äußerungen kannst du schließen, dass der Vater widerwillig seine Zustimmung zur Benutzung des Autos gibt. Satzende C könnte dich verunsichern, da der Vater, bevor er Katie erlaubt, den Jeep zu nehmen, vorschlägt, dass sie ihre Freunde zu sich nach Hause einladen soll. Er bietet an, Pizza zu spendieren. Dieser Vorschlag ist jedoch keine Lösung für Katie und auch nicht die richtige Lösung dieser Teilaufgabe.*

**Task 3: Choosing the Safest Car for Your Kids**

*__Hinweis:__ Du hörst einen Radiobericht über die Frage, welche Autos für Fahranfänger am besten geeignet sind. Das ist ein sehr wichtiges Thema, das bald auch für dich aktuell werden wird. Die Informationen auf deinem Angabenblatt unterscheiden sich an einigen Stellen von den Informationen, die du im Radiobericht hörst. Deine Aufgabe ist es, diese abweichenden Wörter zu identifizieren, zu unterstreichen und zu verbessern. Für jedes richtig verbesserte Wort erhältst du einen Punkt. Insgesamt musst du fünf Informationen korrigieren. Solltest du fälschlicherweise Wörter angestrichen haben, die eigentlich richtig sind, so wird dir pro Wort ein Punkt abgezogen. Auch diesen Text hörst du zweimal. Mach dir also keine Sorgen, wenn du beim ersten Hördurchgang noch nicht alle Fehler gefunden hast. Manchmal liegen die einzelnen Begriffe lautlich sehr eng beieinander, sodass du genau zuhören musst. Wenn du Schwierigkeiten hast, das richtige Wort zu hören, kannst du auch versuchen, die richtige Lösung aus dem Sinnzusammenhang zu erschließen.*

keen → **teen** "… why the **teen** drivers need to be driving the safest car."

Institution → **Institute** "… spokeswoman for an Insurance **Institute**."

*__Hinweis:__ Groß- und Kleinschreibung werden hier nicht bewertet.*

surround → **sound** "His son wanted power, looks and a good **sound** system."

Sixty → **Sixteen** "**Sixteen** days later, his son had an accident …"

*__Hinweis:__ Groß- und Kleinschreibung werden hier nicht bewertet.*

pain → **brain** "… preventing **brain** and other injuries."

**Task 4: Renting a Motorhome**

*Hinweis: In der nächsten Aufgabe hörst du ein Telefongespräch zwischen dem Kunden Alan Cox und dem Verkäufer George, der für eine Firma arbeitet, die Campingfahrzeuge vermietet. Der Kunde wird in dem Telefonat zu den beiden Modellen „Dallas" und „Denver" beraten. Ein Teil der Informationen ist auf dem Angabenblatt bereits angegeben. Du schlüpfst nun in die Rolle von Alan Cox und ergänzt die fehlenden Details in der Tabelle. Du brauchst keine vollständigen Sätze zu schreiben; Stichwörter sind ausreichend. Insgesamt musst du acht Details ergänzen. Auch hier werden Rechtschreibfehler nicht gewertet, solange sie nicht sinnentstellend sind. Die „provisional reservation number" musst du allerdings richtig und vollständig angeben, um den Punkt zu erhalten.*

| | Model "Dallas" | Model "Denver" |
|---|---|---|
| beds | 5 bunk beds | **three** (**fixed**) **double beds** *(Zeile 8)* |
| special features | (**extra**) **large garage** *(Zeile 7)* | **separate shower** *(Zeile 9)* |
| electronic devices | **microwave** (**oven**) *(Zeilen 14/15)* *oder:* **hi-fi sound system** *(Zeile 15)* | **satellite TV system** *(Zeilen 15/16)* |
| available | (**the**) **last two weeks of August** *(Zeile 21)* | **from $12^{th}$ to $28^{th}$ September** *(Zeile 22)* |
| provisional reservation number: | **JWFY778**/2011 *(Zeilen 25/27)* | |

**Task 5: Taxi, Taxi**

*Hinweis: In der letzten Höraufgabe geht es um das Taxifahren. Es sind gleich vier Sprecher beteiligt. Die Reporterin Linda will von den drei Taxifahrern Gary, Jason und Julie einige Dinge über ihre Arbeit als Taxifahrer in London wissen. Dabei geht es sowohl um den Test, den zukünftige Taxifahrer bestehen müssen, um eine Lizenz zu bekommen, als auch um die Maut, die Autofahrer zahlen müssen, wenn sie mit dem Auto in das Stadtzentrum Londons fahren wollen („congestion charge"). Diese Gebühr wurde eingeführt, um den Verkehr in der Metropole London zu verringern. Der Begriff "congestion charge" ist dir vermutlich nicht geläufig. Die Bedeutung kannst du aber aus dem Sinnzusammenhang erschließen. Du kannst dir beim ersten Hören ein paar Notizen machen und dann die Antworten auf das Angabenblatt schreiben.*

1. **police officer**
   *Hinweis: Hier ist die Aussage der Reporterin zu Beginn des Interviews entscheidend. Sie sagt, dass der Beruf des Taxifahrers in London der zweitgefährlichste Beruf gleich nach dem Beruf eines Polizisten ist: "... being a London taxi driver is the **second most** dangerous job in Britain – **right after** working as a police officer ..." (Zeilen 1 bis 3). Du musst also genau hinhören und die Begriffe "second most dangerous" und "right after" richtig erfassen.*

2. **(the) amount of traffic; passengers want to get from A to B as quickly as possible; you're under (enormous) pressure**
   ***Hinweis:*** *Hier sind mehrere Antworten möglich. Auf die Frage werden zwei Punkte gegeben. Du musst daher zwei Aspekte nennen (two reasons). Es ist sehr wichtig, dass du die Fragestellung genau liest. Die relevanten Antworten geben die Taxifahrer Gary und Jason: "The main reason is the amount of traffic" (Zeile 7); "… the passengers … just want to get from A to B as quickly as possible" (Zeilen 11/12); "… you're under enormous pressure" (Zeile 13).*

3. **learn 25,000 streets (by heart); find (all) important places without (satellite) navigation**
   ***Hinweis:*** *Auch hier musst du zwei Details aufführen. Es geht um die Frage, was man wissen bzw. können muss, um in London Taxi fahren zu dürfen. Die Antwort gibt Taxifahrerin Julie: "… you have to learn 25,000 streets by heart!" (Zeilen 18/19) und "… find all important places around central London without satellite navigation" (Zeilen 19/20).*

4. **(it) makes (part of) it grow**
   ***Hinweis:*** *Die Antwort hierzu gibt wiederum Julie: "… learning all the streets makes part of the brain grow …" (Zeilen 22/23).*

5. **first it worked / first, the number of cars was reduced;**
   **traffic is increasing again (now) / traffic is up to the levels before the charge**
   ***Hinweis:*** *Es geht hier um die Gebühr, die Autofahrer nun seit geraumer Zeit bezahlen müssen, wenn sie in das Zentrum von London fahren möchten. Man will damit bewirken, dass mehr Menschen die öffentlichen Verkehrsmittel benutzen und dadurch Staus vermieden werden. Insgesamt gibt es auf diese Aufgabe zwei Punkte. Du musst laut Angabe zwei Aspekte herausfinden, die von Gary erwähnt werden: "When it first came in, it worked, the number of cars was reduced …" (Zeile 28); "… traffic is increasing again now, up to the levels before the charge" (Zeilen 29/30).*

**Abschlussprüfung an Realschulen: Englisch 2012**
**Written Test**

## Part I: Reading

### TEXT 1: YOUNG POETS DISCOVER THEIR VOICES

BBC Mobile — News | Sport | Weather | Travel | TV | Radio | More | Search BBC News

NEWS ENTERTAINMENT & ARTS

Home | UK | Africa | Asia | Europe | Latin America | Mid-East | US & Canada | Business | Health | Sci/Environment | Tech | Entertainment | Video

# Young poets discover their voices

**By Ian Youngs**
Arts reporter, BBC News

**Poetry is boring, dusty, dead, right? That might be the impression in a lot of classrooms. But try telling that to a dynamic group of teenage writers and performers for whom poetry is the new hip-hop.**

Follow the sound of cheering down the corridor at Leeds High School, and you will come to the drama studio, where a poetry slam is in full swing. The young people taking the microphone are brimming with passion as they perform poems dealing with politics, religion, their futures and their home lives.

**David Miller** expresses some eloquent criticism over university fees and youth unemployment, receiving enthusiastic cheers from the assembled members of staff, pupils and parents. The last poem of the night is delivered by **Jenny Evans**, who wants to criticise censorship. Her message is clear: "You can reduce our choices, but you'll never cut our voices." Anyone who thought he could stop teenagers from telling the world their opinions can think again. And more important, anyone who thought poetry was dull can come and have a look for themselves.

*Leeds Young Authors*, a writing group for teenagers, won the national youth poetry slam championship at the *Voices of a New Generation* literature festival last year, beating teams from eight other regions. The group have received support from **Benjamin Zephaniah**, one of Britain's top writers. They are hoping to take part in *Brave New Voices* in San Francisco. Last time they travelled there for this youth poetry slam, which is the biggest one worldwide, the group came second out of 50 teams.

Poet **Khadijah Ibrahiim**, who founded the group eight years ago, says the weekly workshops allow members to express themselves without getting into trouble. "The young people realise it's educational, but more than anything they've gained self-confidence," she says. It is also a way to change young people's behaviour: to get them "out of the chair, away from the video games and the TV," she adds.

Ibrahiim often goes into schools to talk about poetry and says the immediate response is, "Oh, that's dull." But then she shows them similarities between Shakespeare and their favourite rappers. "All of a sudden Shakespeare becomes hip-hop," she says. "What we're trying to show them is that poetry is not an out-dated form of expression. It's very current."

But in times when urban music dominates youth culture, would it not be cooler to become a rapper rather than a poet? "Today hip-hop to me is just a load of rubbish," says 17-year-old **Jamal Gerald**, a member of *Leeds Young Authors.* "With poetry, you have people spin out their feelings and it's actually coming from the heart. But music nowadays is just 'let's party' and all that rubbish."

**Dr Helen Gregory**, a poet and psychology lecturer who runs the *Glastonbury Festival's* poetry stage, has written academic papers about poetry slams and their effect on young people. While the quality of the poems performed by youth groups can be great, she says the real value of such initiatives goes deeper. Speaking about a promising young talent at last year's *Poetry Word Cup,* she says: "There was a young guy, called **Steven Brooks**, who said: 'Poetry has given me a way of expressing myself. In the past, I was often in trouble because I didn't know how to manage difficult situations. Now, if I feel awful, I write a poem.'"

Adapted from http://www.bbc.co.uk/news/entertainment-arts-14135709

POINTS

## TASK 1

Read the **text 'Young poets discover their voices' (TEXT 1, pages 1/2)** and answer questions 1–5 below.
**Use between two and six words for your answers.** You **do not** have to write complete sentences. There is one example **(0)** at the beginning.

0. What do a lot of pupils think about poetry?
   *boring, dusty and dead*

1. Who is among the audience at the poetry slam at Leeds High School?
   ______________________________ 1

2. What is special about *Brave New Voices?*
   ______________________________ 1

3. Where did *Leeds Young Authors* finish at the *Brave New Voices* competition?
   ______________________________ 1

4. In what way do young people profit from Khadijah Ibrahiim's workshops? **(2 details / maximum of 6 words each)**
   ______________________________ 1
   ______________________________ 1

5. How does Khadijah Ibrahiim awaken young people's interest in poetry?
   ______________________________ 1

## TASK 2

Who could have said the following? **Match the statements (A–F)** with the **people (1–7)** mentioned in **TEXT 1 (pages 1/2)** and write the correct letters in the boxes. Use each letter only once. Be careful, there is **one person** that you do **not need**. One statement **(A)** has already been matched correctly.

| | | | |
|---|---|---|---|
| 1. David Miller | | 5. Jamal Gerald | |
| 2. Jenny Evans | | 6. Dr Helen Gregory | |
| 3. **Benjamin Zephaniah** | A | 7. Steven Brooks | |
| 4. Khadijah Ibrahiim | | | |

5

| | |
|---|---|
| **A** | **Working with this group of teenagers was great fun. They seemed to benefit from my experience as a writer. I really hope they can make it to San Francisco again.** |
| **B** | In my publications I have documented a lot of authentic stories of teenagers who were able to change their lives thanks to poetry. |
| **C** | The lyrics of most songs are, let's say, a bit trivial … that's the big difference to poetry, where the words and their sound have a deeper meaning. |
| **D** | Don't tell us what we have to think or what we are allowed to say. The government should take our problems seriously and not silence young people. |
| **E** | I'm pretty negative from time to time, but thanks to poetry I've learnt to deal with my problems. |
| **F** | I'm really fed up with our government and the fact that so many young people are without a job these days. |

**TASK 3**

## THE POWER OF WORD IN ADVERTISING

**Match** the given advertisement **slogans (1–5)** with their **meaning (A–H)** and write the correct letters in the boxes. Use each letter only once.
There are **2 meanings** that you do **not need**.
There is one example **(0)** at the beginning.

0. "**Welcome to the World Wide Wow.**" **B**
1. "Trust your car only to the man who wears the star." ☐
2. "Keeps going and going and going." ☐
3. "Neighbour's envy, owner's pride." ☐
4. "Getting there is half the fun." ☐
5. "For those who think young." ☐

**A** The journey should be as fantastic as the holidays.

**B** **The product claims to be a fascinating gate to the internet.**

**C** With this product you can discover new things whenever you like.

**D** For this product your real age doesn't matter.

**E** Long lasting power output is the fundamental quality of the product.

**F** This product is specially designed for children.

**G** You should be rather choosy when it comes to servicing your vehicle.

**H** It will catch everybody's attention when they spot it in front of the garage. 5

## TASK 4

### THE HISTORY OF HIP-HOP AND RAP

This is a short chronological history of hip-hop and rap. The paragraphs of the text are mixed up. **Put the different parts (A–G) into the correct order. Write your answers in the grid below.** One part **(B)** has already been put in the correct place.

**A** In the 1990s, *MC Hammer* had mainstream success with the album *Please Hammer, Don't Hurt 'Em.* The record reached number 1. No other hip-hop artist had reached these heights before. *MC Hammer* became one of the first really popular names in the field.

**B** Rap is a form of music that grew out of hip-hop culture. Hip-hop is a lifestyle with its own language, dress code, etc. Some followers put it like this: "Hip-hop is something you live, rap is something you do." The origins of hip-hop and rap differ, too.

**C** One of the earliest rap songs ever recorded was "Rapper's Delight" by the *Sugarhill Gang,* which reached the number 36 spot on the Billboard charts (a huge achievement by 1970's standards).

**D** While rap is deeply rooted within ancient African culture and oral tradition, hip-hop is believed to have been started in the Bronx by a Jamaican DJ named *Kool Herc. Herc's* style of deejaying at house parties involved speaking rhymes over instrumental music.

**E** His album took rap music to a new level of popularity. And hip-hop is still developing further. It includes elements of various styles and is borrowing from soul, jazz and live instrumentations with the likes of artists like *KE$HA,* who represents the 'soulful rap' movement.

**F** The success of this song demonstrated hip-hop's ability to be commercially and financially attractive. According to Kurtis Blow, hip-hop had been "a direct response to simple, Europeanised, disco music". However, by 1980, disco tracks had become the basis of much hip-hop music.

**G** Duplicates of *Herc's* house parties were soon organized in Brooklyn, Manhattan. Although he never recorded anything, *Herc* helped spread the message of hip-hop around town and inspired tons of followers. Soon, rap music found its way into the recording studios. 6

| 1 | 2 | 3 | 4 | 5 | 6 | 7 |
|---|---|---|---|---|---|---|
| B | | | | | | |

## TASK 5

Verwenden Sie die Informationen von der folgenden Website und **bearbeiten Sie die Aufgaben (1–6) stichpunktartig auf Deutsch** (keine wörtliche Übersetzung nötig; Einzelwörter genügen nicht als Antwort).

**Rules for the Youth Speaks Teen Poetry Slam**

**Eligibility**
Participants may not have turned 20 before the application deadline.

**Choice of poems**
The poem used in the Slam must be original writing by the performing poet. We are interested in your voice, your talent, your spirit – so choose texts that represent best what is important to you. You are not allowed to use poems that you performed in previous years.

**Style of poems**
All styles are welcome. There is no censorship at all. But we recommend that poets try to avoid impolite or disrespectful language.

**Length of poems**
Each poem must be under three minutes in length. A 30 seconds grace period will be granted, after which significant time penalties will be given. If individuals or teams go over that limit, their scores will be penalized for each 10 seconds beyond 3:30 minutes.

**Your performance**
Costumes or equipment of any kind may not be used in the Slam. Musical accompaniment is not permitted in the Slam.

**Tips & Advice:**
- We encourage you to become intimately familiar with the poems you will perform. Memorization is not required, but take enough time to rehearse.
- If you don't get high scores, don't stop performing. It says nothing about your abilities as a writer or thinker.

Adapted from http://teenpoetryslam2011.evenbrite.com/

1. Welche Voraussetzungen müssen Bewerber vom Alter her erfüllen?

   ______________________________ 1

2. Welche Regeln gibt es für die Gedichtauswahl? **(2 Details)**

   ______________________________ 1

   ______________________________ 1

   ______________________________

3. Was sollten die Teilnehmer in Bezug auf die verwendete Sprache in den Gedichten beachten? 1

   ______________________________

4. Wie setzt sich die maximale Auftrittsdauer von 3.30 Minuten zusammen?

________________________________________ 1

5. Welche weiteren Regeln (neben der Zeitbegrenzung) gelten für den Auftritt? **(2 Details)**

________________________________________ 1

________________________________________ 1

6. Warum sollte man sich bei einer schlechten Bewertung nicht entmutigen lassen?

________________________________________ 1

## Part II: Use of English

### TASK 1

**Tick (✓)** the paraphrases (A–D) which fit the underlined expressions as used in **TEXT 1 (page 1/2)**.

1. "… a poetry slam <u>is in full swing</u>." (l. 10)
   - **A** ☐ has just started
   - **B** ☐ has just finished
   - **C** ☐ is about to end
   - **D** ☐ is going on

2. "… people (…) are <u>brimming with passion</u> (…)" (l. 11 f.)
   - **A** ☐ terribly afraid
   - **B** ☐ highly emotional
   - **C** ☐ extremely nervous
   - **D** ☐ very aggressive

3. "… they've <u>gained self-confidence</u>." (l. 31)
   - **A** ☐ increased their influence
   - **B** ☐ earned much money
   - **C** ☐ acquired inner strength
   - **D** ☐ won a valuable prize

4. "It's very <u>current</u>." (l. 37)
   - **A** ☐ old-fashioned
   - **B** ☐ up-to-date
   - **C** ☐ futuristic
   - **D** ☐ out of use 4

## TASK 2

Find a word or expression in **TEXT 1 (page 1/2)** which means **<u>the same</u> as each of the words (1–6) below**. The paragraph where you can find the word or expression is indicated in brackets. There is one example **(0)** at the beginning.

0. to find → *(to) discover* (lines 1–7)
1. to get → ____________________ (lines 14–22)
2. to perform → ____________________ (lines 14–22)
3. boring → ____________________ (lines 14–22)
4. to start → ____________________ (lines 29–33)
5. (the) answer → ____________________ (lines 34–37)
6. to deal (with) → ____________________ (lines 43–49) 6

## TASK 3

Use the word given in capitals at the end of some of the lines to form a word of the same word family that fits in the space in the same line. There is an example **(0)**.

**THE POWER OF VOICE**

0 Animated films need good dialogues – but they are even more *entertaining* ENTERTAIN
when spoken by a professional voice artist. Many famous actors have
1 ____________________ started a second career as voice artists, for SUCCESS
example Eddy Murphy as the donkey in "Shrek". So, if you want to become a
2 voice artist, you must have many different ____________________. First of QUALIFY
3 all you should have a ____________________ voice and clear pro- NATURE
nunciation. Secondly, an audience – be it visible or not – shouldn't make you
4 feel ____________________. Your age doesn't really matter though, COMFORT
5 because firms often look for voice artists even ____________________ than YOUTH
five years old.

5

## TASK 4

You are going to read a **text about a new TV-show**. For questions 1–10 **tick (✓) the correct answer (A–D)**. There is one example **(0)** at the beginning.

**Britain's Most Talented Young Speaker**

*Britain's Most Talented Young Speaker* is a TV show, starting in September 2012, where 14- to 18-year-olds **(0)** ___ in a series of challenges. Its aim is to find the nation's **(1)** ___ speaker. Candidates need passion, personality and confidence. Week after week they'll be put through tests of their communication skills. During the last three months, 14- to 18-year-olds **(2)** ___ to apply online, by posting a one-minute speech on the BBC website. They could speak on **(3)** ___ subject from pop music to homework. Recently, the media **(4)** ___ Britain's youth. The new show **(5)** ___ back the balance; it's about communication, confidence and giving British teenagers the opportunity to be heard. Each week, the mentors and judges give a masterclass in a different aspect of **(6)** ___, helping the finalists learn and rise to the weekly challenges. The guest mentors, **(7)** ___ are all experienced talkers, offer professional help. Each week, the speeches **(8)** ___ by the judges and their mentor. Then the three speakers who **(9)** ___ the very high standards will have to take part in an extra round. All of this reaches a peak in one final showdown at the end of the series in which the three candidates who presented **(10)** ___ successfully will get the chance of winning 10,000 pounds as well as an appearance in the *Graham Norton Show* on BBC.

| | | | | | | | | | | | | |
|---|---|---|---|---|---|---|---|---|---|---|---|---|
| 0. | **A** | | competition | **B** | | competes | **C** | | have competed | **D** | ✓ | will compete | |
| 1. | **A** | | good | **B** | | better | **C** | | best | **D** | | well | 1 |
| 2. | **A** | | had invited | **B** | | were inviting | **C** | | are invited | **D** | | have been invited | 1 |
| 3. | **A** | | many | **B** | | any | **C** | | some | **D** | | all | 1 |
| 4. | **A** | | have criticized | **B** | | are criticizing | **C** | | were criticized | **D** | | have been criticized | 1 |
| 5. | **A** | | brought | **B** | | was brought | **C** | | had brought | **D** | | will bring | 1 |
| 6. | **A** | | speak | **B** | | speaks | **C** | | speaking | **D** | | spoke | 1 |
| 7. | **A** | | they | **B** | | who | **C** | | which | **D** | | -- | 1 |
| 8. | **A** | | evaluate | **B** | | are evaluating | **C** | | are evaluated | **D** | | were evaluated | 1 |
| 9. | **A** | | doesn't meet | **B** | | don't meet | **C** | | aren't meeting | **D** | | won't be met | 1 |
| 10. | **A** | | themselves | **B** | | ourselves | **C** | | them | **D** | | their | 1 |

## TASK 5

Complete the second sentence so that it has a similar meaning to the first sentence, using the KEY WORD given in brackets. **Do not change the KEY WORD given.** You must use **between two and five words including the KEY WORD**. There is one example **(0)** at the beginning.

0. **Example**
A rapper who isn't excellent won't be respected **(IF) ← KEY WORD**
(1) (2) (3) (4) (5)
*If a rapper isn't* excellent, he won't be respected.

1. The moment poets stop being creative with language, it dies. **(LONG)**
_______________ creative with language, it won't die. 1

2. The only way to experience true hip-hop atmosphere is to go to a rap battle. **(UNLESS)**
You can't experience true hip-hop atmosphere _______________ a rap battle. 1

3. It was unfair that Paul didn't win last year's poetry slam. **(SHOULD)**
Paul _______________ last year's poetry slam. 1

4. His friends think he will do well in the slam next year. **(EXPECT)**
His friends _______________ in the slam next year. 1

5. Paul is looking forward to watching Kayne West's hip-hop show. **(WAIT)**
Paul _______________ watch Kayne West's hip-hop show. 1

## Part III: Guided Writing

You only have to do **one** of the following two tasks.
Important: First read both tasks, then decide whether you want to do Task A or Task B.
You can write down your ideas on your extra sheet before you do the task on your exam paper.

### TASK A

You took part in an **international reading competition**. You came fifth but you think you were better. Send a **letter of complaint** to the organisational team and complain about …

① organisational problems,
② sound and light,
③ and the jury.
④ Suggest ideas for improvement.

Do not forget to write a suitable beginning and ending. **Write about 200 words.**

### TASK B

You and some friends started a **school magazine**. Write an article in which you **motivate** the pupils of your school to become a member of your team.

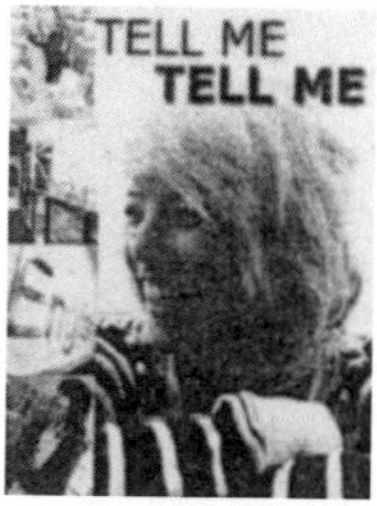


In your **article** you explain …
① why you started the magazine,
② what qualities the writers need,
③ what topics pupils can write about
④ and how pupils can apply.

Do not forget to write a suitable beginning and ending.
**Write about 200 words.**

Task ☐

Write A or B in the box.

## Lösung

### Part I: Reading

*Allgemeine Hinweise:* Nach dem **Speaking Test** und dem **Listening Test** ist nun als letzter Teil der Abschlussprüfung der **Written Test** an der Reihe. Der **Written Test** umfasst Aufgaben zum **Leseverstehen**, zum **Wortschatz** und auch zu **grammatischen Strukturen**. Er enthält ebenso eine sogenannte **Mediation**-Aufgabe und du musst im Rahmen der **guided-writing**-Aufgabe einen längeren Text schreiben. Die im **Speaking Test** und **Hörverstehenstest** erzielten Punkte fließen direkt in das Gesamtergebnis der Abschlussprüfung ein. Insgesamt gibt es 150 Punkte: Speaking 30 Punkte, Hörverstehen 30 Punkte, Reading 30 Punkte, Use of English 30 Punkte und Writing 30 Punkte.
Für das **Jahr 2012** wurde das Rahmenthema „**The Power of Word**" gewählt. Zunächst könnte man meinen, dass das ein ziemlich trockenes Thema ist, aber wenn du den ersten Text gelesen hast, dann wirst du merken, dass das Ganze viel mit „**poetry slam**", mit „**rap songs**" und insgesamt mit **Jugendkultur** zu tun hat. In den verschiedenen Teilaufgaben und Texten des **Written Tests** werden dir nun unterschiedliche Aspekte zu dieser Thematik begegnen. Aus diesem Grund ist es am besten, wenn du zunächst den **Text ganz durchliest**. So weißt du zumindest schon genauer, um was es geht. Wenn du die Aufgaben der Reihe nach bearbeitest, dann machst du auch nicht den Fehler, dass du etwas vergisst. Wenn du aber bei einer Aufgabe größere Probleme hast, dann überspringe sie zunächst und mache lieber erst die anderen. Falls du wirklich manche Begriffe noch nie gehört hast, brauchst du keine Angst zu haben. Nach dem Lesen des Textes wird dir schon klar, um was es gehen soll. Oft kann man die Bedeutung einzelner Ausdrücke auch aus dem Sinnzusammenhang sehr gut erschließen. Wenn du ruhig, aber zügig eine Aufgabe nach der anderen löst, dann hast du zum Schluss noch mindestens 10 Minuten übrig, um alles noch mal genau durchzusehen und Fehler ausbessern zu können. Du solltest diese Zeit unbedingt nützen und nicht vorzeitig abgeben. Ich würde mir bei der Bearbeitung der Aufgaben eine Uhr auf den Schreibtisch legen. Du siehst dann, wie du mit der **Arbeitszeit** hinkommst. Und nun: ready, steady, go!

### Task 1: Kurzantworten

*Hinweis:* In den folgenden Aufgaben sollst du die Fragen zu Text 1 „Young poets discover their voices" beantworten, wobei du nicht einfach vom Text abschreiben darfst und für deine Kurzantworten nur **zwei bis sechs Wörter** verwenden sollst. Du musst also manchmal Umformulierungen vornehmen. Bei Grammatik- und Rechtschreibfehlern erfolgt nur dann ein Punktabzug, wenn die Verstöße sinnentstellend sind. Deine Antworten können auch in manchen Bereichen ein wenig von den hier angegebenen Lösungen abweichen und trotzdem richtig sein.

1. **(members of) staff, pupils, parents**
   *Hinweis:* Textstelle: Z. 15–17: "... receiving enthusiastic cheers from the assembled members of staff, pupils and parents. ..."
   Die „Leeds High School" wird in Zeile 9 erwähnt. Damit ist der Ort des „poetry slam" bekannt. Du siehst also, manchmal enthält die Textpassage vor oder auch nach der relevanten Textstelle eine wichtige Information für die Antwort.

2. **the biggest youth poetry slam (worldwide) / (it's) only for young people**
   *Hinweis:* Textstelle: Z. 27: "... Last time they travelled there for this youth poetry slam, which is the biggest one worldwide, ...".
   Es gibt einen Punkt auf diese Aufgabe. Eine der beiden angegebenen Antworten genügt also. Du findest hier die Antwort sehr schnell, wenn du nach dem Schlüsselbegriff „Brave New Voices" (Z. 26) suchst, der in der Frage enthalten ist.

3. **second out of (50) teams**
*Hinweis: Textstelle: Z. 28: "... the group came second out of 50 teams. ..."
Der Name der Gruppe* „Leeds Young Authors" *wird zu Beginn des relevanten Abschnittes genannt (Z. 23) und dem Schlüsselbegriff* „Brave New Voices" *bist du schon bei Aufgabe 2 begegnet. Die Informationen zu Frage 2 und 3 liegen also sehr nahe beieinander.*

4. **(allows members to) express themselves (without getting into trouble)/it's educational/gain self-confidence/change their behaviour/get(s) (them) out of the chair/get(s) (them) away from video games/get(s) (them) away from the TV**
*Hinweis: Hier gibt es mehrere unterschiedliche Antworten, die alle richtig sind. Du musst aber nur zwei Aspekte nennen. Textstellen: "... says the weekly workshops allow members to express themselves without getting into trouble. ..." (Z. 29/30)/"... The young people realise it's educational, ..." (Z. 30/31)/"... but more than anything they've gained self-confidence, ..." (Z. 31)/"... It is also a way to change young people's behaviour: ..." (Z. 31/32)/"... to get them 'out of the chair, ...' ..." (Z. 32)/"... away from the video games ..." (Z. 32/33)/"... and the TV ..." (Z. 33)
In der Frage wird der Name **Khadijah Ibrahiim** genannt. Du musst also im Text zunächst nach diesem Schlüsselbegriff suchen. Du findest dann problemlos die Aussagen zu den genannten Workshops.*

5. **shows/with similarities between Shakespeare and rappers**
*Hinweis: Textstelle: Z. 35/36: "... But then she shows them similarities between Shakespeare and their favourite rappers. ..."
Die Arbeit von Frau Ibrahiim wird im folgenden Text weiter beschrieben. Zunächst sind die Schüler gelangweilt. Wenn sie dann aber Ähnlichkeiten zwischen den Texten der berühmten Rapper und den Texten Shakespeares erkennen, dann finden sie Interesse und es wird alles sehr spannend. Vermutlich hättest du ähnlich reagiert, oder?*

**Task 2: Zuordnungsaufgabe 1**

*Hinweis: In der folgenden Aufgabe sollst du die vorgegebenen Aussagen den einzelnen Personen zuordnen. Es geht darum, wer was gesagt haben könnte. Den Text kennst du ja schon aus Task 1. Es gibt allerdings **fünf** statements (**B, C, D, E, F**) für **sechs Personen.** Am Ende bleibt eine Person übrig. Du musst nun den Text nach denjenigen Textabschnitten durchforsten, die in einem inhaltlichen Zusammenhang zu den vorgegebenen Aussagen stehen. Die einzelnen Personen sind im Text bereits fett gedruckt, sodass du schon weißt, wo du suchen musst.*

1. **David Miller F** (I'm really fed up with our government and the fact that so many young people are without a job these days.)
*Hinweis: Textstelle: "... **David Miller** expresses some eloquent criticism over university fees and youth unemployment, ..." (Z. 14/15)
David Miller ist darüber verärgert, dass so viele junge Menschen arbeitslos sind. Die Aussage kann also durchaus von ihm stammen. Die anderen Personen äußern sich zu dieser Thematik nicht in dieser Weise.*

2. **Jenny Evans D** (Don't tell us what we have to think or what we are allowed to say. The government should take our problems seriously and not silence young people.)
*Hinweis: Textstelle: "... **Jenny Evans**, who wants to criticise censorship. Her message is clear: 'You can reduce our choices, but you'll never cut our voices.' ..." (Z. 18–20)
Die Aussage passt genau zu Jenny Evans. Sie kritisiert die Zensur von Texten und macht klar, dass niemand die Jugendlichen davon abhalten kann, ihre Meinung zu äußern.*

3. **Benjamin Zephaniah A** (vorgegebenes Beispiel)

4. **Khadijah Ibrahiim –** (Diese Person bleibt übrig.)

5. **Jamal Gerald** **<u>C</u>** (The lyrics of most songs are, let's say, a bit trivial … that's the big difference to poetry, where the words and their sound have a deeper meaning.)
   ***Hinweis:*** *Textstelle: "… **Jamal Gerald**, … 'With poetry, you have people spin out their feelings and it's actually coming from the heart. But music nowadays is just 'let's party' and all that rubbish.' …" (Z. 40–42)*
   *Jamal Gerald meint, dass die Musiktexte heutzutage keine richtigen Inhalte mehr vermitteln und dass dies in den Gedichten nicht der Fall ist. Die vorgegebene Aussage stellt genau diesen Gegensatz her und kann daher ihm zugeordnet werden.*

6. **Dr Helen Gregory** **<u>B</u>** (In my publications I have documented a lot of authentic stories of teenagers who were able to change their lives thanks to poetry.)
   ***Hinweis:*** *Textstelle: "… **Dr Helen Gregory**, …, has written academic papers about poetry slams and their effect on young people. …" (Z. 43–45)*
   *Der letzte Absatz des Haupttextes handelt davon, wie Jugendliche von „poetry slams" und den entsprechenden Inhalten und Texten positiv beeinflusst werden. Frau Gregory hat dies erforscht und die Ergebnisse veröffentlicht. Die Zuordnung ist daher eindeutig.*

7. **Steven Brooks** **<u>E</u>** (I'm pretty negative from time to time, but thanks to poetry I've learnt to deal with my problems.)
   ***Hinweis:*** *Textstelle: "… **Steven Brooks**, who said: 'Poetry has given me a way of expressing myself. … Now, if I feel awful, I write a poem.' …" (Z. 47–49)*
   *Es ist interessant, dass die Gedichte und auch das Schreiben von Gedichten den jungen Menschen in verschiedenen schwierigen Situationen helfen können. Steven Brooks steht beispielhaft dafür. Das war nicht so schwierig, oder?*

**Task 3: Zuordnungsaufgabe 2 (The Power of Word in Advertising)**

***Hinweis:*** *Die folgende Aufgabe ist etwas ungewöhnlich. Es handelt sich aber wiederum um eine Zuordnungsaufgabe. Du sollst nun bestimmte Slogans den vorgegebenen Werbeaussagen zuordnen. Es geht hier darum, dass du die Kerninformation erfassen und zuordnen kannst. Im Grunde wird der Inhalt der jeweiligen Slogans in den Werbeaussagen auf eine andere Weise ausgedrückt. Es muss daher um denselben Inhalt gehen. Insgesamt bleiben zwei Aussagen übrig.*

1. "Trust your car only to the man who wears the star" **Lösung: <u>G</u>**
   ***Hinweis:*** *Es geht in beiden Fällen um das Auto und um die Frage, wem man das eigene Auto z. B. für die Inspektion anvertrauen kann. Der Slogan „… who wears the star." drückt schon aus, dass man nur besonderen Personen sein Auto anvertrauen sollte. Dies wird auch in Lösung <u>G</u> entsprechend formuliert: „You should be rather choosy (wählerisch) …"*

2. "Keeps going and going and going." **Lösung: <u>E</u>**
   ***Hinweis:*** *Der Slogan macht deutlich, dass es um etwas gehen muss, das sehr lange hält oder das sehr lange funktioniert. Aus diesem Grund ist Lösung <u>E</u> mit „<u>Long</u> lasting power …" die passende Aussage hierzu.*

3. "Neighbour's <u>envy</u>, owner's pride." **Lösung: <u>H</u>**
   ***Hinweis:*** *Hier geht es auch um ein Auto, aber nicht wie bei Nummer 1 um die Frage, wem man das Auto anvertrauen kann, sondern darum, dass man mit dem Auto auch Aufmerksamkeit erregen kann („… catch everybody's attention …"). Auf der anderen Seite kann z. B. ein neues Auto auch dazu führen, dass beim Nachbarn <u>Neid</u> entsteht (envy = Neid).*

4. "Getting there is half the fun." **Lösung: A**
*Hinweis: In beiden Fällen wird zum Ausdruck gebracht, dass nicht nur der Urlaub, sondern auch die Reise selbst ein positives Erlebnis sein soll. Wenn du aufmerksam verschiedene Werbetexte zu unterschiedlichen Urlaubszielen betrachtest, dann wird dir diese Aussage öfter auffallen, z. B. „Urlaub von Anfang an …".*

5. "For those who think young." **Lösung: D**
*Hinweis: Hier wird offensichtlich nicht vom biologischen Alter ausgegangen, sondern es werden Personen angesprochen, die geistig jung geblieben sind: „… who think young." Du musst nun die Aussage finden, die diese Thematik wieder aufgreift. Es bietet sich nur Lösung D an: „… your real age doesn't matter."*

**Task 4: Finde die richtige Reihenfolge**

*Hinweis: In der folgenden Aufgabe sollst du die vorgegebenen Sätze bzw. Textpassagen in die richtige Reihenfolge bringen, sodass am Ende ein sinnvoller Text herauskommt. Im Gesamttext geht es um „**The history of hip-hop and rap**". Der Anfang ist mit dem Buchstaben **B** vorgegeben. Du musst nun die übrigen Sätze bzw. Textpassagen in die richtige Reihenfolge bringen.*
*Bei dieser Aufgabe gibt es besondere Hinweise für die Punktevergabe, da sonst ein Fehler dazu führen könnte, dass man aufgrund von Folgefehlern zu viele Punkte verliert.*
*Du bekommst demnach für jeden richtig erkannten Zusammenhang einen Punkt: 1 Punkt, wenn auf B der Textteil D folgt; 1 Punkt, wenn auf D der Textteil G folgt; etc.*

1. **Textabschnitt B ist vorgegeben.**

2. **Textabschnitt D**
*Hinweis: Der vorangegangene Textabschnitt B endet mit einem Hinweis auf die unterschiedlichen Ursprünge (origins) von Hip-Hop und Rap. Dieser Gedankengang wird nun fortgeführt und näher erläutert: „While rap is deeply rooted within ancient African culture and oral tradition, hip-hop is believed to have been started in the Bronx …".*

3. **Textabschnitt G**
*Hinweis: Die Beschreibung von Hercs house parties bildet den Schluss von Textabschnitt D. Diese house parties werden nun wieder aufgegriffen. Es wird deutlich gemacht, dass durch diese house parties Rapmusik in weiten Kreisen bekannt gemacht wurde und so den Weg in die **Aufnahmestudios** gefunden hat.*

4. **Textabschnitt C**
*Hinweis: Der erste Rapsong, der in einem Studio **aufgenommen wurde**, war „Rapper's Delight" von der Band „Sugarhill Gang". Du merkst, auch dies ist eine Fortführung des Gedankengangs von Textabschnitt G. Wenn du auf die Schlüsselwörter achtest, dann kannst du diese Aufgabe wirklich gut lösen.*

5. **Textabschnitt F**
*Hinweis: Textabschnitt F beginnt mit „The success of **this** song …". Das Pronomen „**this**" bezieht sich auf den Rapsong „Rapper's Delight" von Textabschnitt C. Eine andere Reihenfolge ist hier gar nicht möglich.*

6. **Textabschnitt A**
*Hinweis: Im Gesamttext geht es um die historische Entwicklung von Hip-Hop und Rap. In Textabschnitt F wird auf die Entwicklung in den **80**er-Jahren eingegangen. Textabschnitt A beginnt mit: „In the **1990**s, …". Du erkennst auch hier eine Fortführung des Textes.*

7. **Textabschnitt E**
*Hinweis:* *Im vorangegangenen Text wird der Erfolg des Albums von „MC Hammer" beschrieben. Der erste Satz in Textabschnitt E greift dies erneut auf: „**His** album took rap music to a new level of popularity. …" Das Pronomen „**his**" kann sich nur auf „MC Hammer" beziehen. Außerdem hast du nur noch diesen letzten Textabschnitt zur Auswahl. Gut gemacht!*

**Task 5: Mediation / Sprachmittlung – "Rules for the Youth Speaks Teen Poetry Slam"**

*Hinweis:* *Auf der vorliegenden **Website** werden die **Regeln** für den **Youth Poetry Slam** ausgeführt. Du siehst also, auch dieser Text behandelt einen Teilaspekt des großen Rahmenthemas der Abschlussprüfung „**The Power of Word**". Grundsätzlich sollst du bei dieser Aufgabenstellung die **wesentlichen Aussagen des Textes** herausfinden und auf Deutsch wiedergeben. Du sollst nun den entsprechenden Text nach den gesuchten Informationen durchforsten und die erwähnten Aspekte **stichpunktartig auf Deutsch** notieren. Die angegebenen Punkte sind ein wichtiger Hinweis für dich, wie viele Aspekte oder Teilinformationen von dir verlangt werden. Du brauchst in der Regel **keine vollständigen Sätze** zu schreiben, Einzelwörter sind aber meist nicht ausreichend für eine Antwort. Oft sind mehrere **verschiedene Antworten möglich**.*
*Viele Texte im **Internet** sind mittlerweile in **englischer Sprache** geschrieben. Der tiefere Sinn dieser Aufgabe liegt nun darin, dass du später in privaten oder beruflichen Situationen sicherlich auch öfter gefragt werden wirst, worum es in einem bestimmten englischen Text geht. Jemand, der kein Englisch kann, verlangt von dir dann eine Zusammenfassung der wesentlichen Informationen. Es ist aber <u>**keine**</u> wörtliche Übersetzung nötig.*

1. – **sie dürfen (vor dem Bewerbungsschluss) noch nicht 20 sein**
   – **sie müssen (vor dem Bewerbungsschluss) noch unter 20 sein**
   *Hinweis:* *Textstelle: "… may <u>not</u> have turned <u>20</u> before the application deadline. …"*
   *Bewerber dürfen noch nicht 20 Jahre alt sein. Das ist ja auch logisch. Es geht ja um einen „<u>Youth</u> Poetry Slam".*

2. – **das Gedicht muss vom Vortragenden / Bewerber / Interpreten selbst geschrieben sein**
   – **die Texte sollten zeigen, was dem Bewerber wichtig ist**
   – **das Gedicht darf noch nicht in den Vorjahren aufgeführt worden sein / man darf keine Gedichte verwenden, die bereits in den Vorjahren aufgeführt wurden**
   *Hinweis:* *Textstelle: "… must be original writing by the performing poet."; "… choose texts that represent best what is important to you."; "… not allowed to use poems that you performed in previous years."*
   *Es gibt hier zwei Punkte. Es reicht, wenn du von den angegebenen drei Aspekten zwei erwähnst. Deine Antworten müssen nicht wortwörtlich mit den hier aufgeführten Antwortmöglichkeiten übereinstimmen.*

3. – **sie sollten keine unhöfliche / beleidigende Sprache / respektlosen Ausdrücke verwenden; unhöfliche / beleidigende / respektlose Sprache sollte vermieden werden**
   *Hinweis:* *Textstelle: "… try to avoid **im**polite or **dis**respectful language."*
   *In der englischen Sprache gibt es bei den Adjektiven oft auch die negative Form, die mit unterschiedlichen Präfixen gebildet wird: polite – **im**polite; respectful – **dis**respectful; friendly – **un**friendly. Wenn du diese Wörter im Rahmen der Wortfamilien gleich mitlernst, dann hast du schon bald einen sehr breit gefächerten Wortschatz, den du in allen Bereichen gut nutzen kannst.*

4. – **Gedichtlänge unter 3 Minuten, 30 Sekunden Zeitzuschlag / Verlängerung / Gnadenfrist**
*Hinweis: Textstelle: "... must be under three minutes in length. A 30 seconds grace period will be granted, ..."*
*Der Begriff „grace period" ist vielleicht unbekannt. In dem inhaltlichen Zusammenhang ist die Bedeutung aber einfach zu erschließen. Der Ausdruck „grace" hat viele unterschiedliche Bedeutungen: Anmut, Anstand, Aufschub, Gnade. Die dazugehörige Wortfamilie ist zudem sehr umfänglich: graceful, graceless, gracious, graciousness etc.*

5. – **Es dürfen keine Kostüme verwendet werden**
– **Es darf keinerlei Ausrüstung verwendet werden**
– **Musikalische Begleitung ist nicht erlaubt**
*Hinweis: Textstelle: "... Costumes or equipment of any kind may not be used ... Musical accompaniment is not permitted ..."*
*Es gibt hier zwei Punkte. Es reicht, wenn du von den angegebenen drei Aspekten zwei erwähnst.*

6. – **Es sagt nichts über die Fähigkeiten/das Können als Autor/Schriftsteller oder Denker aus.**
*Hinweis: Textstelle: "... It says nothing about your abilities as a writer or thinker. ..."*
*Teilnehmer, die keine hohen Punktzahlen bekommen, sollen sich nicht entmutigen lassen. Das gilt eigentlich für jeden Wettbewerb. Es gehört ja auch Mut dazu, an so einem Wettbewerb teilzunehmen. Das alleine verdient schon Anerkennung.*

***Genereller Hinweis zur Mediation-Aufgabe:*** *Du bekommst hier immer einen Punkt, wenn du den entsprechenden Aspekt richtig und vollständig wiedergegeben hast. Deine Lösung kann aber sprachlich durchaus von der Musterlösung abweichen. Du musst auch nicht jedes Wort verstehen. Es reicht, wenn du die Kernaussagen des Textes erfassen kannst.*

## Part II: Use of English

### Task 1: Umschreibungen

***Hinweis:*** *Hier werden jeweils vier Satzteile/Adjektive/Verben etc. zur Auswahl angegeben (A, B, C und D). Du sollst nun entscheiden, welcher Ausdruck am besten die jeweilige Textpassage unter Nummer 1 bis 4 inhaltlich wiedergibt. Dazu ist es am besten, wenn du zunächst die entsprechende Textstelle suchst, die bereits in Klammern angegeben ist. Du weißt dann, um was es in dieser Textpassage geht, und kannst die Auswahl leichter treffen.*

1. **Lösung D: is going on**
***Hinweis:*** *Der „poetry slam" läuft gerade. Die jungen Leute nehmen das Mikrofon und tragen die Gedichte vor. Du musst also Lösung D auswählen.*

2. **Lösung B: highly emotional**
***Hinweis:*** *Der Ausdruck „brimming with passion" ist dir vielleicht bislang noch nicht begegnet. Es wird aber im Text ziemlich deutlich, dass die jungen Leute ganz bei der Sache sind und ihre Gefühle mit einbringen. Alle übrigen Lösungsmöglichkeiten passen hier nicht dazu. Manchmal hilft bei dieser Art von Aufgabe auch das Ausschlussverfahren.*

3. **Lösung C: acquired inner strength**
***Hinweis:*** *Die Jugendlichen gewinnen Selbstvertrauen „self-confidence". Das ist eigentlich fast ein Synonym für „inner strength" und hat nichts mit den anderen Lösungsmöglichkeiten „influence", „money" oder „prize" zu tun. Auch aus dem Sinnzusammenhang des Textes wird klar, dass die Jugendlichen durch die Auftritte Selbstvertrauen und damit auch „innere Kraft" gewinnen.*

4. **Lösung B: up-to-date**
*__Hinweis:__ Der Begriff „up-to-date" (Bed.: aktuell) ist ein Synonym zu „current". Im Text ist von einer „not an out-dated form of expression" die Rede. Das ist ein weiterer Hinweis für dich, falls dir das Wort „current" ganz unbekannt ist. Der Begriff „current" wird in anderen Zusammenhängen auch noch in der Bedeutung „Strom, Strömung" verwendet. Ansonsten sind aber meistens die Bedeutungen mit „aktuell" vorherrschend: current affairs = aktuelle Ereignisse; currently = derzeit, zurzeit, momentan; the current year = das aktuelle Jahr; etc.*

**Task 2: Ähnliche Bedeutungen (Synonyms)**

*__Hinweis:__ In der folgenden Aufgabe sollst du im Text nach Begriffen suchen, die eine ähnliche Bedeutung haben. Damit du nicht immer den ganzen Text durchsuchen musst, sind hinter den Linien für die jeweilige Lösung die jeweiligen Zeilenangaben der dazugehörigen Absätze angegeben. Du brauchst also nur in dem entsprechenden Textabschnitt zu suchen.*

1. to get – **(to) receive/receiving**
*__Hinweis:__ Textstelle: "… __receiving__ enthusiastic cheers from the assembled members of staff, …" (Z. 15)*
*to receive – erhalten, empfangen; receiver – Empfänger; receipt – Quittung*

2. to perform – **(to) deliver/delivered**
*__Hinweis:__ Textstelle: "… the last poem of the night is __delivered__ by Jenny Evans, …" (Z. 17/18)*
*to deliver – (hier: vortragen); delivery – Lieferung, Vortrag;*

3. boring – **dull**
*__Hinweis:__ Textstelle: "… anyone who thought poetry was __dull__ can come and have a look for themselves. …" (Z. 21/22)*
*dull – langweilig; dullness – Langeweile*

4. to start – **(to) found/founded**
*__Hinweis:__ Textstelle: "… who __founded__ the group eight years ago, …" (Z. 29)*
*Das Verb „found" ist ein sogenannter „false friend". Du könntest versucht sein, dieses Wort mit dem deutschen Verb „finden" in Verbindung zu bringen. Du musst folgende Bedeutungen unterscheiden:*
*a) to find, found, found – __finden__*
*b) to found, founded, founded – __gründen__ (foundation – Gründung; founder – Gründer)*
*Im vorliegenden Fall kann aufgrund des inhaltlichen Zusammenhangs nur die Bedeutung b) gemeint sein.*

5. (the) answer – **response**
*__Hinweis:__ Textstelle: "… and says the immediate __response__ is: …" (Z. 34)*
*response – Antwort; responsible – verantwortlich; responsibility – Verantwortlichkeit; to respond – antworten*

6. to deal (with) – **(to) manage**
*__Hinweis:__ Textstelle: "… because I didn't know how __to manage__ difficult situations. …" (Z. 49)*
*Das Verb „to manage" hat in der englischen Sprache eine wesentlich breitere Bedeutungsvielfalt als das Wort „managen" in der deutschen Sprache. Das ist sehr wichtig: to manage: (1) schaffen, (2) zurechtkommen, (3) leiten, (4) verwalten. In Zeile 49 passt die Bedeutung (2) am besten.*

## Task 3: Wortfamilien

***Hinweis:*** *Der Wortschatz der englischen Sprache enthält zahlreiche Wortfamilien. Das heißt, dass diese Wörter einen gemeinsamen Stamm haben, von dem du eine Reihe von weiteren Begriffen ableiten kannst, ohne dass du sie als neue Wörter wirklich lernen musst. Viele Wortfamilien folgen* ***bestimmten Regeln****, die du im Unterricht bereits gelernt hast. Wenn du dich nicht mehr richtig erinnern kannst, dann solltest du diese* ***Wortbildungsregeln*** *rechtzeitig vor der Prüfung noch mal wiederholen. Diese Regeln sind auch meistens hinten in den Büchern angegeben. Das hilft dir nicht nur hier bei dieser Aufgabe, sondern eigentlich bei der gesamten Abschlussprüfung, weil du oft von einem Begriff auf drei bis vier andere schließen kannst, ohne sie noch richtig im Kopf zu haben.*
*Bei den nun folgenden* ***Aufgaben 1 bis 5*** *sollst du ein anderes Wort derselben* ***Wortfamilie*** *finden und richtig in den Satz einsetzen. Die Stelle im Satz gibt klar vor, welche Form du brauchst, also ob ein Verb, ein Adverb oder ein Nomen gebraucht wird. Wenn du ein Verb einsetzen musst, dann ist es wichtig, dass du auch die* ***richtige Form (aktiv/passiv bzw. Zeitform)*** *verwendest. Aber auch bei den Substantiven musst du manchmal die* ***Pluralform*** *bilden. Wir geben hier auch die übrigen „Mitglieder" der jeweiligen Wortfamilie an. Das ist für die Lösung der Aufgabe nicht gefordert, aber für dich wird klar, dass du von einem Begriff oft auf viele andere zurückgreifen kannst.*

1. … have **successfully** started a second career … (success)
   ***Hinweis:*** *Du benötigst hier das Adverb, weil ja das Verb näher beschrieben wird. Die Bildung und Verwendung der Adverbien solltest du vor der Abschlussprüfung noch mal gründlich wiederholen.*
   ***Wortfamilie:*** *to succeed in – successful – success*

2. … you must have many different **qualifications**. … (qualify)
   ***Hinweis:*** *Das Wörtchen „many" deutet schon darauf hin, dass du den Plural verwenden musst.*
   ***Wortfamilie:*** *to qualify – qualification – qualified – disqualified*

3. … First of all you should have a **natural** voice … (nature)
   ***Hinweis:*** *Die Lücke zwischen dem unbestimmten Artikel und dem Nomen verlangt ein Adjektiv. Die Stimme (voice) wird hier näher beschrieben.*
   ***Wortfamilie:*** *natural – naturally – nature*

4. … shouldn't make you feel **uncomfortable**. … (comfort)
   ***Hinweis:*** *Die Lösung hier ist etwas schwieriger. Zum einen musst du wissen, dass nach einigen Verben in einer bestimmten Bedeutung (z. B. to feel, to taste, to sound) kein Adverb gebildet wird, und zum anderen musst du erkennen, dass du hier die negative Form von comfortable bilden musst. Das ist nicht ganz einfach und letztlich nur aus dem Sinnzusammenhang erkennbar.*
   ***Wortfamilie:*** *to comfort – comfort – comfortable – uncomfortable*

5. … often look for voice artists even **younger** than five years old. (young)
   ***Hinweis:*** *Das nachfolgende „than" sollte für dich der Hinweis dafür sein, dass du hier eine Steigerungsform benötigst. Die Steigerung von Adjektiven und Adverbien musst du gut beherrschen. Du benötigst deren Bildung z. B. auch beim guided writing.*
   ***Wortfamilie:*** *young – youngster – youth*

**Task 4: Grammatik und Sprachgebrauch**
**Britain's Most Talented Young Speaker**

*Hinweis: Im vorliegenden Lückentext geht es um eine* ***neue Fernsehshow*** *im britischen Fernsehen, in der junge* ***Sprechertalente*** *gesucht werden. Für jede Lücke hast du* ***vier Auswahlmöglichkeiten****. Du solltest den Lückentext zunächst* ***gründlich durchlesen****. Dann weißt du schon, um was es hier in diesem Prüfungsteil inhaltlich geht. Du wirst sehen, dass dir das bei der Suche nach der Lösung der einzelnen Lücken eine Hilfe ist, weil du einige Dinge aus dem* ***Sinnzusammenhang*** *erschließen kannst. Wenn du dir nicht sicher bist, hilft es dir vielleicht, wenn du den Satz im Kopf übersetzt und somit überprüfst, mit welchem Wort er einen Sinn ergibt. Es gibt für jede Lücke einen Punkt. Die erste Lücke ist bereits vorgegeben. Wichtig ist, dass der jeweilige Satz und insgesamt die jeweilige Textpassage einen Sinn ergeben müssen, wenn die Lücke gefüllt ist. Sehr häufig geben dir die* ***Wörter direkt vor und direkt hinter der Lücke*** *wichtige Hinweise für die Lösung.*
*Die Überschrift „****Britain's Most Talented Young Speaker****" gibt dir bereits wichtige Hinweise für den Hauptinhalt des Textes.*

1. **C: best**
   ***Hinweis:*** *Der Artikel „the" kurz vor der Lücke deutet schon auf den Superlativ hin: good – better – the* ***best****. Außerdem wird ja bereits in der Überschrift darauf hingewiesen, dass der talentierteste junge Sprecher gesucht wird („most talented").*

2. **D: have been invited**
   ***Hinweis:*** *Die vorausgehende Zeitangabe „During the last three months" erfordert die Zeitform des present perfect, da es sich um einen Zeitraum handelt, der in der Vergangenheit begonnen hat und bis in die Gegenwart hinein dauert. Die Passivform ist klar, weil ja die jungen Leute eingeladen werden und sich nicht selbst einladen.*

3. **B: any**
   ***Hinweis:*** *Die Sprecher können* ***irgendein*** *Thema wählen. Es ist die Bandbreite von „pop music" bis „homework" angegeben. Hier kannst du gut mit dem Ausschlussverfahren arbeiten. Alle anderen Lösungsvarianten machen einfach keinen Sinn. „Any" wird in Fragen und verneinten Sätzen sowie in der Bedeutung von „irgendein" verwendet. Das Letztere ist hier der Fall.*

4. **A: have criticized**
   ***Hinweis:*** *Das vorausgehende Zeitadverb „Recently" hat zwei Bedeutungen. In der Bedeutung „kürzlich" wird meist das simple past verwendet. Die Bedeutung „in letzter Zeit" zieht dagegen das present perfect nach sich. Da die zur Auswahl stehenden Passivkonstruktionen keinen Sinn ergeben, kann nur das present perfect activ eingesetzt werden. Es hilft dir, wenn du diesen Satz für dich im Kopf übersetzt: „In letzter Zeit haben die Medien die britische Jugend kritisiert."*

5. **D: will bring**
   ***Hinweis:*** *Die neue Sendung ist für den September angekündigt (Abschlussprüfung ist im Juni/Juli). Der Satz ist also in die Zukunft gerichtet. Du musst daher „will bring" einsetzen. Es ist die einzige Futurform, die zur Auswahl steht.*

6. **C: speaking**
   ***Hinweis:*** *Wenn ein Verb folgt, zieht die Partikel „of" in den allermeisten Fällen die ing-Form nach sich.*

7. **B: who**
   ***Hinweis:*** *Hier wird ein Relativsatz angeschlossen. Da es sich um Personen handelt, „The guest mentors", benötigst du das Relativpronomen „who".*

8. **C: are evaluated**
*Hinweis: Die vorausgehende Zeitform „Each week“ deutet einen wiederkehrenden Vorgang an. Du benötigst in diesem Fall eine Form des present tense. Der nachfolgende „by-agent“ sagt dir zudem, dass du die passivische Form einsetzen musst. Alles klar?*

9. **B: don't meet**
*Hinweis: Die Phrase „to meet the standard“ (ein Niveau erreichen) ist ein feststehender Ausdruck. Jetzt geht es nur noch darum, welche grammatikalische Form du einsetzen musst. Du benötigst das simple present in der Pluralform, weil sich der Relativsatz auf die „three speakers“ bezieht und mit dem Satz eine Tatsache ausgedrückt werden soll.*

10. **A: themselves**
*Hinweis: Wenn man den Satz übersetzen würde, dann müsste man etwa folgendermaßen sagen: „… die drei Kandidaten, die sich erfolgreich präsentierten …“. Es handelt sich hier um ein rückbezügliches Pronomen bezogen auf die drei Kandidaten. Es kommt daher nur „themselves“ infrage.*

**Task 5: Umformulierung von Sätzen mit Schlüsselwörtern**

***Hinweis:*** *Die folgende Aufgabe kommt in vielen internationalen Tests und Prüfungsformen vor. Du sollst hier jeweils den zweiten Satz so vervollständigen, dass er die ähnliche Bedeutung des ersten Satzes behält. Es werden* ***sprachliche und grammatikalische Strukturen*** *sowie dein Sprachgefühl getestet. Du musst* ***Sätze umformulieren*** *und dabei das entsprechende* ***Schlüsselwort*** *einbauen. Dabei musst du aber unbedingt das vorgegebene* ***„key word“*** *benutzen und darfst dieses nicht verändern. Zusätzlich ist vorgegeben, dass du nur* ***zwei bis fünf Wörter*** *einschließlich des „key word“ einfügen darfst. Im Grunde geht es darum, dass du* ***denselben Inhalt auf eine andere Art ausdrückst****. Bei dieser Aufgabe führen Rechtschreibfehler nicht zu einem Punktabzug, solange diese nicht sinnentstellend sind.*

1. **As long as poets are** creative with language, it won't die.
*Hinweis: Du benötigst hier die Struktur „as … as“ (solange … wie). Hier ist deine Sprachgewandtheit angesprochen. Je öfter du diese Aufgabenform übst, desto leichter wird dir die Bearbeitung fallen.*

2. You can't experience true hip-hop atmosphere **unless you go to** a rap battle.
*Hinweis: Die Konjunktion „unless“ leitet oft einen Nebensatz ein und wird mit „es sei denn/außer wenn/wenn nicht“ übersetzt.*

3. Paul **should have won** last year's poetry slam.
*Hinweis: Im vorliegenden Satz ist davon die Rede, dass es unfair war, dass Paul den Poetry Slam im letzten Jahr nicht gewonnen hat. Man ist also der Meinung, dass er den Wettbewerb hätte gewinnen sollen. Du musst nun den Inhalt des Satzes in positiver Hinsicht ausdrücken.*

4. His friends **expect him to do well** in the slam next year.
*Hinweis: Das Verb „to expect“ kommt oft in der folgenden Konstruktion vor: „to expect somebody to do something“. Wenn du das weißt, dann ist die Umformulierung für dich kein Problem.*

5. Paul **can't wait to** watch Kayne West's hip-hop show.
*Hinweis: Die Phrase „can't wait“ zieht meist den Infinitiv nach sich. Man könnte folgendermaßen übersetzen: „… er kann es nicht erwarten …“.*

## Part III: Guided Writing – Schriftliche Sprachproduktion

*Hinweis: In der folgenden Aufgabe sollst du* ***ungefähr 200 Wörter*** *schreiben. Du bekommst aber keinen Punktabzug, wenn du ein bisschen mehr oder ein bisschen weniger schreibst. Wichtig ist, dass du die* ***jeweilige Aufgabe vollständig*** *bearbeitest.*
*Es ist zunächst wichtig, dass du beide Aufgabenstellungen sorgfältig durchliest und dann erst entscheidest, welche du bearbeiten möchtest. Du hast die Möglichkeit, zwischen* ***Task A*** *und* ***Task B*** *auszuwählen. Du kannst aber nicht jede der beiden Aufgaben zur Hälfte machen und hoffen, dass du Punkte bekommst. Bei beiden* ***guided-writing****-Aufgaben geht es um* ***zwei unterschiedliche Themenstellungen*** *und auch die Art der Aufgabenstellung ist unterschiedlich. Die Themenschwerpunkte haben natürlich mit dem* ***Hauptthema der Abschlussprüfung*** *etwas zu tun oder stehen zumindest im inhaltlichen Zusammenhang.*
*Dieser Aufgabenteil umfasst 30 Punkte. Die Lehrkräfte beurteilen deine Leistung nach fünf Kriterien:*
***Task Achievement:*** *Hier wird bewertet, ob du die Aufgabe vollständig bearbeitet und alle Aspekte umfassend und ausreichend berücksichtigt hast.*
***Coherence und Cohesion:*** *Die Lehrkräfte bewerten hier, ob die Sätze gut miteinander verbunden sind und ob der Aufbau logisch und sinnvoll ist.*
***Grammar:*** *Die grammatikalische Richtigkeit spielt natürlich auch eine Rolle. Ebenso wird bewertet, ob du auch unterschiedliche Strukturen beherrschst.*
***Vocabulary:*** *Es geht auch darum, welchen Wortschatz du verwendest und ob du dich abwechslungsreich ausdrücken kannst. Es ist gut, wenn du nicht immer dieselben Wörter verwendest.*
***Impression of General Quality:*** *Der Gesamteindruck spielt ebenso eine große Rolle. Hier bewerten die Lehrkräfte, wie du die Aufgabe insgesamt gelöst hast.*

### Task A

***Hinweis:*** *Bei* ***Task A*** *sollst du folgende Rolle spielen: Du hast an einem* ***internationalen Lesewettbewerb*** *teilgenommen und bist* ***Fünfter*** *geworden. Deiner Meinung nach bist du aber besser gewesen und du willst dich nun beim* ***Organisationsteam beschweren****. Es werden in der Aufgabenstellung* ***vier Aspekte*** *genannt, auf die du in deinem Schreiben Bezug nehmen sollst. Dein Schreiben sollte auch nach diesem Raster aufgebaut sein. Du benötigst zudem einen* ***passenden Anfang und ein passendes Ende****, aber du brauchst kein Datum und auch keine Adresse anzugeben. Insgesamt sollen es etwa* ***200 Wörter*** *werden.*

Dear Sir or Madam,

My name is Mark Sparks and I took part in this year's reading competition. I am very disappointed because I came fifth. (**beginning**) I know that I am a very talented reader, but because of organisational problems I had no chance to win. First I was told that the competition would take place in the town hall but only a few minutes before the start I got a call that everything had been changed and that the contest would take place in my school. Therefore I had great difficulties to be there on time (**organisational problems**). In addition to that the micro was of a very poor quality and didn't work properly. I had to switch it on and off a couple of times and I only had a dim light so that I could hardly see the lines (**sound and light**). Above all I am not convinced that the jury was independent. Two out of three judges were journalists from the local newspaper. The readers who came first and second read these newspapers whereas I read my favourite book. This is not fair. It shouldn't matter <u>which</u> text is presented, it should matter <u>how</u> the text is presented (**jury**). Maybe the next time you could set proper regulations for this contest concerning the type and the length of the texts and also choose judges who are really independent so that the conditions are the same for everyone. (**suggest ideas for improvement**) I love reading in front of an audience and I would really like to take part in next year's contest, but only if the conditions are different to this year. I look forward to hearing from you. (**ending**)

**Task B**

***Hinweis:*** *Für* ***Task B*** *musst du dir vorstellen, dass du und deine Freunde gerade eine Art* ***Schülerzeitung*** *gründet. Du sollst nun einen Artikel schreiben, in dem du die Schüler deiner Schule* ***aufrufst*** *und* ***ermunterst****, an diesem Projekt mitzumachen. Die* ***vier vorgegebenen Aspekte*** *sind die Richtschnur für dich und du musst diese Bereiche unbedingt bearbeiten. Bestimmt hast du viele kreative Ideen, die du gut verwenden kannst. Es hilft dir, wenn du dich wirklich in die* ***entsprechende Situation hineinversetzt****. Vielleicht hast du auch schon einmal an der Schülerzeitung an deiner Schule mitgearbeitet, dann fällt dir diese Aufgabe noch leichter. Aber generell ist das Thema sehr eng an das schulische Leben gebunden, sodass es bestimmt viel zu schreiben gibt.*

Dear pupils,

Please don't throw this leaflet into the bin. Our school life will change dramatically! (**beginning**) We have decided to start a new school magazine which will inform you about everything that's going on and that's important in our school. We want to publish it every month and it will be online (**why you started the magazine**). But we need you!!! We can only start this fantastic project if you support us. Please write short articles and send us photos. Don't think your story is boring or not good enough. We are sure it will be interesting at least for some readers. You don't need to have special qualities. We only need your creative mind. (**what qualities the writers need**). You can write about school projects which you are doing with your class, you can write about films, music or books you want to recommend. You can invite people to activities during the weekend or suggest improvements for our life at school (**what topics pupils can write about**). Please join us and become a member of our fantastic team. You only have to write an email to school.magazine@com and give us your details. Just tell us something about yourself, like your interests and hobbies or what you would like to change at our school (**and how pupils can apply**). We meet every Wednesday right after school in room 112 and hope to see you next week (**ending**).

## Abschlussprüfung an Realschulen: Englisch 2012
## Listening Test

### TEXT 1: Saving energy

**1** The average automobile produces three tons of $CO_2$ a year; walking or cycling produces none. Isn't it time to use your legs instead of driving? Bicycles are greenhouse-gas-free, good for the heart, and cheap – yet they account for less than 2 % of journeys in the UK. Walking is cheaper still and also excellent exercise.

**2** Some diesel engines will run on waste cooking oil – if it's brewed into biodiesel or blended with old fashioned 'fossil' diesel. Recycled oil will reduce emissions from driving and can make a tasty saving against rising gas prices. Running your car on the same oil that fries your fish is a major $CO_2$ saver and could be "cheap as chips", too.

**3** Tumble dryers are the most energy intensive household appliances and produce an average of 310 kg of $CO_2$ a year each. Drying clothes on a line in the fresh air creates no emissions and saves about £ 70 a year in fuel bills. Plus, there is no danger of shrinking the clothes and shortening their lifespan.

**4** LEDs are about 90 % more energy-efficient than the standard incandescent equivalent. They don't flicker and last five times longer than conventional ones – and because they produce a powerful, focused light they are an ideal alternative to halogen spotlights, indoors or out. They also come as dimmers and can even change colour to match your mood.

**5** Are you squandering money on power without even noticing? Gadgets you think are turned off may still be draining electricity on the sly. Turning off one electric toothbrush might not seem such a big deal, but what about that DVD player? And the washing machine, the microwave, and the printer, and the games console, and the digital radio? Disconnecting them all at the mains can zap 8 % off your annual electricity bill.

### TEXT 2: Extreme weather in the USA

**Reporter: Welcome to today's radio show about extreme weather in the USA. Our weather expert Tobi Wisdom will answer questions you sent via e-mail from all parts of the country.**

**Mike from Phoenix asks the following question:**
**Which parts of the USA have the highest annual average temperature?**
**Expert:** According to the National Climatic Data Center, the warmest places in the USA are around Key West. Those spots are even warmer than Oahu in Hawaii or desert spots in Arizona. Sorry, Mike, if you had expected your hometown Phoenix to win this race.

**Reporter: The next question comes from Justin, from New York:**
**What was the lowest temperature ever recorded in the USA?**
**Expert:** It was –79.8 °F. It was registered at Prospect Creek Camp in northern Alaska in January 1971, which is located along the Alaska Pipeline, about 20 miles north of the Arctic Circle. The lowest temperature ever recorded in the rest of the US was at Rogers Pass, Mont., on Jan. 20, 1954.

**Reporter: Jody from Seattle asks:**
**What's the hottest city in the country?**
**Expert:** The hottest spot in the south-east is Key West, where the temperature averages 78 °F. The hottest urban area in the US is Phoenix, the capital of Arizona, where the typical July day has a high of 106 °F. The hottest national park in the country is Death Valley, California, where the highest temperature ever recorded in July is 134 °F.

**Reporter: Jody also wants to know:**
**What's the coldest city in the USA?**
**Expert:** The coldest major city in the USA is Minneapolis. However, several other smaller cities are much colder, including Fairbanks and Anchorage, Alaska or International Falls, Minnesota. And – as they say at the Oscars ceremony– the award goes to Fairbanks with an average daily temperature in January of –0.3 °F.

**Reporter: Our last question comes from Cindy from Philadelphia. She asks:**
**What is the greatest wind speed ever measured in a hurricane?**
**Expert:** During the New England hurricane of September 21, 1938, instruments at Blue Hill Observatory near Boston, Massachusetts, recorded winds gusting up to 186 mph. But many instruments break in that sort of situation, so we can't be sure if there have been higher windspeeds in other hurricanes in the area.

## TEXT 3: Wildfires

### Hidden Underground Fires

Three blistering fires are blazing through Wyoming's scenic Powder River Basin, but fire fighters aren't paying any attention. Except for a weak hint of biting smell rising from a **thin** crack beyond the nearby Tongue River, a long look across the region's peaceful grassland shows no sign of trouble.

That's why these **invisible** infernos, and the toxic gases they release, are so nasty. Their flames are hidden deep underground, in coal layers and oxygen-rich gaps, which makes control **really** impossible.

According to a recent review, more than one hundred fires are burning beneath nine states. Pennsylvania's three dozen underground fires include America's most famous subterranean blaze, a 48-year-old fire under the town of Centralia, whose harmful **smog** made residents sick and eventually forced the federal government to evacuate all the citizens and pay them a collective $ 14 million for what is now a virtual **ghost** town.

Underground fires are not only raging in the US. Geologists call them "a worldwide catastrophe" …

## TEXT 4: The International Young Eco-Hero Awards

ERIC: Hello and welcome to another edition of "Voices of Youth", the radio program by young people, for young people. My name is Eric Lee and my guest today is Kaitlyn Welsh from the environmental organization "Action for Nature". Hello Kaitlyn.

KAITLYN: Hello.

ERIC: Kaitlyn, tell us a bit about your organization.

KAITLYN: Well, *Action For Nature* is a nonprofit organization based in San Francisco, California. We've created the *International Young Eco-Hero Awards* program, which honors the work of young people between the ages of 8 and 16 who have done environmental projects. We believe that young people can have a positive impact on the environment and we're proud of all the applicants from around the world.

ERIC: Wow! And who chooses the winners from all these applicants?

KAITLYN: The winners are chosen by a team of independent judges. The applications will be judged according to several criteria. Of course, we expect originality and perfect organization. However, the main criteria are the educational effect on others and the positive consequences for nature.

ERIC: That sounds pretty demanding. And what do the winners get for their efforts?

KAITLYN: Well, the winners receive a personal diploma, a gift certificate worth $ 1,000 and their photo will be published in all national newspapers.

ERIC: So, if I want to apply to become a Young Eco-Hero, what do I have to do?

KAITLYN: First, read the guidelines to see if you meet the requirements to become a Young Eco-Hero. Then, you have to fill out an application form which is available on our website actionfornature.org.

ERIC: And where do I send the completed application?

KAITLYN: Please send it to kaitlyn.welsh@action.org.

ERIC: Could you please spell it for our listeners?

KAITLYN: Of course. K-A-I-T-L-Y-N dot W-E-L-S-H@action.org.

ERIC: Thanks a lot, Kaitlyn. Is there anything else that's important?

KAITLYN: Yes, please send in your completed application by February 28, 2013. Award winners will be informed by May 30, 2013. For any further information have a look at our website.

ERIC: Thank you very much for the interview, Kaitlyn.

KAITLYN: You're welcome, Eric.

## TEXT 5: In the eye of the hurricane

REPORTER: With me in the studio tonight, Sue and Mike Forrest, who survived one of the worst natural disasters of the last decade. Sue, what type of disaster did you experience?

SUE: Hurricane Ike.

REPORTER: When and where did this disaster occur?

MIKE: It started near Africa at the end of August 2008 and raced across the Atlantic with maximum winds of 145 mph. It hit Galveston, Texas at 110 mph at 2.10 a.m. on September 13, 2008 and lasted for about 3 hours. Then, it went further north and exited into the Atlantic on Sept. 14.

REPORTER: Why didn't you leave?

MIKE: Well, for once in my life, I wanted to experience a hurricane first hand, so I decided to stay. Bad idea.

SUE: When I heard of his decision to stay, I really thought my husband was crazy. But in the end I didn't want to leave Mike alone, so I didn't leave either.

REPORTER: What did you do to prepare for the disaster?

MIKE: Well, I bought enough supplies for two weeks, things like fresh water, canned food etc. Then, two days before the estimated landfall, I protected the doors and windows with wood.

SUE: Yes, there was quite a lot to do! We had to move anything that could be blown around into the garage.

REPORTER: What steps did you take to protect yourselves during the disaster?

SUE: First, we stayed in the living room for a while. But when it started getting a little crazy we went into the safe room.

REPORTER: What did your safe room look like?

MIKE: It was the bathroom. Of course, it had no windows and no exterior door. We'd stocked it up with canned food, fresh water and plenty of batteries for radio and flashlights … instead of a generator …

SUE: Yes, and of course we took all of our important documents with us … things like birth certificates, passports, and so on … Actually, in the end, I was in such a hurry that, without noticing it, left the bag with our family pictures and all the medicine in the living room.

REPORTER: How did you feel during this experience?

MIKE: At first, I felt just a bit uncomfortable; but after like 10 minutes, when everything started to shake and the noise was increasing from minute to minute we were scared as hell. You can't imagine.

REPORTER: What did you learn from this experience?

MIKE: I learned that I'm not sticking around for the next hurricane! You should not think twice about leaving. You know, if you wait until the last minute, it might be too late.

## Nature

### TASK 1: Saving energy

You will hear five statements about ways of saving energy. Which methods are described?
**Write the correct numbers (1–5) in the boxes next to the categories (A–G).** Be careful: Use each number only once.
*(You will have 5 seconds after the first listening and 5 seconds after the second listening.)*

| | | | | | |
|---|---|---|---|---|---|
| **A** | Hanging out the washing | | **E** | Buying alternative light bulbs | |
| **B** | Exercising outdoors | | **F** | Avoiding long-distance journeys | |
| **C** | Switching off devices | | **G** | Using alternative fuels | |
| **D** | Leaving the car behind | | | | |

5

### TASK 2: Extreme weather in the USA

You are going to hear a radio show about extreme weather in the USA. Match the **spots A–H on** the map to the categories **(1–5)** and write the correct letters next to the **categories**. Use each letter only once. Be careful, there are **three letters** that you do not need.
*(You will have 5 seconds after the first listening and 5 seconds after the second listening.)*

| | | |
|---|---|---|
| 1. | **Highest annual temperature** | |
| 2. | **Lowest temperature** | |
| 3. | **Hottest city** | |
| 4. | **Coldest city** | |
| 5. | **Greatest wind speed** | |

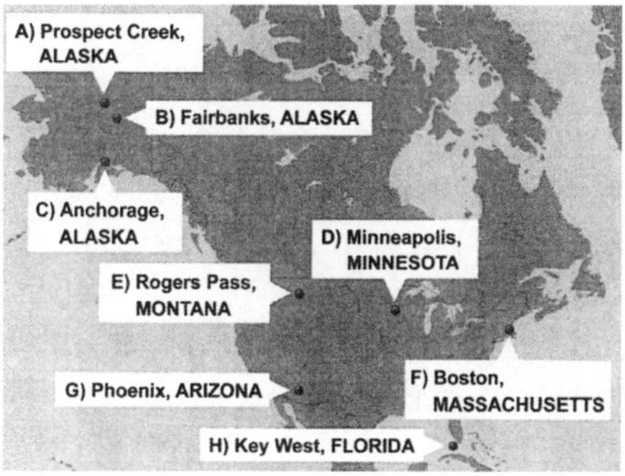


5

## TASK 3: Wildfires

You will hear a radio report about underground fires.
**Underline the wrong words in the text and write the correct version in the space provided.**
*(You will have 10 seconds after the first listening and 15 seconds after the second listening.)*

# Hidden Underground Fires

Three blistering fires are blazing through Wyoming's scenic Powder River Basin, but fire fighters aren't paying any attention. Except for a weak hint of biting smell rising from a thick crack beyond the nearby Tongue River, a long look across the region's peaceful grassland shows no sign of trouble.

That's why these invincible infernos, and the toxic gases they release, are so nasty. Their flames are hidden deep underground, in coal layers and oxygen-rich gaps, which makes control nearly impossible.

According to a recent review, more than one hundred fires are burning beneath nine states. Pennsylvania's three dozen underground fires include America's most famous subterranean blaze, a 48-year-old fire under the town of Centralia, whose harmful smoke made residents sick and eventually forced the federal government to evacuate all the citizens and pay them a collective $14 million for what is now a virtual coast town.

Underground fires are not only raging in the US. Geologists call them "a worldwide catastrophe" ... 5

## TASK 4: The International Young Eco-Hero Awards

You will hear a radio interview between a member of the organization "Action for Nature" and a young reporter. Listen to the interview and **take notes**.
*(You will have 10 seconds after the first listening and 20 seconds after the second listening.)*

Action For Nature

eco-Hero awards

0. The International Young Eco-Hero Awards was created by *Action for Nature*.

1. Students can take part in the program if they have done ______________________. (1)

2. The **most important** criteria for winning the award are
   - ______________________ and (1)
   - ______________________. (1)

3. Prizes for the winners (**two** things):
   - ______________________ and (1)
   - ______________________. (1)

4. Send your application to: ______________________.org (1)

5. The deadline for your application is ______________________. (1)
   **(month / day / year)**

## TASK 5: In the eye of the hurricane

You will hear a radio interview with two people who survived a hurricane.
**Complete the following notes or tick (✓)** the correct answer. You don't have to write complete sentences, but one word is not enough.
*(You will have 30 seconds after the first listening and 90 seconds after the second listening.)*

**Hurricane Ike hit Galveston, Texas:**

1. Wind speed: ______________________________ 1
2. Time: 2.10 am

   Date: ______________________________ 1

   (month / day / year)

3. Reason why Sue stayed at home:

   ______________________________________________ 1

   ______________________________________________

4. What Mike and Sue did before the landfall (two details):

   ______________________________________________ 1

   ______________________________________________

   ______________________________________________ 1

   ______________________________________________

5. Things they had with them in the safe room (two items): 2

   - ☐ fresh fruit
   - ☐ candles
   - ☐ important documents
   - ☐ family pictures
   - ☐ battery-operated radio
   - ☐ power generator
   - ☐ medicine

6. Why were they frightened? (one detail):

   ______________________________________________ 1

   ______________________________________________

# Good luck!

**Lösung**

***Allgemeine Hinweise:*** *In diesem Listening Test geht es um Natur und Umweltthemen. Du hast in der Schule sicherlich schon einige verwandte Themengebiete mit Wortfeldern aus dem Natur- und Umweltbereich besprochen. Das Ganze ist daher nicht fremd für dich. Die vorliegende Hörverstehensprüfung umfasst insgesamt* ***fünf verschiedene Texte*** *zum Rahmenthema* **Nature**. *Wichtig ist, dass du nicht gleich nervös wirst, wenn du die eine oder andere Aufgabe nicht sofort lösen kannst. Alle Texte werden* ***zweimal vorgespielt*** *und es ist in der Regel genügend Zeit eingebaut, damit du die Lösungen auf das Angabenblatt schreiben kannst. Du kannst dir Notizen auf einem Extrablatt machen, aber pass auf, dass du am Ende alles auf das Angabenblatt überträgst. Du brauchst auch keine Sorge zu haben, wenn du nicht gleich alle Wörter verstehst. In aller Regel wird die gesuchte Lösung nicht gerade von diesem Wort abhängen. Außerdem kann man die meisten unbekannten Wörter sowieso aus dem* ***Sinnzusammenhang erschließen****.*

*Wichtig für dich ist, dass bei Grammatik- bzw. Rechtschreibfehlern nur dann Punkte abgezogen werden, wenn diese sinnentstellend sind, d. h., wenn sie eine falsche oder unverständliche Bedeutung ergeben.*

*Vor Beginn der Tonaufnahme bekommst du etwa fünf Minuten Zeit, um das Angabenblatt kurz durchzusehen. Du weißt dann schon, um welche Themengebiete es in den einzelnen Texten geht, und kannst dich entsprechend darauf einstellen. Aber auch vor jeder einzelnen Aufgabe sind Pausen eingebaut. Du musst dir also nicht alles merken. Es ist nur wichtig, dass du einen groben Überblick bekommst. Es ist schließlich wichtig, dass du die* ***Aufgabenstellungen immer genau liest****.*

*Die Gesamtpunktzahl der Abschlussprüfung ergibt sich durch Addition der im* ***Hörverstehenstest*** *und im schriftlichen Teil erreichten Punkte. Zusätzlich fließen noch die im* ***Speaking Test*** *erzielten Punkte (maximal 30) in die Gesamtpunktzahl der Abschlussprüfung ein. Der Hörverstehenstest umfasst insgesamt* ***30 Punkte****. Dies ist etwa ein Fünftel der zu vergebenden Punkte. Es geht also ungefähr um 1,5 Notenstufen.*

**Task 1: Saving Energy**

***Hinweis:*** *In der folgenden Aufgabe hörst du fünf Aussagen zum Thema „Energiesparen". Sicherlich habt ihr auch schon in der Familie und unter Freunden diskutiert, wie man Energie sparen kann. Im Folgenden werden fünf Möglichkeiten beschrieben (1, 2, 3, 4, 5). Auf dem Angabenblatt sind* ***sieben Möglichkeiten*** *angegeben, unter denen du die richtigen auswählen sollst. Du musst nun herausfinden, welche Möglichkeit des Energiesparens jeweils beschrieben wird. Dabei sollst du die Hauptaussagen des jeweiligen Textes heraushören und in die Kästchen die jeweiligen Ziffern schreiben. Du darfst aber keine Ziffer zweimal verwenden. Zwei Kästchen bleiben frei. Also genau hinhören und die* ***fünf Ziffern nur einmal verteilen****, dann müsstest du die erste Aufgabe gut lösen können. Einzelne Stichworte oder Begriffe im Text geben dir den Hinweis auf die richtige Lösung. Die besondere Schwierigkeit bei dieser Aufgabe besteht darin, dass manche Stichworte bei mehreren Energiesparvarianten gleichzeitig vorkommen.*

A Hanging out the washing **3**

***Hinweis:*** *Text 1 enthält einige Aussagen, die mit dem Begriff „drying clothes" in Verbindung gebracht werden können: „… Tumble dryers …" (Z. 9), „… Drying clothes …" (Z. 10), „… shrinking the clothes …" (Z. 11/12). Es ist von der frischen Luft die Rede und auch davon, dass Kleider, die auf der Leine getrocknet werden, nicht eingehen. Hinzu kommt, dass Trockner im Vergleich zu den anderen Geräten im Haushalt am meisten Energie benötigen.*

B Exercising outdoors **–**

***Hinweis:*** *Hier passt keine Aussage so richtig. Man könnte zwar zunächst meinen, dass Aussage 1 mit „... use your legs instead of driving ...“ (Z. 2) passen könnte. Hier geht es aber um die sparsame Verwendung des Autos und nicht um ein Fitnessprogramm. Auch die übrigen Äußerungen treffen nicht zu.*

C Switching off devices **5**

***Hinweis:*** *Es ist zwar auch in den anderen Texten davon die Rede, dass man elektrische Geräte ausschalten soll, um Energie zu sparen. Hier geht es aber generell darum, darauf zu achten, elektrische Geräte auszuschalten, wenn man sie nicht benötigt. Es werden einige Beispiele genannt: „... electric toothbrush ... DVD player ... washing machine, the microwave, and the printer, and the games console, and the digital radio ...“ Wenn man diese Geräte ausschaltet, wenn man sie nicht braucht, dann spart man jährlich „8 %“ der Energiekosten. Die richtige Lösung ist also Ziffer 5.*

D Leaving the car behind **1**

***Hinweis:*** *Es ist in erster Linie in Text 1 die Rede von der Belastung der Umwelt durch Autos. Ein durchschnittliches Auto produziert demnach „three tons of $CO_2$ a year“. Es wird ferner darauf hingewiesen, dass das Fahrradfahren gesünder ist und trotzdem nur 2 % der Fahrten mit dem Fahrrad gemacht werden. Es wird auch das „Gehen“ als Alternative angesprochen. Die Lösung hierzu ist daher eindeutig. Du musst aber aufpassen. Auch in Text 2 wird von Autos gesprochen. Es geht aber dort um die Art des Brennstoffs, der verwendet wird.*

E Buying alternative light bulbs **4**

***Hinweis:*** *Hier geht es um unterschiedliche Glühbirnen. „LEDs“ sind offensichtlich viel energieeffizienter („90 % more energy-efficient“) als normale Glühbirnen. Es werden zudem weitere Vorteile von LEDs aufgezeigt, nämlich, dass sie viel länger halten („... last five times longer than conventional ones ...“) und dass sie in vielfältiger Hinsicht ein besseres Licht produzieren.*

F Avoiding long-distance journeys **–**

***Hinweis:*** *Der Begriff „journey“ taucht zwar in Text 1 auf. Es geht aber im Text 1 nicht um „long-distance journeys“. Das Thema wird in keinem der Texte angesprochen. Dieser Buchstabe bleibt also übrig.*

G Using alternative fuels **2**

***Hinweis:*** *Hier geht es darum, welcher Brennstoff am wenigsten schädliche Abgase verursacht und wie viel man für diese Brennstoffe bezahlen muss. Wichtige Aussagen hierzu findest du in Text 2: „... Recycled oil will reduce emissions from driving and can make a tasty saving against rising gas prices.“ Der Vergleich des Autos mit einem Fisch ist besonders witzig: “Running your car on the same oil that fries your fish is a major $CO_2$ saver and could be ‘cheap as chips’, too.”*

## Task 2: Extreme weather in the USA

***Hinweis:*** *In dem nächsten Prüfungsteil hörst du eine Radiosendung über extreme Wetterverhältnisse in den USA. Es werden verschiedene Gegenden der USA angesprochen. Es handelt sich um ein Gespräch zwischen einem Reporter, der einzelne Fragen, die von Hörern per E-Mail zugesandt worden sind, an den Wetterexperten Tobi Wisdom zur Beantwortung weiterreicht. Auf dem Angabenblatt sind fünf extreme Wetterbedingungen aufgeführt. Du sollst nun diese den einzelnen Gegenden der USA zuordnen, indem du die entsprechenden Buchstaben richtig einfügst. Drei Buchstaben bleiben übrig. Auf dem Angabenblatt findest du* ***fünf*** *verschiedene Angaben zu Wetterbedingungen. Auf der nebenstehenden Karte sind* ***acht*** *Gegenden der USA verzeichnet, die mit Buchstaben versehen sind. Du musst nun die Buchstaben richtig zuordnen. Drei Buchstaben bleiben übrig. Die Aufgabe ist nicht ganz leicht, aber du wirst sehen, dass du das meiste doch lösen kannst.*

1. Highest annual temperature (**Lösung H**) **Key West, FLORIDA**
   ***Hinweis:*** *Die Schwierigkeit besteht hier darin, dass in dem genannten Zusammenhang auch der zur Auswahl stehende Ort (Phoenix, Arizona) erwähnt wird. Du musst also genau hinhören. Die wichtigste Kernaussage findest du in Zeile 6 und 7: „… the* ***warmest places*** *in the USA are around* ***Key West****". Diese Orte sind sogar wärmer als der Ort Oahu in Hawaii oder Wüstengegenden in Arizona. Der Sprecher macht deutlich, dass die Heimatstadt von Mike (Phoenix in Arizona) mit Key West hier nicht mithalten kann ("Sorry, Mike, if you had expected your hometown Phoenix to win this race.", Z. 8).*

2. Lowest temperature (**Lösung A**) **Prospect Creek, ALASKA**
   ***Hinweis:*** *Auch hier wird ein zweiter Ort aus der Karte erwähnt. Du darfst dich aber nicht verwirren lassen. Die richtige Lösung findest du in Zeile 11: "It was registered at* ***Prospect Creek*** *Camp in northern Alaska …"*

3. Hottest city (**Lösung G**) **Phoenix, ARIZONA**
   ***Hinweis:*** *Jody von Seattle fragt hier nach der <u>Stadt</u> mit den höchsten Temperaturen in den USA. Wichtig ist hier, dass du die Aufgabenstellung genau liest. Es geht also um eine Stadt und nicht um eine ländliche Gegend. Die Lösung ist in folgender Aussage zu finden: „… The hottest* ***urban*** *area in the US is* ***Phoenix****, the capital of* ***Arizona****, …", Z. 18). Du musst hier den Begriff „<u>urban</u>" als adjektivische Form zur Stadt erkennen. Es ist deshalb wichtig, dass du die Wörter als Wortfelder lernst, wie z. B. hier: city  urban  urbanization (Stadt – städtisch – Verstädterung)*

4. Coldest city (**Lösung B**) **Fairbanks, ALASKA**
   ***Hinweis:*** *Im Text kommen im genannten Zusammenhang einige Städtenamen vor, die auch auf der Karte verzeichnet sind, wie z. B. <u>Minneapolis</u>, <u>Fairbanks</u> und <u>Anchorage</u>. Du könntest also leicht durcheinanderkommen. Die entscheidende Aussage liegt in Zeile 25 und 26: "… And – as they say at the Oscars ceremony – the award goes to Fairbanks with an average daily temperature in January of …". Minneapolis ist zwar die kälteste "major" Stadt, aber danach ist nicht gefragt. Es geht generell um die kälteste Stadt, egal wie groß diese Stadt ist.*

5. Greatest wind speed (**Lösung F**) **Boston, MASSACHUSETTS**
   ***Hinweis:*** *Hier ist die Lösung wieder einfacher. Es ist nur von Boston Massachusetts die Rede und das ist auch die richtige Lösung: „… instruments at Blue Hill Observatory near Boston, Massachusetts, recorded winds gusting up to 186 mph." (Z. 29/30)*

**Task 3: Wildfires**

***Hinweis:*** *Im folgenden Text hörst du einen Radiobericht über Feuer im Untergrund. Es handelt sich um ein Naturphänomen, von dem du vermutlich noch nichts gehört hast. Das macht aber nichts. Du musst nur genau hinhören und die Unterschiede zwischen dem geschriebenen Text und dem Hörtext heraushören. Die Informationen auf dem Angabenblatt unterscheiden sich nämlich an einigen Stellen von den Informationen, die im Radiobericht vorkommen. Bei dieser Aufgabe wird pro richtig verbessertem Ausdruck ein Punkt vergeben. Übersteigt die Gesamtzahl der von dir verbesserten Fakten die Zahl der zu findenden Fehler, so wird pro überzähligem Ausdruck ein Punkt abgezogen. Da auf diese Aufgabe fünf Punkte vergeben werden, musst du also insgesamt* ***fünf*** *Informationen berichtigen, nicht mehr und nicht weniger. Der Text wird wie alle anderen auch zweimal vorgespielt.*
*Manchmal liegen die einzelnen Begriffe lautlich sehr eng beieinander. Wenn du Schwierigkeiten hast, das richtige Wort zu hören, kannst du auch versuchen, die richtige Lösung aus dem Sinnzusammenhang zu erschließen. Es gibt hier nur einen Sprecher. Du musst daher nicht zwischen mehreren Sprechern und Stimmen unterscheiden. Das macht die Aufgabe ein bisschen leichter. Die Thematik an sich dürfte für dich eigentlich kein Problem sein.*
*Wenn du beim ersten Hören nicht gleich alle Stellen verbessern kannst, dann hilft es dir vielleicht für das zweite Hören, wenn du die Stellen schon mal kennzeichnest. Vor dem ersten Hören hast du genügend Zeit, um dir das Angabenblatt genau anzusehen. So kannst du dich schon gut auf die Höraufgabe einstellen.*

| | | | |
|---|---|---|---|
| thick | → | **thin** | "… a **thin** crack beyond the nearby Tongue River, …" |
| invincible | → | **invisible** | "… That's why these **invisible** infernos, …" |
| nearly | → | **really** | "… which makes control **really** impossible. …" |
| smoke | → | **smog** | "… whose harmful **smog** made residents sick." |
| coast | → | **ghost** | "… for what is now a virtual **ghost** town. …" |

**Task 4: The International Young Eco-Hero Awards**

***Hinweis:*** *In der nächsten Aufgabe hörst du ein* ***Radiointerview*** *zwischen Kaitlyn, einem Mitglied der Organisation* ***„Action for Nature"****, und dem* ***Radioreporter Eric****. Es geht um den* ***„Eco-Hero Awards"****, einen Wettbewerb für gelungene Umweltprojekte. Eric macht sich Notizen. Manche Informationen findest du bereits auf dem Angabenblatt. Du sollst nun die fehlenden Details ergänzen und auf die entsprechenden Linien schreiben. Du schlüpfst also in die* ***Rolle von Eric*** *und notierst alle auf dem Aufgabenblatt geforderten Informationen, die du von* ***Kaitlyn*** *erhältst. Es werden nur die Kerninformationen verlangt. Du brauchst* ***keine vollständigen Sätze*** *zu schreiben. Es handelt sich um insgesamt* ***sieben Details****. Auch hier gilt wie für den übrigen Test, dass Rechtschreibfehler nicht gewertet werden, solange sie nicht sinnentstellend sind.*

1. Students can take part in the program if they have done **environmental projects/an environmental project**.
   ***Hinweis:*** *Der Punkt kann hier nur vergeben werden, wenn die Art des Projekts genannt ist.*

2. The **most important** criteria for winning the award are
   – **(the) educational effect (on others)** and
   – **(the) positive consequences for nature**.

3. Prizes for the winners (**two** things):
   – **(a) personal diploma** and
   – **(a) (gift) certificate worth $ 1,000/a gift certificate (worth $ 1,000)**
   – **their photo will be published (in all national newspapers)**.
   ***Hinweis:*** *Es werden nur zwei von den drei angegebenen Antwortmöglichkeiten erwartet.*

4. Send your application to: **kaitlyn.welsh@action.**org
   ***Hinweis:*** *Der Punkt kann nur vergeben werden, wenn die Mail-Adresse vollständig richtig geschrieben ist.*

5. The deadline for your application is **February 28, 2013**.
   ***Hinweis:*** *Der Punkt kann nur vergeben werden, wenn das Datum vollständig (Monat, Tag und Jahr) angegeben ist. Die Reihenfolge der Angabe ist nicht bindend.*

**Task 5: In the eye of the hurricane**

***Hinweis:*** *In der folgenden Höraufgabe geht es um einen* ***Wirbelsturm****. Du hörst ein Radiointerview mit* ***Sue und Mike Forrest****. Die beiden sind vor dem Wirbelsturm nicht geflohen und erzählen von ihren Erlebnissen. Es gibt für diese Aufgabe insgesamt acht Punkte. Der Wortschatz müsste eigentlich bekannt sein. Sollte dir der eine oder andere Begriff doch nicht geläufig sein, dann kannst du ihn gut aus dem Sinnzusammenhang erschließen. Bei dieser Aufgabe musst du drei Sprecher voneinander unterscheiden. Manchmal hilft es, wenn du dir beim ersten Hören ein paar Notizen machst und dann die Antworten auf das Angabenblatt schreibst. Bei Nummer 5 musst du nur die zwei richtigen Antworten ankreuzen.*
***Lösungen:*** *Manchmal sind mehrere unterschiedliche Lösungen möglich. Wir geben diese dann bei den einzelnen Lösungen als zusätzliche Varianten an.*

1. Wind speed: **110 mph**
   ***Hinweis:*** *Hier wird nach der Geschwindigkeit gefragt, die der Wirbelsturm in Galveston hatte. Es geht nicht um die maximale Geschwindigkeit, die im Text auch erwähnt wird und die 145 mph betrug. Die gesuchte Information findest du in Zeile 7 „… It hit Galveston, Texas at* ***110 mph*** *at 2.10 a.m. …“. Die Geschwindigkeitsangabe „mph“ ist die Abkürzung für „****m****iles* ***p****er* ***h****our“.*

2. Time: 2.10 a.m. Date: **(on) Sept. 13, 2008**
   ***Hinweis:*** *Der Punkt kann hier nur vergeben werden, wenn das Datum vollständig wiedergegeben wird (Monat, Tag und Jahr). Die Reihenfolge ist dabei nicht wichtig. Du musst hier gut aufpassen. Es geht nicht darum, wann der Wirbelsturm in den Atlantik zog, sondern darum, wann er Galveston getroffen hat. Die richtige Lösung findest du in Zeile 7 und 8: „…* ***on September 13, 2008*** *and lasted for about 3 hours.“.*

3. Reason why <u>Sue</u> stayed at home: **(she) didn't want to leave Mike / her husband alone**
   ***Hinweis:*** *Es ist immer wichtig, dass du die Aufgabenstellung genau liest. Hier ist der Name <u>Sue</u> unterstrichen. Es geht also darum, warum <u>Sue</u> zu Hause geblieben ist. Mikes Beweggründe sind hier nicht entscheidend. Die Antwort gibt Sue in Zeile 14: „…* ***I didn't want to leave Mike alone****, so I didn't leave either. …“*

4. What Mike and Sue did before the landfall (<u>two</u> details):
   - **(they) bought enough supplies (for two weeks)**
   - **(they) protected the doors (with wood)**
   - **(they) protected the windows (with wood)**
   - **(they) had to move/(they) moved anything that could be blown around into the garage**

   ***Hinweis:*** *Du musst nur zwei Aspekte herausfinden. Die wesentlichen Informationen hierzu findest du in den Zeilen 16 bis 20: „… I bought enough supplies … I protected the doors and windows with wood … We had to move anything that could be blown around into the garage.“ Das ist eigentlich nicht schwer. Das Problem besteht lediglich darin, dass die Informationen sehr schnell hintereinander kommen.*

5. Things they had with them in the safe room (two items):
   **– battery-operated radio**
   **– important documents**
   ***Hinweis:*** *Bei dieser Aufgabe musst du aus sieben Möglichkeiten die richtigen zwei items herausfinden. Die Schwierigkeit besteht darin, dass fast alle items im Hörtext genannt werden. Sue spricht davon, dass sie in der Eile einige Dinge im Wohnzimmer vergessen hat. Dazu zählen die Medizin (Z. 30) und auch die Familienbilder (Z. 30). Diese zwei items scheiden daher für die richtige Lösung aus, weil es ja darum geht, was sie schließlich mit in den Sicherheitsraum genommen haben. Mike spricht davon, dass er „... plenty of batteries for radio and flashlights ..." (Z. 26/27) mitgenommen hat. Das item "**battery-operated radio**" muss daher eine der zwei richtigen Lösungen sein. Sue nennt dagegen die „**important documents**" (Z. 28).*

6. Why were they frightened? (one detail):
   **– everything started to shake**
   **– the noise was increasing (from minute to minute)/because of the noise**
   ***Hinweis:*** *Es wird hier nur ein Aspekt verlangt. Es genügt also eine der beiden angegebenen Antworten. Die Lösung findest du in den Zeilen 33 und 34: „... when **everything started to shake** and **the noise was increasing from minute to minute** ...".*

## Abschlussprüfung an Realschulen: Englisch 2013
## Written Test

### Part I: Reading

### TEXT 1: RIVER LIFFEY SWIM IN DUBLIN CITY

**River Liffey Swim in Dublin City**

**Lord Mayor to fire starting gun – Sunday 18th August 2012**

HUNDREDS OF SPECTATORS are expected to line the quays of Dublin city centre on Sunday morning, 18th August, when the 93rd Dublin City Liffey Swim is set to take place. The consistently large number of competitors taking part each year attests to its success and appeal. Dublin's Lord Mayor will officially fire the starting gun for the men's race at 11.15 am. **[1]**

According to the Lord Mayor, "the Liffey Swim is a true Dublin City institution. No other European City boasts an open swim through their city centre. **[2]** It's an exhausting race but a great day out for competitors and spectators alike. I encourage everybody in Dublin to follow the race and to cheer the brave swimmers on."

In 1920, 27 male contestants first took the plunge in Dublin. **[3]** Nowadays, the total average entry has risen to 200 males and 80 females. People of all ages and nationalities are welcome to test their athletic prowess, with teenagers competing against 70-year-olds. **[4]** The Liffey Swim is swum over a 2.4 kilometre course from Watling Street Bridge, finishing in front of the Custom House. What is unique is that the fans can follow the swimmers from the banks of the river as they race down through the city. There is something for spectators of all ages to enjoy at the event. For kids entertainment is guaranteed at the finishing line. **[5]** Water cannons will be fired into the air accompanied by a colourful display of dragon boats. The Lord Mayor will greet the winners at a reception right afterwards on the Deck of the *Cill Airne River Boat.* **[6]**

To qualify for the Liffey Swim all entrants must have completed four sea races of the season. **[7]** To ensure the safety of the swimmers, the Leinster Open Sea Committee runs these events in partnership with the swimming clubs of Leinster. **[8]** Among the numerous contests taking place, the Liffey Swim and Dun Laoghaire Harbour Race are the two most highly-prized events.

Adapted from: Dublin City Liffey Swim, Lord Mayor to fire starting gun. Press Release, 18 Aug 2012. Dublin City Council
Foto: © Tequesquitengo, http://commons.wikimedia.org/wiki/File:Triatlon-Tequesquitengo-2011.jpg

POINTS

## TASK 1

Read the text **'River Liffey Swim in Dublin City' (TEXT 1, page 1)**.
Six sentences have been removed from the text. Choose the correct gap (1–8) in the text for each of the sentences below (A–F).
**Write the correct number of the gap behind each sentence.**
Be careful: There are two gaps which you do not need to use.

| | | |
|---|---|---|
| **A** | 71 years later, the first ladies' race was introduced. | ☐ |
| **B** | The women's race kicks off an hour later at 12.15 pm. | ☐ |
| **C** | To fulfill this condition, candidates can take part in outdoor swimming competitions along the east coast near Dublin, Wicklow and Wexford. | ☐ |
| **D** | This year these organizations are offering 25 sea races between June and September, normally two each weekend. | ☐ |
| **E** | But no matter how old you are, you must be a member of a swimming club and be able to swim a mile. | ☐ |
| **F** | In the evening, however, they'll meet again at the Gresham Hotel to receive their prizes. | ☐ |

6

## TASK 2

Read the text **'Cobh – a place of great Irish heritage'** below. Are sentences 1–10 *"True"* (T) oder *"False"* (F)? If there is not enough information to answer *"True"* or *"False"*, choose *"Not in the text"* (N). **Tick (✓) the correct answer.**

### Cobh – a place of great Irish heritage

© *amerune, lizenziert unter cc-by-2.0*

Cobh (formerly Queenstown) is a seaside town in County Cork, Ireland. It was the departure point for 2.5 million of the six million Irish people who emigrated to North America between 1848 and 1950. It is a place that truly made history.

**Annie Moore**

Annie Moore was born in County Cork in 1877. When she was thirteen, her parents emigrated to America. Once they were established, they sent for Annie and her two brothers, who departed from Cobh on the ship "Nevada" in December 1891. As steerage passengers they were provided only with the most basic amenities. They had to put up with hay for bedding, extremely low ceilings and seriously ill passengers. Arriving in the US, Annie was greeted by various officials. She was the first person whose immigration was processed in the new centre on Ellis Island. Today Annie is honoured by two statues – one at her port of departure and the other at Ellis Island, her port of arrival.

**Titanic's last stop**

Cobh was the Titanic's last stop before she headed out into the Atlantic. A total of 123 passengers, most of whom had had enormous difficulties in scraping up the money for the passage, embarked at Cobh on 11th April, 1912. Three travelled first class, seven second class, while the remainder travelled in steerage. Two small boats headed for the Titanic, carrying mail bags from the mail train and vendors offering local specialities to the wealthy passengers on board. At 1.30 pm the Titanic weighed anchor to the sounds of "Erin's Lament" played on the bagpipes by steerage passenger Eugene Daly. A total of 2,224 people were on board as they left Cobh. Only 44 of the Cobh passengers were saved.

**The RMS Lusitania**

The RMS Lusitania was the biggest ship of her time and visited Cobh on many occasions. On 7th May 1915, during a voyage from New York to Liverpool, she was torpedoed eleven miles off the southern coast of Ireland and sank within 18 minutes, with 1201 casualties. People from Cobh heroically saved 762 souls. The Lusitania Peace memorial in the city centre commemorates victims and brave helpers alike.

Adapted from: http://visitcobh.com/index.php/2010/12/10/welcome-to-cobh/; http://www.ellisisland.org/genealogy/Annie_Moore.asp

| | | T | F | N |
|---|---|---|---|---|
| **1** | Six million Irish emigrants left from Cobh for North America. | | | |
| **2** | Annie Moore's parents left Ireland before their children. | | | |
| **3** | Annie Moore helped some ill passengers. | | | |
| **4** | The only memorial site for Annie can be found on Ellis Island. | | | |
| **5** | Most passengers from Cobh could hardly afford the voyage on the Titanic. | | | |

| | | T | F | N |
|---|---|---|---|---|
| **6** | Almost all first and second class passengers survived the Titanic disaster. | | | |
| **7** | In Cobh letters and packages were taken on board the Titanic. | | | |
| **8** | The Titanic left Cobh harbour to the sounds of a Scottish band. | | | |
| **9** | The RMS Lusitania was a rare guest at Cobh harbour. | | | |
| **10** | The Lusitania Peace memorial was built by the survivors of the disaster. | | | |

10

## TASK 3

Here is a selection of four events from the Dublin Festival Season. Read the descriptions. Match questions 1–7 with the correct events (A–D). **Fill in the correct letter in each box.** The events may be chosen more than once. There is one example **(0)** at the beginning.

**A – Bram Stoker's Dracula Festival**

The festival will peel back the layers of the city to reveal Stoker's Dublin. Prepare for an event with walking tours through small and narrow backstreets and hidden steps of the Victorian age, uncovering the dark aspects of the city. There are also fun workshops giving parents and their kids the opportunity to create their own ghost stories. Lively discussions on all scary creatures complete the Bram Stoker's Dracula experience. A highlight is an old-fashioned vampire-themed performance by an international street theatre company. The Bram Stoker Festival doesn't cost much and is sure to chill your bones!

*Adapted from: http://www.bramstokerfestival.com/about.php*

**B – Dublin Fringe**

*Dublin Fringe* is Ireland's largest multi-disciplinary arts festival. Now in its 18th year, the festival stages up to 525 events in over 40 venues, and around 150,000 people have at least one Fringe experience during the festival. For 16 days the festival transforms Dublin into a 'dream factory', an exposé of great creative talent from around the globe. It is a showcase for the best modern plays and features well-known actors touring internationally. The numerous shows are suitable for children and teenagers, reasonably priced and sometimes free. Don't let *Dublin Fringe* leave town without blowing your mind.

*Adapted from: http://www.theatreforumireland.com/uploads/tx_frjobs/Fundraising_manager__jobdesc_DFF_2012.pdf*

**C – Arthur's Day**

Guinness fans around the world will raise their glasses for Arthur Guinness and enjoy 24 hours of exclusive gigs. A line-up of world-famous artists will give live concerts for all the family to enjoy in small venues and pubs, creating an irresistible buzzing atmosphere. Buying a festival ticket gives you the promise of "famous faces in local places". It's probably the most popular Thursday of the year – if you've missed St Patrick's Day. Grab the chance to get an idea of how Dublin does a city wide party on Arthur's Day. And best of all, your ticket allows you to use public transport for free!

*Adapted from: http://www.discoverireland.com/ca-en/campaigns/dublin-festival-season/arthurs-day/*

**D – Hard Working Class Heroes**

This showcase for Irish musicians could be the bargain of the festival season. With 100 bands over 3 days at 6 venues for just one ticket – that's 45 cents for each performance! In workshops exclusively organized for teenagers, young stars-to-be can show off their musical talent on stage. The gigs are peppered with panel discussions on the music industry and a photography exhibition located in Fishamble Street. To get there, take the 747 bus from the airport at special festival rates. Dublin's coolest bars provide a perfect background for the festival – a must for Irish music fans!

*Adapted from: http://www.discoverireland.com/ca-en/campaigns/dublin-festival-season/hard-working-class-heroes/*

**Which festival …**

**0 packs a great experience into one day only?** C

1 exclusively features national artists?

2 offers activities where parents and children can work together?

3 has all bus fares included in the ticket?

4 has performances of today's theatre?

5 gives young newcomers the opportunity to perform in public?

6 features debates on the mysterious?

7 also offers events without an entrance fee? 7

*Fáilte Ireland*

## TASK 4

Verwenden Sie die Informationen aus dem folgenden Artikel und **bearbeiten Sie die Aufgaben (1–5) stichpunktartig auf Deutsch** (keine wörtliche Übersetzung nötig; Einzelwörter genügen nicht als Antwort).

**Hurling – The Fastest Game on Grass**

A uniquely Irish game, hurling is one of the world's oldest field sports. Sometimes hurling is confused with hockey, because both are played with a small ball and a curved wooden stick. This confusion only lasts until one realizes that the attacking players occasionally swing the sticks, their "hurleys", like lethal weapons of messy destruction.

Hurling is regarded as one of the fastest ball games in the world. An impressive hurling skill is the ability to balance the ball on the hurley while running at full speed. To score maximum points, players have to slam the ball into the lower section of the H-shaped goal.

Hurling is a wonderful game to watch live. Just have a look at the website of the Gaelic Athletic Association (GAA). You'll find loads of useful facts about the latest playing schedules and the results of the most important championships of the last decade.

But if you want to go for first-hand experience, call in at a GAA club in the evenings, when there is training in progress. Surely someone will be happy to give you an insight into the individual strengths and weaknesses of the players. There are GAA clubs pretty much everywhere in Ireland, so just ask a local.

Text adapted from: http://seattlegaels.com/new/gaelic-sports/hurling;
Foto: © Eric Carlson / Fotolia.com

1. Warum wird Hurling manchmal mit Hockey verwechselt? **(2 Merkmale)** 1

2. Welche besondere Fähigkeit wird von einem Hurlingspieler erwartet? 1

3. Was muss ein Spieler tun, um möglichst viele Punkte zu erzielen? 1

4. Worüber findet man Informationen auf der GAA Website? **(2 Details)** 2

5. Warum empfiehlt es sich, am Abend einen GAA Club zu besuchen? **(2 Details)** 2

## Part II: Use of English

### TASK 1

Look at the **text on PAGE 1** (**'River Liffey Swim in Dublin City'**). **Find a word or expression which means the same as each of the words (1–5) below.**
The lines where you can find the words or expressions are indicated in brackets.
There is one example **(0)** at the beginning.

| | | | | |
|---|---|---|---|---|
| **0. contest** | → | *race* | (lines 1–4) | |
| 1. attraction | → | ___ | (lines 1–4) | |
| 2. tiring | → | ___ | (lines 5–8) | |
| 3. route | → | ___ | (lines 9–18) | |
| 4. shore | → | ___ | (lines 9–18) | |
| 5. (to) guarantee | → | ___ | (lines 19–23) | 5 |

## TASK 2

Look at the <u>**text on PAGE 3**</u> **('Cobh – a place of great Irish heritage')**.
What do the following words mean? **Match** the expressions (A–F) with their corresponding definitions (0–7).
**Write the correct numbers in the grid below.** Be careful: There are two definitions that you do not need. One definition **(0)** has already been matched correctly.

**A** steerage (l. 9/22)
**B** amenity (l. 10)
**C** **remainder (l. 19)**
**D** vendor (l. 20)
**E** lament (l. 21)
**F** casualty (l. 27)

**0** **the things or people that are left**
**1** a person or agency that sells items
**2** a song expressing strong emotions or sadness
**3** a person who controls the course of a ship
**4** a person who is injured or killed in an accident
**5** an area for the passengers who travel at the cheapest rate
**6** something which happens informally or irregularly
**7** a feature that provides comfort or convenience

| A | B | C | D | E | F |
|---|---|---|---|---|---|
| | | 0 | | | |

5

## TASK 3

Use the word given in capitals at the end of some of the lines to **form a word of the same word family** that fits in the space in the same line. There is one example (**0**) at the beginning.

### A Writer Risen From The Ashes

0 The Irish-American ___*writer*___ Frank McCourt was the first of seven WRITTEN
1 children ________________ to Malachy and Angela McCourt. At BIRTH
2 the age of four, he and his parents and brothers ________________ MOVEMENT
to his mother's native city, Limerick, in the Republic of Ireland. As Irish Catholics living in poor conditions, Frank and his family strug-
3 gled against hunger and ________________ problems. SOCIETY
In his book "Angela's Ashes", Frank McCourt wrote about the period
4 of his troubled ________________ with great humor and CHILDISH
5 ________________ compassion for his family. DEPTH 5

## TASK 4

Complete the second sentence so that it has a similar meaning to the first sentence, using the KEY WORD given in brackets. **Do not change the KEY WORD given.** You must use **between two and five words including the KEY WORD**. There is one example **(0)** at the beginning.

0. **Example**
Some people say that Irish inventions are among the best ones in the world.
**(SAID) ← KEY WORD**
(1) (2) (3) (4)
Irish inventions ___are said to be___ among the best ones in the world.

1. There is no other Irish invention which is as famous as Guinness. **(MOST)**
Guinness is ______________________________ all Irish inventions. 1

2. But there are other Irish inventions which you should notice. **(WORTH)**
But there are other Irish inventions ______________________________. 1

3. Sir Hans Sloane of Killyleagh created the world's favourite non-alcoholic beverage, chocolate milk. **(BY)**
The world's favourite non-alcoholic beverage, chocolate milk,
______________________________ Sir Hans Sloane of Killyleagh. 1

4. In order to see another great Irish invention, you have to go underwater. **(WANT)**
______________________________ another great Irish invention, 1
you have to go underwater.

5. The Irish-American John Philip Holland succeeded in designing the first submarines. **(MANAGED)**
The Irish-American John Philip Holland ______________________________ 1
the first submarines.

## TASK 5

**Complete the following text.** Use the correct forms of the words in brackets and find words of your own to replace the question marks. There is one example **(0)** at the beginning.

### A short history of tractors in Ireland

Tractors may be a common sight **(0)** _in_ **(???)** the Irish countryside today, but a century **(1)** _______ **(???)**, that wasn't the case. The machines have a longer history in America, where they **(2)** _______ **(invent)** in the 19th century. The first machines **(3)** _______ **(make)** their way to Ireland sometime after 1904, with about 70 tractors in use on the island by 1917. Those numbers multiplied **(4)** _______ **(fast)**, and by 1939 more **(5)** _______ **(???)** 2,000 American Fordson tractors were in use. But Harry Ferguson wanted to change the game. He worked in the motor industry in Belfast before **(6)** _______ **(move)** into the field of agricultural engineering. He was also the first Irishman to build his own aeroplane and to develop the first four-wheel drive Formula One car, the Ferguson. By the late 1920s, he was developing his own tractor, The Ferguson Type A. Production began in 1937, but sales were **(7)** _______ **(extreme)** low. If Harry Ferguson hadn't travelled to the USA for a meeting with Henry Ford in 1938, Ford **(8)** _______ **(not/agree)** to use the Irishman's system in a new tractor. After the trans-Atlantic partnership ended in the mid-forties, Ferguson began to cooperate **(9)** _______ **(???)** Standard Motor Company, and in 1953, his company and Massey Harris established the now well-known Massey Ferguson Company. Harry Ferguson **(10)** _______ **(die)** in 1960, but his ideas and designs for tractors will be used for many years to come. 10

Adapted from: "A short history of tractors in Ireland", in: *The Gathering Ireland*, 21 September 2012

## Part III: Guided Writing

You only have to do **one** of the following two tasks.
Important: First read both tasks, then decide whether you want to do Task A or Task B.
You can write down your ideas on your extra sheet before you do the task on your exam paper.

### TASK A

You read the following advertisement.
Write a **letter of application**.
In your letter,

- mention your reasons for applying
- describe your previous experiences in the fields mentioned
- talk about further personal qualifications
- enquire about the salary, the place of work and working times

Find a suitable beginning and ending.
You do not need to write any addresses.
Write about 200 words.

**DISCOVERIRELAND.IE**

**Helpers wanted**

The Irish Tourist board is looking for helpers during the **International Tourism Fair** in September 2013.

**Duties** vary from welcoming guests, giving information about holiday facilities to selling souvenirs.

**Experience** in the sales sector and computer skills desirable, but not obligatory.

**Requirements:** Good appearance and ability to remain friendly while coping with stress.

### TASK B

For the summer holidays you want to spend one week in Ireland together with a friend.
Read your friend's e-mail.

Hey there!
How's everything going? Only a couple of more weeks and we'll be on holiday together in Galway! It's about time we got down to arranging some of the details, I'd say ... Here's what I can come up with so far:

Salthill Caravan Park

Salthill Caravan & Camping
Salthill, Galway, Ireland
info@salthillcaravanpark.com

What do you think?
Ailbe

Answer your friend's e-mail. In your mail, mention

- what you **like** about staying at a youth hostel in Galway city
- what you **like** about camping
- possible **disadvantages** and **decide** on one of the options
- a **way to travel** and **which activities** you definitely would like to do

Find a suitable beginning and ending to your e-mail.
Write about 200 words.

TASK ☐

Write A or B in the box.

## Lösung

### Part I: Reading

*Allgemeine Hinweise: Neben dem **Speaking Test** und dem **Listening Test** beinhaltet die Abschlussprüfung den **Written Test**. Dieser Teil umfasst Aufgaben zum **Leseverstehen**, zum **Wortschatz** und auch zu **grammatischen Strukturen**. Er enthält zudem eine sogenannte **Mediation**-Aufgabe. Darüber hinaus sollst du im Rahmen der **guided writing**-Aufgabe einen eigenen Text verfassen. Die im **Speaking Test** und **Hörverstehenstest** erzielten Punkte fließen direkt in das Gesamtergebnis der Abschlussprüfung ein. Insgesamt gibt es 150 Punkte: Speaking 30 Punkte, Hörverstehen 30 Punkte, Reading 30 Punkte, Use of English 30 Punkte und Writing 30 Punkte.*

*Wenn du die Themen der Abschlussprüfung über die Jahre vergleichst, dann ist immer wieder ein Thema zur **Landeskunde** dabei. Es werden dabei nicht besondere Kenntnisse zu dem jeweiligen Land gefordert, aber es ist schon von Vorteil, wenn du etwas über die Länder weißt, die in der 9. und 10. Jahrgangstufe im Unterricht behandelt werden. Für das **Jahr 2013** wurde das Rahmenthema **„Jump into Ireland!"** gewählt. Dabei werden in den verschiedenen Texten und Aufgaben **historische, kulturelle** und **sportliche Aspekte zu Irland** angesprochen. Am besten arbeitest du die Aufgaben der Reihe nach durch. Dann kannst du auch nichts vergessen. Du musst nicht jedes einzelne Wort verstehen, weil vieles aus dem **Sinnzusammenhang** deutlich wird. Solltest du aber irgendwo wirklich nicht weiterwissen, dann überspringe diese Aufgabe und mache bei der nächsten weiter, damit du nicht zu viel Zeit verlierst. Wenn du zügig eine Aufgabe nach der anderen bearbeitest, bleiben dir zum Schluss noch etwa 10 Minuten. Diese gewonnene Zeit solltest du nutzen, um alles noch einmal durchzulesen und Flüchtigkeitsfehler auszubessern.*

### Task 1: Zuordnungsaufgabe 1

***Hinweis:** In den folgenden Aufgaben sollst du die vorgegebenen Sätze den bestimmten Stellen in Text 1 **„River Liffey Swim in Dublin City"** zuordnen. Diese Stellen sind nummeriert und kennzeichnen eine Lücke im Text. Du musst nun die gesuchte Nummer hinter die Sätze auf dem Aufgabenblatt schreiben, die deiner Meinung nach in die Lücke passen. Zunächst ist es wichtig, dass du Text 1 ganz durchliest, damit du weißt, worum es geht. Um dann die gesuchten Textstellen leichter finden zu können, ist es sinnvoll, die Sätze vor und nach der Nummer zu lesen. Hier sind nämlich oft Hinweise versteckt. Du musst insgesamt sechs Sätze zuordnen. Zwei Nummern im Text bleiben übrig, da sie zu keinem der angegebenen Sätze passen.*

A 71 years later, the first ladies' race was introduced. **3**

***Hinweis:** Im Satz vor Lücke 3 ist von dem Schwimmwettbewerb der Männer die Rede („27 male contestants", Z. 9). Im nachfolgenden Satz wird die Gesamtzahl der männlichen und weiblichen Teilnehmer angegeben. Es liegt daher nahe, dass Satz A in die Lücke zwischen den beiden Sätzen passen könnte. Die Zeitangabe „71 years later" passt außerdem sehr gut als Folge zur Zeitangabe davor („In 1920", Z. 9).*

B The women's race kicks off an hour later at 12.15 pm. **1**

***Hinweis:** Hier wird angegeben, wann das Rennen für die Frauen beginnt. In Zeile 4 wird beschrieben, wann die Männer starten („... [the Mayor will] fire the starting gun for the men's race at 11.15 am.", Z. 4). Es ist deshalb logisch, dass im Vergleich zum Wettbewerb der Männer eine Information zum Beginn des Frauenwettbewerbs gegeben werden könnte. Du kannst fast immer einen direkten inhaltlichen Zusammenhang zwischen deinem Lösungssatz und der vorhergehenden Textpassage finden.*

C To fulfill this condition, candidates can take part in outdoor swimming competitions along the east coast near Dublin, Wicklow and Wexford. **7**

*Hinweis: Die Teilnehmer müssen eine bestimmte Bedingung erfüllen. Erst dann können sie an verschiedenen Schwimmwettbewerben teilnehmen. Du musst nun im Text nach einer Aussage suchen, die diese Bedingung beschreibt. Du wirst fündig in Zeile 19: "To qualify for the Liffey Swim all entrants must have completed four sea races of the season." Die Lösung ist daher eindeutig: der fehlende Satz muss C sein.*

D This year these organizations are offering 25 sea races between June and September, normally two each weekend. **8**

*Hinweis: Zwei wichtige Informationen in Aussage D können dich zur Lösung führen. Zum einen wird Bezug genommen auf „these organizations" und zum anderen ist von „25 sea races" die Rede. In den Zeilen 20 und 21 werden Organisationen genannt, die diese Wettbewerbe durchführen „… the Leinster Open Sea Committee runs these events in partnership with the swimming clubs of Leinster." In Zeile 21 ist zudem die Rede von „numerous contests". Du hast also hier Hinweise vor und nach der entsprechenden Textstelle, die eindeutig auf Aussage D hindeuten.*

E But no matter how old you are, you must be a member of a swimming club and be able to swim a mile. **4**

*Hinweis: In den Zeilen 10 bis 11 wird beschrieben, dass alle Altersgruppen und Nationalitäten an dem Wettbewerb teilnehmen können: "People of all ages and nationalities are welcome to test their athletic prowess, with teenagers competing against 70-year-olds." Hier passt natürlich der Anschlusssatz E: „But no matter how old you are …", da auch in diesem Satz Bezug auf das Alter der Teilnehmer genommen wird.*

F In the evening, however, they'll meet again at the Gresham Hotel to receive their prizes. **6**

*Hinweis: Im Satz F wird ausgeführt, was nach dem Rennen gemacht wird, wo sich die Schwimmer treffen und wo die Preise verliehen werden. Du musst also nach einer Textstelle suchen, die Informationen zu diesen Aspekten des Rennens liefert. Du wirst fündig in den Zeilen 16 bis 18: "The Lord Mayor will greet the winners at a reception right afterwards on the Deck of the* Cill Airne River Boat*."*

### Task 2: Richtig, falsch oder nicht im Text?

***Hinweis:*** *In den folgenden Aufgaben sollst du herausfinden, ob die formulierten Aussagen* ***richtig***, ***falsch*** *oder* ***nicht im Text*** *sind. Du musst also die* ***zehn vorgegebenen Sätze*** *genau lesen und dann im Text 2* ***„Cobh – a place of great Irish heritage"*** *nach Hinweisen suchen.*

1. **Six million Irish emigrants left from Cobh for North America.** ✓ **False**

   ***Hinweis:*** *Textstelle: „It was the departure point for 2.5 million of the six million Irish people who emigrated to North America ..." (Z. 2/3).*
   *Die Aussage ist falsch. Es sind 2,5 Millionen von insgesamt 6 Millionen Iren ausgewandert. Solche kleinen Unterschiede sind entscheidend und können nur durch genaues Lesen herausgefunden werden.*

2. **Annie Moore's parents left Ireland before their children.** ✓ **True**

   ***Hinweis:*** *Textstelle: „When she was thirteen, her parents emigrated to America. Once they were established, they sent for Annie and her two brothers ..." (Z. 6/7).*
   *Die Aussage wird im Text bestätigt. Die Eltern verließen Irland zuerst.*

3. **Annie Moore helped some ill passengers.** ☑ **Not in the text**

*__Hinweis:__ Hierzu wird im Text nichts ausgesagt.*

4. **The only memorial site for Annie can be found on Ellis Island.** ☑ **False**

*__Hinweis:__ Textstelle: "Today Annie is honoured by two statues – one at her port of departure and the other at Ellis Island, her port of arrival." (Z. 12–14). Es gibt also von Annie zwei Statuen, damit ist die Statue auf Ellis Island nicht die einzige.*

5. **Most passengers from Cobh could hardly afford the voyage on the Titanic.** ☑ **True**

*__Hinweis:__ Textstelle: „… most of whom had had enormous difficulties in scraping up the money for the passage …" (Z. 17/18). Die Aussage im Text ist eindeutig. Die einzige Schwierigkeit hier ist vielleicht das Wort „hardly" (deutsch: kaum). Du darfst es nicht verwechseln mit dem Wort „hard" (deutsch: hart). Manche Adjektive ändern ihre Bedeutung, wenn sie in der Form des Adverbs gebraucht werden. Wenn du dir in der englischen Grammatik nicht mehr so sicher bist, helfen dir die entsprechenden Kapitel in der Kurzgrammatik in diesem Band beim Wiederholen.*

6. **Almost all first and second class passengers survived the Titanic disaster.** ☑ **Not in the text**

*__Hinweis:__ Im Text wird lediglich eine Aussage darüber gemacht, dass von 2.224 Menschen nur 44 aus Cobh gerettet werden konnten: "A total of 2,224 people were on board as they left Cobh. Only 44 of the Cobh passengers were saved." (Z. 22/23). Insgesamt waren 123 Passagiere aus Cobh an Bord des Schiffes (vgl. Z. 16/17). Es wird aber an keiner Stelle gesagt, wie viele Passagiere aus welcher Bordkategorie überlebt haben.*

7. **In Cobh letters and packages were taken on board the Titanic.** ☑ **True**

*__Hinweis:__ Textstelle: „Two small boats headed for the Titanic, carrying mail bags from the mail train …" (Z. 19/20). Dementsprechend brachten die kleinen Boote in Cobh Post bzw. Briefe und Pakete vom Postzug zur Titanic.*

8. **The Titanic left Cobh harbour to the sounds of a Scottish band.** ☑ **False**

*__Hinweis:__ Textstelle: „… to the sounds of 'Erin's Lament' played on the bagpipes by steerage passenger Eugene Daly." (Z. 21/22). Es ist also keine Band, die im Hafen von Cobh spielt, sondern nur ein einzelner Dudelsackspieler. Das Instrument „bagpipes" steht immer im Plural, weil es aus mehreren Pfeifen besteht.*

9. **The RMS Lusitania was a rare guest at Cobh harbour.** ☑ **False**

*__Hinweis:__ Textstelle: "The RMS Lusitania was the biggest ship of her time and visited Cobh on many occasions." (Z. 25). Man kann also nicht sagen, dass das Schiff ein „seltener Gast" in Cobh war. Somit ist die Aussage nicht zutreffend.*

10. **The Lusitania Peace Memorial was built by the survivors of the disaster.** ☑ **Not in the text**

*__Hinweis:__ Textstelle: "The Lusitania Peace memorial in the city centre commemorates victims and brave helpers alike." (Z. 28/29). Das Denkmal soll zugleich an die Opfer und an die tapferen Helfer erinnern. Es wird nicht erwähnt, wer es erbaut hat.*

**Task 3: Zuordnungsaufgabe 2**

*Hinweis: In der folgenden Aufgabe findest du* ***vier kürzere Texte****, in denen jeweils eine Besonderheit der Festivalsaison in Dublin beschrieben wird. Du sollst nun die* ***sieben Fragen*** *auf dem Angabenblatt dem richtigen Festivaltext zuordnen und die entsprechenden Buchstaben eintragen. Die Buchstaben können auch öfter vorkommen. Oft helfen dir Schlüsselwörter, die sowohl in der Frage als auch im Text vorkommen. Hier geht es darum, dass du die Kerninformation erfassen und zuordnen kannst. Die Nummer 0 gibt eine Beispiellösung vor.*

1. exclusively features national artists? **D**

   ***Hinweis:*** *In der Frage geht es darum, bei welchem Event nur irische Künstler auftreten. Du wirst in Text D fündig: „exclusively […] national" steht hier als Synonym für „Irish" in „This showcase for Irish musicians …"*

2. offers activities where parents and children can work together? **A**

   ***Hinweis:*** *Nur beim Dracula Festival (Text A) können die Eltern zusammen mit ihren Kindern eigene Geistergeschichten erfinden: "There are also fun workshops giving parents and their kids the opportunity to create their own ghost stories."*

3. has all bus fares included in the ticket? **C**

   ***Hinweis:*** *Nur Arthur's Day (Text C) bietet folgenden Service: „… your ticket allows you to use public transport for free!" Zum öffentlichen Nahverkehr („public transport") gehören natürlich auch Busse.*

4. has performances of today's theatre? **B**

   ***Hinweis:*** *Das Dublin Fringe Festival wird unter anderem mit folgenden Worten beschrieben: „It is a showcase for the best modern plays …". In der zitierten Textstelle ist eindeutig von den „besten modernen Theateraufführungen" die Rede. Die Schwierigkeit liegt hier darin, dass im Text der Begriff „theatre" nicht wörtlich genannt wird. Allerdings werden „plays" nur im Theater aufgeführt. Der Sinnzusammenhang macht klar, dass es um Theaterstücke geht ("Dublin Fringe is Ireland's largest multi-disciplinary arts festival.").*

5. gives young newcomers the opportunity to perform in public? **D**

   ***Hinweis:*** *Im Text D findet sich folgende Textstelle: „… young stars-to-be can show off their musical talent on stage." Der Begriff „stars-to-be" macht deutlich, dass aus ihnen in der Zukunft noch Stars werden könnten. Der Ausdruck „newcomer" bezieht sich auf dieselbe Personengruppe: Es handelt sich um Musiker, die bisher nur wenige Leute kennen und die nun die Gelegenheit haben, sich vor größerem Publikum zu präsentieren.*

6. features debates on the mysterious? **A**

   ***Hinweis:*** *Das Wort „debate" kann als Synonym für „discussion" verwendet werden. Deswegen spielt diese Frage auf Text A an, wo es heißt „… discussions on all scary creatures complete the Bram Stoker's Dracula experience."*

7. also offers events without an entrance fee? **B**

   ***Hinweis:*** *Beim Dublin Fringe Festival (Text B) sind manche Veranstaltungen frei zugänglich. Man braucht also keine Eintrittskarte. Wichtig ist hier die Textstelle „reasonably priced and sometimes free."*

## Task 4: Antworten auf Deutsch

*Hinweis:* *In Aufgabe 4 wird die typisch* ***irische Sportart „Hurling"*** *beschrieben. Du musst dir nun vorstellen, dass du jemandem, der kein Englisch versteht, die wesentlichen Inhalte dieses Textes auf Deutsch mitteilen sollst. Es geht nicht um eine wörtliche Übersetzung des Textes, sondern um das Erfassen der Informationen, die in der Aufgabenstellung verlangt werden. Du siehst, auch dieser Text behandelt einen Teilaspekt zu* ***Irland,*** *dem Rahmenthema der Abschlussprüfung. Die angegebenen Punkte sind ein wichtiger Hinweis für dich, wie viele Aspekte oder Teilinformationen von dir verlangt werden. Du brauchst in der Regel keine vollständigen Sätze zu schreiben, Einzelwörter sind aber nicht ausreichend für eine Antwort. Oft sind unterschiedliche Lösungen möglich, deswegen sind manchmal gleich mehrere Möglichkeiten angegeben, damit du merkst, in welche Richtung deine Antwort gehen soll.*

1. – **weil beide mit einem kleinen Ball und einem gebogenen, hölzernen Schläger/Holzstock gespielt werden**

   ***Hinweis:*** *Textstelle: „… because both are played with a small ball and a curved wooden stick." (Z. 3/4). Hier müssen beide Merkmale genannt werden, sonst bekommst du den Punkt nicht. Diese zwei Details sind ja die Ursache dafür, dass „hurling" (Z. 2) öfter mit „hockey" (Z. 3) verwechselt wird.*

2. – **den Ball auf dem Schläger balancieren, während man sehr schnell läuft**

   ***Hinweis:*** *Textstelle: „… to balance the ball on the hurley while running at full speed." (Z. 9) Es geht hier um die besondere Fähigkeit, die von einem Hurlingspieler verlangt wird. Auch hier müssen beide Aspekte genannt werden. Es ist ja gerade das Besondere am Hurlingspiel, dass der Ball auf dem Schläger balanciert werden muss und der Spieler gleichzeitig schnell rennen soll.*

3. – **der Spieler muss den Ball in den unteren Bereich des (H-förmigen) Tores schießen/schmettern**

   ***Hinweis:*** *Textstelle: "To score maximum points, players have to slam the ball into the lower section of the H-shaped goal." (Z. 9/10).*

4. – **über die neuesten Spielpläne**
   – **über die Ergebnisse der wichtigsten Meisterschaften/Wettbewerbe der letzten zehn Jahre**

   ***Hinweis:*** *Textstelle: „… loads of useful facts about the latest playing schedules and the results of the most important championships of the last decade." (Z. 12/13). Hier müssen zwei Aspekte genannt werden. Für jeden gibt es einen Punkt. Du musst also die Fragestellung genau beachten, in der als Antwort zwei Details gefordert werden.*

5. – **weil man dann Erfahrung aus erster Hand bekommt/macht**
   – **da dann das Training stattfindet/im Gange ist**
   – **man bekommt Einblick in die Stärken und Schwächen der (einzelnen) Spieler/jemand kann dir die Stärken und Schwächen der (einzelnen) Spieler erklären**

   ***Hinweis:*** *Wichtige Textstellen: „… to go for first-hand experience …" (Z. 14), „… when there is training in progress." (Z. 14/15), „… someone will be happy to give you an insight into the individual strengths and weaknesses of the players." (Z. 15/16). Auch hier werden nur zwei Informationen verlangt, du musst also nicht alle drei angegebenen Lösungsmöglichkeiten nennen.*

## Part II: Use of English

### Task 1: Ähnliche Bedeutungen

***Hinweis:*** *In der folgenden Aufgabe sollst du im* ***Text 1 „River Liffey Swim in Dublin City"*** *nach Begriffen suchen, die eine ähnliche Bedeutung haben. Damit du nicht immer den ganzen Text durchsuchen musst, sind hinter der Lücke für die jeweilige Lösung die Zeilen des betreffenden Textabschnitts angegeben. In diesem Absatz wirst du ein Wort mit einer ähnlichen Bedeutung zu dem gesuchten Begriff finden. Es ist sinnvoll und zielführend, wenn du die angegebene Textstelle genau liest, weil du dann mithilfe des Sinnzusammenhangs die Lösung leichter entdecken kannst. Die erste Antwort ist bereits als Beispiel vorgegeben.*

1. attraction – **appeal**

   ***Hinweis:*** *Textstelle: „… attests to its success and* ***appeal.*** *" (Z. 3)*
   *appealing – attraktiv, reizvoll; appeal – Anziehungskraft, Reiz; to appeal to sb. – jdn. reizen, jdn. ansprechen*

2. tiring – **exhausting**

   ***Hinweis:*** *Textstelle: "It's an* ***exhausting*** *race but a great day out for competitors and spectators alike." (Z. 6/7)*
   *to exhaust – ermüden, erschöpfen; exhausted – erschöpft; exhausting – ermüdend, anstrengend; exhaustion – Erschöpfung*

3. route – **course**

   ***Hinweis:*** *Textstelle: „The Liffey Swim is swum over a 2.4 kilometre* ***course*** *from Watling Street Bridge …" (Z. 11/12)*
   *Der Begriff „course" kann in recht unterschiedlichen inhaltlichen Zusammenhängen gebraucht werden und verändert damit natürlich auch seine Bedeutung: course: (1) Lehrgang, (2) Studium, (3) einer von mehreren Gängen bei einem Essen, (4) Kurs, (Lauf- bzw. Schwimm-) Strecke. In Zeile 14 passt die Bedeutung (****4****) am besten.*

4. shore – **bank(s)**

   ***Hinweis:*** *Textstelle: „… the fans can follow the swimmers from the* ***banks*** *of the river …" (Z. 13/14)*
   *Auch „bank" hat unterschiedliche Bedeutungen: (1) Bank, (2) Vorrat, (3) Ufer, (4) Böschung. Aufgrund des inhaltlichen Zusammenhangs kann hier aber nur die Bedeutung (****3****) gemeint sein. Meist steht „banks" im Plural. Du bekommst den Punkt aber auch dann, wenn du hier den Singular angibst.*

5. (to) guarantee – **(to) ensure**

   ***Hinweis:*** *Textstelle: „****To ensure*** *the safety of the swimmers …" (Z. 20)*
   *Dieses Verb drückt aus, dass den Schwimmern Sicherheit gewährleistet werden soll. Du kennst vielleicht auch den Begriff „to be sure of sth." – überzeugt sein von etwas, im Sinne von „etwas sicher wissen". Dann gibt es auch noch das Adverb „surely" – sicherlich.*

**Task 2: Wortbedeutungen**

***Hinweis:*** *Für die folgende Aufgabe wurden Begriffe aus* ***Text 2 „Cobh – a place of great Irish heritage"*** *herausgenommen. Dir werden nun Definitionen und Umschreibungen zur Auswahl gestellt, die du den Begriffen zuordnen sollst. Dazu ist es am besten, wenn du dir zunächst die entsprechende Textstelle näher ansiehst. Sie ist bereits in Klammern nach dem Begriff angegeben. Mach dir dann klar, um was es in dieser Textpassage geht. Dann kannst du die Entscheidung leichter treffen, welche Umschreibung am besten zu dem Begriff passt. Achte darauf, dass zwei Nummern am Ende übrigbleiben. Für Buchstabe C wurde bereits die Lösung vorgegeben.*

| A | B | C | D | E | F |
|---|---|---|---|---|---|
| 5 | 7 | 0 | 1 | 2 | 4 |

A **steerage** – Lösung: **Nummer 5** (an area for the passengers who travel at the cheapest rate)
***Hinweis:*** *Das Wort „steerage" (Zwischendeck) war dir vermutlich unbekannt. Du brauchst auch die exakte Bedeutung nicht zu wissen. Der Text gibt dir genügend Informationen für die richtige Lösung: "Three travelled first class, seven second class, while the remainder travelled in steerage." (Z. 18/19). Die Aufzählung macht klar, dass die letztgenannte Gruppe am billigsten reiste.*

B **amenity** – Lösung: **Nummer 7** (a feature that provides comfort or convenience)
***Hinweis:*** *Der Begriff „basic amenities" bedeutet so viel wie „primitiver Komfort". Diese Bedeutung kommt auch hier zum Tragen. Die Menschen wurden nur mit den allerwichtigsten Notwendigkeiten versorgt. Die Beschreibung in Nummer 7 kommt diesem Zusammenhang am nächsten. Es passt keine andere Lösungsmöglichkeit. Nachdem die Lösung dieser Aufgabe etwas schwierig ist, kann es hilfreich sein, zunächst nach dem Ausschlussverfahren vorzugehen und dann die beste Lösung aus den übriggebliebenen Alternativen herauszusuchen.*

C **ist bereits vorgegeben**

D **vendor** – Lösung: **Nummer 1** (a person or agency that sells items)
***Hinweis:*** *Im Text steht, dass die „vendors" den reichen Passagieren „local specialities" (Z. 20) angeboten haben. Die Lösung 1 liegt daher nahe.*

E **lament** – Lösung: **Nummer 2** (a song expressing strong emotions or sadness)
***Hinweis:*** *Das ist hier ziemlich einfach, weil das Verb „lamentieren" auch in der deutschen Sprache vorkommt. Dass es sich hier um ein Lied handelt, wird in den Zeilen 21 und 22 klar „… to the sounds of 'Erin's Lament' played on the bagpipes …".*

F **casualty** – Lösung: **Nummer 4** (a person who is injured or killed in an accident)
***Hinweis:*** *In Zeile 27 wird berichtet, dass das Schiff innerhalb der kurzen Zeitspanne von 18 Minuten unterging und dass es „1201 casualties" (Opfer) gab. Der inhaltliche Zusammenhang ist daher eindeutig. Du darfst „casualty" nicht verwechseln mit „casual" (lässig, bequem) oder „casually" (zwanglos, beiläufig).*

***Die Lösungen 3 und 6 bleiben übrig.***

## Task 3: Wortfamilien

*Hinweis: Bei den folgenden Aufgaben geht es darum, ein Wort derselben Wortfamilie zu finden, der der vorgegebene Begriff angehört, und dieses richtig in den Satz einzusetzen. Die Lücke im Satz gibt klar vor, welche Wortart du einsetzen musst: ob also ein Verb, ein Adverb, ein Nomen oder ein Adjektiv gebraucht wird. Wenn du ein Verb einfügen musst, ist es wichtig, dass du auch die richtige Form (aktiv/passiv bzw. Zeitform, Singular- oder Pluralform) bildest. Zudem kann es sein, dass du entscheiden musst, ob du nun das Adverb oder Adjektiv einsetzt. Viele Wörter einer Sprache gehen auf denselben Wortstamm zurück und ähneln sich deshalb, unabhängig davon, welcher Wortart sie angehören. Diese „Wortfamilien" folgen bestimmten Regeln, sodass du die Bedeutung eines unbekannten Begriffs oft leicht erraten kannst, weil du bereits Wörter kennst, die derselben Wortfamilie angehören. Wenn du dich nicht mehr richtig an die Wortbildungsregeln erinnern kannst, dann solltest du sie rechtzeitig vor der Prüfung noch einmal wiederholen. Das hilft dir nicht nur bei dieser Aufgabe, sondern in der gesamten Abschlussprüfung.*
*Wir geben hier auch die übrigen „Mitglieder" der jeweiligen Wortfamilie an. Das ist für die Lösung der Aufgabe nicht gefordert, aber dir wird klar, dass du von einem Begriff oft auf viele andere zurückgreifen kannst.*

1. … the first of seven children **born** to Malachy and Angela McCourt.
   ***Hinweis:*** *Der Ausdruck „be born of/to" wird übersetzt mit „geboren werden als Kind von". Du benötigst hier die passivische Form, weil etwas über die Geburt von Frank McCourt ausgesagt wird. Das vorangehende „was" als erste Vergangenheit von „to be" gehört zu dieser Verbform. „Born" ist die „past participle"-Form des Verbs „to bear".*
   ***Wortfamilie:*** *to be born of/to – to give birth to sb. – birthday*

2. … he and his parents and his brothers **moved** to his mother's native city …
   ***Hinweis:*** *In dem vorgegebenen Satz fehlt das Verb. Die Zeitangabe „at the age of four" macht klar, dass das Ganze in der Vergangenheit stattgefunden hat und auch abgeschlossen ist. Du benötigst daher das „simple past".*
   ***Wortfamilie:*** *to move – movement – mov(e)able – movie (wegen der „bewegten" Bilder)*

3. … against hunger and **social** problems.
   ***Hinweis:*** *Die Lücke steht vor dem Nomen „problems". Substantive werden durch vorangehende Adjektive näher beschrieben. Du musst also hier das Adjektiv „social" einsetzen.*
   ***Wortfamilie:*** *to socialize – social – socially – society – social work – social studies*

4. … Frank McCourt wrote about the period of his troubled **childhood** …
   ***Hinweis:*** *Hier fehlt das Wort nach dem Adjektiv „troubled". Du benötigst also ein Substantiv, um die Lücke sinnvoll zu füllen. Im Deutschen würde man „troubled childhood" mit „problematische Kindheit" übersetzen.*
   ***Wortfamilie:*** *child – children – childish – childcare – childhood*

5. … with great humour and **deep** compassion for his family.
   ***Hinweis:*** *Wie in Nummer 3 fehlt hier das passende Wort vor einem Substantiv. Das Adjektiv, das dieses Substantiv näher beschreibt, ist in diesem Fall „deep".*
   ***Wortfamilie:*** *deep – depth – to deepen – deeply*

## Task 4: Umformulierung von Sätzen mit Schlüsselwörtern

***Hinweis:*** *Die folgende Aufgabe ist recht streng in ihren Vorgaben. Aus diesem Grund ist es wichtig, dass du die Aufgabenstellung genau liest. Du sollst hier jeweils den zweiten Satz so vervollständigen, dass er die Bedeutung des ersten Satzes behält. Es werden* ***sprachliche und grammatikalische Strukturen*** *sowie dein Sprachgefühl getestet. Du musst* ***Sätze umformulieren*** *und dabei das entsprechende Schlüsselwort („key word“) benutzen. Dieses Wort darf nicht verändert werden. Zusätzlich ist vorgegeben, dass du nur zwei bis fünf Wörter einschließlich des Schlüsselworts einfügen darfst. Alles in allem geht es darum, unter Beweis zu stellen, dass du denselben Inhalt auf eine andere Art ausdrücken kannst. Bei dieser Aufgabe werden wegen Rechtschreibfehlern nur dann Punkte abgezogen, wenn die Fehler sinnentstellend sind. Wenn die Lösung das Schlüsselwort nicht enthält oder du es verändert hast, erhältst du keinen Punkt.*

1. Guinness is **the most famous (invention) of** all Irish inventions.

   ***Hinweis:*** *Du benötigst hier den Superlativ des Adjektivs „famous“. Die unterschiedliche Steigerung der Adjektive ist ein ziemlich wichtiges Grammatikkapitel. Zweisilbige Adjektive wie „famous“ werden – mit einigen Ausnahmen – meist mit „more“ und „most“ gesteigert. Dementsprechend gilt: famous – more famous – the most famous.*

2. But there are other Irish inventions **(that/which are) worth noticing**.

   ***Hinweis:*** *Es gibt einige Konstruktionen in der englischen Sprache, die eine ing-Form nach sich ziehen und damit einen Nebensatz in verkürzter Form wiedergeben. Diese Wörter lernst du am besten mit einem Beispielsatz, dann kannst du dir auch die jeweilige Verwendung gleich mit einprägen. Eine dieser Konstruktionen ist „be worth + Verb in der ing-Form“.*

3. The world's favourite non-alcoholic beverage, chocolate milk, **was created by** Sir Hans Sloane of Killyleagh.

   ***Hinweis:*** *Das Schlüsselwort „by“ ist schon ein deutlicher Hinweis auf einen Satz im Passiv. Bisher fehlt dem Satz das Verb, das ausdrückt, was von Sir Hans Sloane getan wurde. Nachdem der Zeitpunkt der Handlung in der Vergangenheit liegt und die Handlung selbst abgeschlossen ist, solltest du hier das „simple past“ verwenden.*

4. **If you want to see** another great Irish invention, you have to go underwater.

   ***Hinweis:*** *Am besten gehst du bei dieser Aufgabe in zwei Schritten vor. Es ist vielleicht hilfreich, zunächst so zu tun, als ob der Satz nach „invention“ aufhört. Dann müsste der fehlende Teil „You want to see“ lauten. Dann betrachtest du auch die bisher vernachlässigte Satzhälfte: Nun wird klar, dass der Satzteil „you have to go underwater“ nur unter einer bestimmten Bedingung in Erfüllung gehen kann. Um diese Bedingung zu formulieren, benötigst du den if-Satz Typ I. Dem „you want to see“ wird ein „if“ vorangestellt.*

5. The Irish-American John Philip Holland **managed to design** the first submarines.

   ***Hinweis:*** *Die Verben in der englischen Sprache können unterschiedliche Partikel nach sich ziehen: wie hier z. B. „to succeed in“, „to manage to“, „to go on“. Manchmal folgt dann zwingend ein Infinitiv, in anderen Fällen benötigst du eine ing-Form. Weil es hier so viele unterschiedliche Verwendungsweisen gibt, ist es sinnvoll, wenn du dir in der Vorbereitung auf die Prüfung einzelne Verben gleich mit einem Beispielsatz merkst. Im Falle von „to manage“ wird der Infinitiv des nachfolgenden Verbs benötigt.*

**Task 5: Grammatik und Sprachgebrauch**

***Hinweis:*** *Der vorliegende Text behandelt in Kurzform die Entwicklung der Traktoren in Irland. Das Land war lange Zeit von der Landwirtschaft geprägt. Lies dir den Text zuerst einmal ganz durch, um einen Überblick über den Inhalt zu erhalten. Mit diesem Wissen im Hinterkopf kannst du dich daran machen, die Lücken auszufüllen, da du jetzt schon eine Vorstellung davon hast, was in die Lücken geschrieben werden könnte, damit der Text Sinn ergibt. Manchmal sind Fragezeichen vorgegeben. Dann musst du das richtige Wort finden. In anderen Fällen befindet sich hinter der Lücke eine Klammer mit einem Wort oder mehreren Wörtern, dann musst du dieses Wort in die richtige Form bringen, damit es in den jeweiligen Satz passt. Einige Dinge kannst du leicht aus dem Sinnzusammenhang erschließen. Wenn du dir nicht sicher bist, hilft es dir vielleicht, wenn du den Satz im Kopf übersetzt und so überprüfst, wie er einen Sinn ergibt. Es gibt für jede Lücke einen Punkt. Ein Beispiel ist bereits vorgegeben. Wichtig ist, dass die Lücke sinnvoll ergänzt wird. Sehr häufig geben dir die Wörter direkt vor und direkt hinter der Lücke wichtige Hinweise für die Lösung.*

1. **ago/back**
   ***Hinweis:*** *Im Text wird die heutige Situation in Irland mit der Lage von vor hundert Jahren verglichen. Einer solchen Zeitangabe, die in die Vergangenheit weist, folgt oft das Wort „ago", wie z. B. „ten years ago", „two days ago", „some minutes ago". Außer „ago" könntest du noch „back" einsetzen.*

2. **were invented**
   ***Hinweis:*** *Das Pronomen „they" vor der Lücke bezieht sich auf die Traktoren. Da sich Maschinen nicht selbst erfinden, musst du das Verb „invent" in das Passiv setzen. Die ganze Geschichte setzt in der Vergangenheit an, daher benötigst du das „simple past".*

3. **made**
   ***Hinweis:*** *Den Ausdruck „to make one's way" kann man in etwa übersetzen wie „sich seinen Weg bahnen". Du musst hier nur das Verb in die richtige Zeitform setzen. Hier handelt es sich um einen Text, der die Entwicklung des Traktors in Irland in der Vergangenheit beschreibt. Es ist daher wiederum das „simple past" gefragt. Beachte, dass das Verb unregelmäßig ist. Du musst also die Form „made" verwenden.*

4. **fast**
   ***Hinweis:*** *Es gibt eine Reihe von Adjektiven und Adverbien, die formgleich sind und auch ihre Bedeutung beibehalten. Hierzu zählen „early", „likely", „long" und „fast". Obwohl „fast" hier das Verb „multiply" näher beschreibt und damit ein Adverb ist, ändert sich seine äußere Form nicht. Du brauchst also nicht die typische Adverb-Endung „-ly" anzuhängen.*

5. **than**
   ***Hinweis:*** *Dem Komparativ der Adjektive, also der ersten Steigerungsform, folgt immer ein „than", das im Deutschen mit „als" übersetzt wird. Achte aber genau auf die Schreibweise, damit du hier nicht unnötig den Punkt verlierst. Du darfst „th**a**n" als Vergleichswort nicht verwechseln mit der Zeitangabe „th**e**n".*

6. **moving**
   ***Hinweis:*** *Die Zeitangabe „before" leitet hier einen verkürzten Nebensatz ein. Dieser besteht nur aus der ing-Form des Verbs „move" und der Zeitangabe „before". Das gibt es in der englischen Sprache sehr oft. Solche Sätze werden im Deutschen meist mit einem Nebensatz übersetzt. Die lange Version dieses Satzes würde auf Englisch lauten: „… before he moved …".*

7. **extremely**

*__Hinweis:__ Es handelt sich hier um ein sogenanntes verstärkendes Adverb (adverb of degree). Das Adjektv „low" wird hier durch das vorhergehende „extremely" verstärkt, das Adjektiv wird so genauer beschrieben. Du benötigst also die adverbiale Form mit der Endung „-ly".*

8. **wouldn't have agreed/would not have agreed**

*__Hinweis:__ Du findest hier ein traditionelles if-Satzgefüge vor. Im vorliegenden Satz hast du im if-clause mit „hadn't travelled" eine Form des „past perfect" vorliegen. Es handelt sich um einen If-Satz des Typs III. Du benötigst also im Hauptsatz das „conditional perfect": „wouldn't have agreed/would not have agreed".*

9. **with**

*__Hinweis:__ Die Lösung hier ist nicht schwer, weil sich die deutsche Entsprechung parallel bilden lässt: to cooperate __with__ – kooperieren/zusammenarbeiten __mit__.*

10. **died**

*__Hinweis:__ Die Zeitangabe „in 1960" verlangt das „simple past". Der Tod von Harry Ferguson ist ein abgeschlossenes Ereignis in der Vergangenheit. Beachte, dass die Bildung der Form „died" von der regulären Bildung des „simple past" abweicht. Es wird nur der Buchstabe „d" angehängt, weil das Verb „to die" bereits auf den Buchstaben „e" endet.*

## Part III: Guided Writing – Schriftliche Sprachproduktion

***Hinweis:*** *Wie in den anderen Aufgaben geht es auch hier um das große Rahmenthema* ***„Jump into Ireland!"****. Deshalb beziehen sich auch die beiden Schreibaufgaben auf dieses Land. Du hast die Auswahl zwischen* ***Task A*** *und* ***Task B*** *und sollst* ***ungefähr 200 Wörter*** *schreiben. Es werden dir keine Punkte abgezogen, wenn du etwas mehr oder weniger schreibst. Du brauchst die einzelnen Wörter nicht zu zählen. Lies dir zunächst beide Aufgabenstellungen sorgfältig durch und entscheide dann, welche du bearbeiten möchtest. Wichtig ist, dass du die Aufgabe, für die du dich entschieden hast, vollständig bearbeitest. Denke daran, den Buchstaben der Aufgabe, die du bearbeiten möchtest, auf deinem Lösungsblatt anzugeben.*
*Dieser Prüfungsteil umfasst* ***30 Punkte*** *und zählt genauso viel wie der Hörverstehenstest oder der Speaking Test. Die Lehrkräfte beurteilen deine Leistung in den folgenden Bereichen: inhaltliche Vollständigkeit, grammatische Richtigkeit, Umfang des Wortschatzes, logischer Aufbau und Gesamteindruck des Textes.*

### Task A

***Hinweis:*** *In Aufgabe A schlüpfst du in die Rolle einer Person, die eine Anzeige des Irish tourist board gelesen hat, das nach Helfern für die International Tourism Fair (Internationale Tourismusmesse) sucht. Du möchtest mitwirken und schreibst einen Bewerbungsbrief (letter of application). Es werden in der Aufgabenstellung vier Aspekte genannt, auf die du in deinem Schreiben Bezug nehmen sollst. Du benötigst zudem einen passenden Anfangs- und Schlusssatz, aber du brauchst kein Datum und auch keine Adresse anzugeben.*

Dear Sir or Madam,

My name is Patrick Meister. I saw an advert on the internet where you are looking for helpers for this year's international tourism fair **(suitable beginning)**. I am very interested in the field of tourism and also very fond of Ireland. After my final exams this year, I will be spending a year there **(mention your reasons for applying)**. Last year I took up a holiday job in a travel agency in my hometown. I enjoyed talking to the various customers and helping them make the right choice of their holiday destination. I also worked with the professional search engines and booking programmes travel agencies use for booking, which I found most interesting **(describe your previous experiences in the fields mentioned)**. In school I usually get top grades in IT. I love computing and solving IT problems. So if I could assist you in this area, I would be more than happy to be of help. As a native speaker of German I could be responsible for German-speaking customers in particular **(talk about further personal qualifications)**. Please tell me where my workplace would be as I require public transport to go to work. It would be wonderful if you could also provide me with some information on the usual working times and the salary **(enquire about the salary, the place of work and working times)**.

I am really looking forward to hearing from you and would be glad if I could work for you in September.

Yours sincerely,
Patrick Meister **(suitable ending)**

**Task B**

***Hinweis:*** *Für Aufgabe B musst du dir vorstellen, dass du die Sommerferien mit deinem irischen Freund Ailbe verbringen möchtest. Du hast schon mit ihm ausgemacht, wann du nach Galway kommen wirst. Es sind nur noch ein paar Wochen bis zum Beginn der Reise. Nun schreibt dir Ailbe eine E-Mail. Er macht zwei Vorschläge, wie ihr die gemeinsamen Wochen verbringen könntet und wartet auf deine Antwort. Die vier vorgegebenen Aspekte sind die Richtschnur für deine E-Mail. Diese Punkte musst du unbedingt bearbeiten. Bestimmt hast du einige kreative Ideen, die du gut verwenden kannst. Zudem musst du einen passenden Anfangs- und Schlusssatz finden.*

Dear Ailbe,

Thank you very much for your email with the two suggestions for our holiday. Things are fine here and I can't wait to see you in Galway **(suitable beginning)**. I think it's a great idea to stay in a youth hostel. It is cheaper than a bed and breakfast and, in youth hostels, there are always plenty of opportunities to meet young people from all over the world **(what you <u>like</u> about staying at a youth hostel in Galway city)**. On the other hand the camping site you referred to is a fantastic place, too. It seems to be right next to the sea. What I like most about camping is that you're out in the countryside. I love to sleep in a tent and fall asleep to the sound of the sea or the singing of birds **(what you <u>like</u> about camping)**. Of course, there might be some problems if the weather is not too good. Usually, there is rain at that time of the year. But staying in the youth hostel probably means that we won't see so much of the countryside and the sea. If I have to decide, I would go for the camping option. No risk, no fun **(possible <u>disadvantages</u> and <u>decide</u> on one of the options)**.
Do you think we could rent some bikes and cycle to various places? I'd love to do that. Apart from the sea I am also interested in the city of Galway. Maybe we could visit a Hurling Game, too **(a way to travel and which activities you definitely would like to do)**? Please tell me what kind of presents I could bring for your mum and dad. And, of course, I won't forget the Bayern Munich scarf for you.

See you,
(your first name) **(suitable ending)**

## Abschlussprüfung an Realschulen: Englisch 2013
## Listening Test

### TEXT 1: Everyday heroes

**1** Ten years ago, Viola Vaughn moved from Michigan to Senegal in Africa to raise her five grandchildren. When they had problems with their school subjects, Viola started home-schooling them. Soon other girls from a poor background came and wanted to join them. Viola showed these girls how to help each other and it worked. Soon the program expanded to over 100 Senegalese girls.

**2** In one of Chicago's most dangerous neighborhoods, Diane Latiker has invited gang members to her home. Her program "Kids Off the Block" gives young offenders an alternative to gang violence. Diane's house is open 24 hours, seven days a week and they can come to have lunch together, to study or just to talk about their hopes and dreams.

**3** "Twenty years ago the beaches in our community were a graveyard", said Susan Lakhan Baptiste from Trinidad. "There were dead sea turtles everywhere. For centuries, they had been hunted for their meat and eggs. You could smell the stench for miles." That's why Susan launched a campaign to end the killing of the gentle creatures.

**4** At around 9:30 each night, unemployed men gather in Queens, New York. Many of them are homeless. Most of them haven't had a decent meal for days. Relief comes in the form of Pedro Munoz's white pickup truck, filled with hot meals, coffee and hot chocolate. The men eagerly accept containers of chicken and rice from Munoz, sponsored by local grocery stores and companies.

**5** On the third Sunday every month, Surgery on Sunday provides free treatment for Kentucky's uninsured patients. Since Andy Moore started the program in 2005, more than 3,100 people without insurance have been treated for free. "It's our duty to support people that fall between the cracks in the health system," Moore says. "This is why I love my job."

Adapted from: CNN Heroes. Everyday people change the world. May 2009, April 2011.

### TEXT 2: Making a difference – making it to the Arctic!

HOST: Some students will have a great story to tell about their summer vacation: They're going on an Arctic expedition organized by the group "Students On Ice". With me now is Brenna Owen, who is taking part in the expedition. Welcome, Brenna!

BRENNA: Good morning!

HOST: Brenna, could you tell our listeners: What is "Students on Ice" all about?

BRENNA: It's a program that takes high school students like me from across Canada and around the world on educational journeys to the Arctic and the Antarctic each year. We are joined by teams of scientists and experts.

HOST: What does "Students on Ice" try to do with these expeditions? What's the major objective?

BRENNA: There are a number of things. The Arctic and the Antarctic are the basis of our global ecosystem. We'll be looking at issues like climate change and global warming.

HOST: How did you first learn about "Students on Ice"?

BRENNA: A few years ago, I heard about scientific expeditions for students. But finally, it was Mr Wilcox who talked about "Students on Ice" in his geography lessons. He recommended that I apply for a scholarship in order to take part in an expedition, and as a result I received $ 4,000. I raised almost $ 3,000 myself – through the support of my family and with the help of community leaders and businesses.

HOST: Wow, that's impressive! Now, what are you looking forward to most?

BRENNA: Well, of course, one highlight will be learning about glaciers and icebergs. But I'm really looking forward to sailing down the Hudson Strait. It's a feeding ground for birds and, above all, a path for whales. I've always been fascinated by these huge creatures and hope I'll snap some good pics. So, I think, this is what I'm most excited about.

HOST: Brenna, what do you think you will get out of this adventure?

BRENNA: I know it's gonna be an amazing learning opportunity. It's more than just reading books about climate change or talking to leading experts on this topic. I'll get the chance to really feel nature! Leaders of "Students on Ice" expect students to give presentations at schools about their experience. However, I prefer writing and that's why I'd like to publish articles in magazines.

HOST: Wonderful! Well, you gonna have an awesome trip from the sound of it, bon voyage and I'm looking forward to hearing all about it!

BRENNA: Thank you!

Adapted from: http://www.studentsonice.com/

## TEXT 3: Making it to the White House

**Obama Plays Host to Top Teenage Scientists**

President Obama played host to some of America's top young scientists at the White House on Tuesday. The students were happy to show the President their **ideas**. "These fairs and competitions add an element of fun to science. And of course, it's a great honor to be welcomed by the President, to be able to **meet** him and show him what we've done," says Kevin Sun, a sophomore at Solon High School.

"One million more American graduates in science, technology, engineering and math over the next 10 years – that is a goal we can achieve," said Obama. The President aims at **reaching** as many students as possible with his initiative. That is the reason why he wants $ **80** million in the new government budget for the training of new math and science teachers.

Obama told the science fair participants they **strengthen** his faith in the country's future. "You **guys** inspire me," he said. "It is young people like you that make me so confident that America's best days are still to come."

Adapted from: Jason Koebler: Obama Praises Top Students at White House Science Fair. In: *U.S. News*, February 7, 2012

## TEXT 4: You can do something!

JULIE: Hello and welcome to our programme "Yes, you can!" in which we introduce you to organizations in which YOU can make a difference. With me in the studio is Barry Clark, who will talk about the organization "DoSomething". Welcome on the show, Barry!

BARRY: Thank you, Julie.

JULIE: Barry, what is "DoSomething" about?

BARRY: Many young people are frustrated about the state of the world and want to change it. "DoSomething" is an organization that wants to do something about this. It tries to inspire millions of young people to achieve social change.

JULIE: And what activities do you do to reach this aim?

BARRY: We do this mainly by launching new national campaigns nearly every week, in which teens can get involved.

JULIE: Alright, and what sort of issues do the campaigns deal with?

BARRY: We are not limited to a special field. But it's always the issues that teens in particular care about and that are related to young people's lives. For example we're carrying out an anti-bullying project at schools.

JULIE: What else do you do?

BARRY: Our campaign "The Scholar Athletes" gives athletes who demonstrate excellence in their school sports team the chance to win a $ 20,000 scholarship.

JULIE: I understand you also offer job opportunities – what requirements are there for applicants?

BARRY: Well, applicants must be able to travel to our New York City office. They should be committed to 12 hours of office work per week and be ready to work with an international team.

JULIE: What are the benefits of working for "DoSomething"?

BARRY: For three months, you'll get a $ 1,000 stipend plus a great reference letter and a chance to work in a super fun and positive work environment.

JULIE: How can you apply?

BARRY: If all of this fits you, please apply by August 20. Just send us a CV and your last two school certificates. Applications are reviewed on a rolling basis – first come first served! No late or incomplete applications will be accepted. If you have any general questions about the internship program, email us at hugh.griffyn@dosomething.org.

JULIE: Again for our listeners, that's H-U-G-H dot G-R-I-F-F-Y-N @dosomething.org. Thanks so much for the interview, Barry.

Adapted from: DoSomething.org, Culture Book 2012

## TEXT 5: *Soul Surfer* – a story of real courage

**Host: 22-year-old surfer Bethany Hamilton from Hawaii lost her arm in a shark attack and had the courage to return to professional surfing. The movie *Soul Surfer* shows how she overcame her disability. In the studio with me today are Bethany Hamilton and AnnaSophia Robb who played Bethany in the movie *Soul Surfer*. Welcome!**

**Bethany and AnnaSophia:** Hi.

**H: AnnaSophia, you played the role of Bethany. How did you get involved with *Soul Surfer*?**

**A:** It seems that Bethany *herself* had recommended me for the role. My agent sent me the script and I thought the part of Bethany was incredible and I was fascinated by all the challenges it offered.

**H: And what was your ambition when acting in this film, AnnaSophia?**

**A:** My main goal for the film was to tell Bethany's story in a realistic and convincing way. I hope I was successful in doing so.

**H: Definitely. Did you have any interest in surfing before you did the movie?**
**A:** I had only taken a two-hour lesson before but, of course, that doesn't really count. So surfing was a whole new experience for me and I loved it. Yeah, I *do* have a passion for surfing now, even though I'm not very talented.

**H: Bethany, how did you help AnnaSophia with her role?**
**B:** I knew that she was only going to have a month to prepare for the role. So we spent a lot of time together and discussed my accident in great detail. I think this made it a bit easier for AnnaSophia to put herself in my role.

**H: What encouraged you to get back to surfing after your accident?**
**B:** I guess what inspired me to get back to surfing was my love and passion for the sport. And, you know, I have a very supportive background. But what helped me most to take up surfing again was my strong belief in God.

**H: What advice would you give young people who are facing a hardship like that?**
**B:** Life is different for each of us. So look for the beauty in yourself and the people around you, even if life is really hard at times.

**H: Your story has gone Hollywood! What was it like seeing your life story displayed in the movie *Soul Surfer*?**
**B:** Seeing my life in a Hollywood movie is insanely cool and a little strange at the same time! I'm happy with how *Soul Surfer* turned out, and with AnnaSophia's portrayal of me. The best thing is seeing that it's really helping a lot of people deal with their problems.

**H: Thank you for giving us an insight into the making of the film and the personal story behind it. It was a real pleasure having you both here in the studio.**
**A & B:** You're welcome. Bye.

Adapted from: http://collider.com/annasophia-robb-interview-soul-surfer/,
http://www.dosomething.org/blog/celebsgonegood/qa-exclusive-surfer-bethany-hamilton-talks-shark-attack-world-wide-traveling-and

## You can make a difference!

### TASK 1: Everyday heroes

You will hear statements about five people changing the world for the better.
What are they involved in?
**Write the correct numbers (1–5) in the boxes next to the categories (A–H).**
Be careful: Use each number only once.
*(You will have 5 seconds after the first listening and 5 seconds after the second listening.)*

| | | | | | |
|---|---|---|---|---|---|
| **A** | Caring for pets | ☐ | **E** | Housing the homeless | ☐ |
| **B** | Saving protected animals | ☐ | **F** | Feeding the poor | ☐ |
| **C** | Fighting street crime | ☐ | **G** | Providing medical care | ☐ |
| **D** | Supporting disabled people | ☐ | **H** | Teaching children | ☐ |

5

## TASK 2: Making a difference – making it to the Arctic!

You will hear a radio interview with a student who is going on an Arctic expedition. One ending to each of the following sentences (1–4) is correct.
**Tick (✓) A, B, C or D.**
*(You will have 5 seconds after the first listening and 5 seconds after the second listening.)*

1. The program "Students on Ice" is only for
   **A** ☐ high school students.
   **B** ☐ Canadian students.
   **C** ☐ students of science.
   **D** ☐ global ecology students.

2. Brenna first heard about "Students on Ice" through a
   **A** ☐ teacher.
   **B** ☐ family member.
   **C** ☐ community leader.
   **D** ☐ businessman.

3. Brenna is most looking forward to
   **A** ☐ seeing the glaciers.
   **B** ☐ learning to sail.
   **C** ☐ feeding birds.
   **D** ☐ watching whales.

4. In the future, Brenna wants to
   **A** ☐ be a leader of "Students on Ice".
   **B** ☐ teach pupils about climate change.
   **C** ☐ write about her experience.
   **D** ☐ publish an environmental magazine. 4

## TASK 3: Making it to the White House

You will hear a radio report about young scientists who were invited to the White House. **Underline the wrong words in the text and write the correct version in the space provided.**
*(You will have 10 seconds after the first listening and 15 seconds after the second listening.)*

# Obama plays Host to Top Teenage Scientists

President Obama played host to some of America's top young scientists at the White House on Tuesday. The students were happy to show the President their ideals. "These fairs and competitions add an element of fun to science. And of course, it's a great honor to be welcomed by the President, to be able to greet him and show him what we've done," says Kevin Sun, a sophomore at Solon High School.

"One million more American graduates in science, technology, engineering and math over the next 10 years – that is a goal we can achieve," said Obama. The President aims at teaching as many students as possible with his initiative. That is the reason why he wants $ 18 million in the new government budget for the training of new math and science teachers.

Obama told the science fair participants they lengthen his faith in the country's future. "You guides inspire me," he said. "It is young people like you that make me so confident that America's best days are still to come." 6

Adapted from: Jason Koebler: Obama Praises Top Students at White House Science Fair. In: *U.S. News*, February 7, 2012

## TASK 4: You can do something!

You will hear a radio interview between a member of the organization "DoSomething" and a young reporter. Listen to the interview and **take notes**.
You do not have to write complete sentences, but one word is not enough.
*(You will have 10 seconds after the first listening and 20 seconds after the second listening.)*

ABOUT US | CAMPAIGNS | AWESOME-THINGS

DO SOMETHING .ORG

### "DoSomething"

**aim:** ______________________________

______________________________ 1

**main activity:** ______________________________

______________________________ 1

**issues:** ______________________________

______________________________ 1

**examples:** "The Scholar Athletes"

**requirements for applicants:**

- travel to New York City office
- ______________________________

  ______________________________ 1
- ______________________________

  ______________________________ 1

**applications must include:**

- CV
- ______________________________ 1

e-mail/contact: ____________________@dosomething.org 1

(7)

## TASK 5: *Soul Surfer* – a story of real courage

You will hear a radio interview with Bethany Hamilton and AnnaSophia Robb, who played the role of Bethany in the movie *Soul Surfer*.
Answer questions 1–7 and **take notes**.
You don't have to write complete sentences, but one word is not enough.
*(You will have 30 seconds after the first listening and 90 seconds after the second listening.)*

*© Photographerlondon/ Dreamstime.com*

**1** How did AnnaSophia get the leading part in *Soul Surfer?*

________________________________________ 1

**2** What was <u>most</u> important for AnnaSophia when she played her role?

________________________________________ 1

**3** What does AnnaSophia say about her surfing abilities <u>after</u> acting in the movie?

________________________________________ 1

**4** How did Bethany help AnnaSophia with her role?

________________________________________ 1

**5** What encouraged Bethany to get back to surfing? **(2 details)**

________________________________________ 1

________________________________________ 1

**6** What advice does she give young people? **(1 detail)**

________________________________________ 1

**7** According to Bethany, what's the positive effect of the movie *Soul Surfer?*

________________________________________ 1

# Good luck!

## Lösung

***Allgemeine Hinweise:*** *Die Texte in diesem Listening Test handeln von **Situationen** und **Personen**, die auf ihre eigene Art und Weise die Welt ein bisschen zum Positiven verändert haben oder verändern wollten. Du wirst merken, dass die Texte das Thema aus unterschiedlichen Blickwinkeln unter die Lupe nehmen. Die vorliegende Hörverstehensprüfung umfasst **fünf verschiedene Texte** zum Rahmenthema* **You can make a difference!** *Der Wortschatz ist aber nicht sehr speziell, so dass du keine größeren Verständnisprobleme haben dürftest. Wichtig ist, dass du versuchst, ruhig und gelassen zu bleiben, auch wenn du bei der einen oder anderen Aufgabe kleine Schwierigkeiten hast oder ein oder zwei Wörter nicht sofort verstehst. Viele unbekannte Wörter kannst du dir aus dem Sinnzusammenhang erschließen. Alle **Texte, Dialoge und Gespräche** werden **zweimal vorgespielt** und du bekommst genügend Zeit zwischen den Hördurchgängen, um die Lösungen auf das Angabenblatt schreiben zu können. Natürlich kannst du dir auf einem Extrablatt Notizen machen. Achte aber darauf, **alle** wichtigen Informationen auf das Angabenblatt zu übertragen.*
*Rechtschreibfehler und Grammatikfehler zählen nicht, sofern sie nicht sinnentstellend sind; d. h. der Lehrer muss noch erkennen können, was du gemeint hast, sonst kann er keinen Punkt vergeben.*
*Vor Beginn der Tonaufnahme **eines jeden Textes** bekommst du etwa fünf Minuten Zeit, um dir das Angabenblatt kurz anzusehen. Du hast dann schon einen groben Überblick über die Themengebiete in den einzelnen Texten und kannst dich entsprechend darauf einstellen. Auch vor jeder einzelnen Aufgabe sind Pausen eingebaut. Du kannst also Schritt für Schritt vorgehen. Da sich die einzelnen Auswahlaufgaben oft nur ganz wenig voneinander unterscheiden, ist es besonders wichtig, dass du die **Aufgabenstellungen immer genau liest**.*
*Die Gesamtpunktzahl der Abschlussprüfung ergibt sich, indem die erreichten Punkte im **Hörverstehenstest** und im schriftlichen Teil zusammengezählt werden. Zusätzlich fließen noch die im **Speaking Test** erzielten Punkte (maximal 30) in die Gesamtpunktzahl der Abschlussprüfung ein. Der Hörverstehenstest umfasst insgesamt **30 Punkte**. Dies ist etwa ein Fünftel der zu vergebenden Punkte. Es geht also ungefähr um 1,5 Notenstufen.*

### Task 1: Everyday heroes

***Hinweis:*** *Der Hörtext bei dieser Aufgabe besteht aus fünf kurzen Stellungnahmen, in denen Menschen vorgestellt werden, die durch ihre Aktivitäten die Welt verbessern. Du sollst nun diese Stellungnahmen den Überschriften auf dem Angabenblatt (Buchstabe A bis H) zuordnen. Da es nur **fünf Hörtexte** sind, müssen am Ende **drei Überschriften übrig bleiben,** die zu keinem Hörtext passen. Es ist deine Aufgabe, die Hauptaussagen des jeweiligen Textes herauszuhören und in die Kästchen die Ziffer des zugehörigen Hörtexts (1–5) zu schreiben. Du darfst keine Ziffer zweimal verwenden. Es ist wichtig, dass du genau zuhörst, denn einzelne **Stichwörter** oder Begriffe im Text geben dir den Hinweis auf die richtige Lösung. Manche Stichwörter passen aber zu **mehreren Lösungen**. Am besten liest du dir die Antwortmöglichkeiten bereits vor dem ersten Hören durch, ordnest dann während dem ersten Anhören die Überschriften den Hörtexten zu und überprüfst beim zweiten Anhören deine Auswahl.*

A Caring for pets **–**

***Hinweis:*** *In keinem der Texte ist von Haustieren („pets") die Rede. „Sea turtles" in Hörtext 3 (Z. 11) sind zwar Tiere, aber keine Haustiere. Nummer A passt also zu keinem Hörtext.*

B Saving protected animals **3**

***Hinweis:*** *In Hörtext 3 wird beschrieben, dass sich Susan zur Aufgabe gemacht hat, die „sea turtles" zu retten, die früher wegen ihres Fleisches und ihrer Eier getötet wurden. Insgesamt werden nur in Text 3 Tiere erwähnt. Das ist ein wichtiger Hinweis für dich.*

C Fighting street crime **2**

***Hinweis:*** *Diane Latiker in Text 2 hilft jugendlichen Kriminellen und lädt sie zu sich nach Hause ein. Sie bietet ihnen eine Alternative zu Gewalt („an alternative to gang violence", Z. 7/8). Diane kocht für die Jugendlichen, hört ihnen zu und spricht mit ihnen über ihre Hoffnungen und Träume. Die Aussage, dass sie bei ihr auch lernen können, könnte dich vielleicht dazu verleiten, Buchstabe H (teaching children) auszuwählen. Das wäre aber falsch. Es geht hier um die Hauptaussage des Textes. Bei Diane Latiker ist das Unterrichten aber nur eine von vielen Hilfestellungen, die sie Jugendlichen gibt, um die Kriminalität zu bekämpfen. Die richtige Lösung ist also Ziffer 2.*

D Supporting disabled people **–**

***Hinweis:*** *In den fünf Texten findet sich keine Stelle, an der Menschen mit Behinderungen angesprochen werden. Überschrift D bleibt somit ohne Ziffer.*

E Housing the homeless **–**

***Hinweis:*** *Auch zu Überschrift E passt keine Ziffer. Hier ist es aber nicht so einfach. In Text 4 werden die Obdachlosen zwar erwähnt, allerdings nur in einem bestimmten Zusammenhang: Ihnen wird kostenlos Essen gegeben. Es ist keine Rede davon, dass sie mit einer Wohnung versorgt werden. In Text 2 werden jugendliche Kriminelle aufgenommen. Aber diese Jugendlichen können bei Diane Latiker nicht über einen längeren Zeitraum wohnen bleiben. Sie sind auch vermutlich nicht obdachlos. Zumindest wird hierüber nichts ausgesagt. Deshalb kann die Überschrift E nicht zugeordnet werden.*

F Feeding the poor **4**

***Hinweis:*** *Die Lösung kann hier nur Text 4 sein. Pedro Munoz versorgt im Stadtteil Queens in New York die Obdachlosen mit Essen und warmen Getränken („filled with hot meals, coffee and hot chocolate", Z. 16/17). Diane Latiker in Text 2 kocht zwar auch für ihre Jugendlichen, aber es ist nicht ihr hauptsächliches Ziel, diese mit Essen zu versorgen. Sie will stattdessen, dass die Jugendlichen sich von den gewaltbereiten Gangs lösen und einen positiven Lebensweg einschlagen.*

G Providing medical care **5**

***Hinweis:*** *In Text 5 ist davon die Rede, dass Menschen, die nicht krankenversichert sind, kostenlos behandelt werden. In keinem anderen Text wird von medizinischer Versorgung gesprochen. Schlüsselwörter sind hier „Surgery" (Z. 19), „uninsured patients" (Z. 20), „treated for free" (Zeile 21) und „health system" (Z. 22). Alle diese Hinweise deuten darauf hin, dass Überschrift G die richtige Lösung sein muss.*

H Teaching children **1**

***Hinweis:*** *In Text 1 wird ein Projekt im Senegal beschrieben, wo Viola Vaughn zunächst ihre fünf Enkel unterrichtet hat und dann das Angebot auf weitere Mädchen aus armen Familien ausgedehnt hat. Diese Mädchen hätten sonst vermutlich keine Gelegenheit, eine Schule zu besuchen. Auch in diesem Text sind einige Hinweise enthalten, die auf die Überschrift H hinweisen: diese sind z. B. „school subjects" (Z. 2), „home-schooling" (Z. 2/3), „over 100 Senegalese girls" (Z. 5).*

## Task 2: Making a difference – making it to the Arctic!

***Hinweis:** Im nächsten Prüfungsteil hörst du ein Radiointerview mit der Studentin **Brenna Owen**, die im Rahmen des Projekts "Students On Ice" auf eine **Expedition in die Arktis** geht. Auf dem Angabenblatt sind vier Sätze mit jeweils **vier möglichen Endungen** (A, B, C oder D) angegeben. Du musst nun entscheiden, welche der vier Endungen die richtige ist und den entsprechenden Buchstaben ankreuzen. Die Auswahlmöglichkeiten unterscheiden sich oft nur in einem Detail, so dass du die Aufgabenstellung genau lesen und auch gut zuhören musst.*

1. The program "Students on Ice" is only for **high school students**.

   ***Hinweis:** Brenna gibt hier eine klare Antwort und sagt: „It's a program that takes high school students like me …" (Z. 6). Alle anderen Lösungsmöglichkeiten scheiden aus. Das Programm wird speziell für „high school students" angeboten. Brenna gehört zu dieser Gruppe von Personen. Sie spricht zwar auch davon, dass sie auf der Expedition von Wissenschaftlern („scientists", Z. 8) begleitet werden. Lass dich aber von der Lösungsmöglichkeit „students of science" nicht auf die falsche Fährte locken. Ausserdem ist das Programm für Schüler „across Canada and around the world" (Z. 6/7). Es ist also nicht nur für kanadische Schüler, wie Lösung B vorgibt.*

2. Brenna first heard about "Students on Ice" through a **teacher**.

   ***Hinweis:** Brenna erwähnt hier ihren Erdkundelehrer: „… it was Mr Wilcox who talked about 'Students on Ice' in his geography lessons." (Z. 14/15). Natürlich ist es richtig, dass Brenna das nötige Geld für die Expedition mithilfe ihrer Familie, von „community leaders" und „businesses" (vgl. Z. 17/18) gesammelt hat. Alle diese drei Begriffe sind in den übrigen Lösungsmöglichkeiten enthalten. Brenna hat aber nicht durch sie von der Expedition erfahren, sondern durch ihren Lehrer Mr Wilcox.*

3. Brenna is most looking forward to **watching whales**.

   ***Hinweis:** Auf die Frage, auf was sie sich am meisten freut, nennt Brenna alle möglichen Sachen, z. B. Gletscher („glaciers"; Z. 20) oder Vögel („birds"; Zeile 22). Sie freut sich auch darauf, die Hudson Strait hinunterzusegeln (vgl. Z. 21). All diese Begriffe tauchen auch in den verschiedenen Lösungsmöglichkeiten auf. In der Aufgabenstellung wird aber danach gefragt, auf was sie sich **am meisten** freut. Hierzu gibt sie eine klare Antwort: "… above all, a path for **whales**. I've always been fascinated by these huge creatures and hope I'll snap some good pics. So, I think, this is what I'm **most excited** about." (Z. 22/23).*

4. In the future, Brenna wants to **write about her experience**.

   ***Hinweis:** Die Leiter des Projekts wollen, dass die Teilnehmer in Präsentationen an verschiedenen Schulen über ihre Erlebnisse berichten. Brenna aber sagt, dass sie lieber über ihre Erfahrungen schreibt und dass sie deswegen Artikel in Zeitschriften veröffentlichen möchte. "However, I prefer writing and that's why I'd like to publish articles in magazines." (Z. 28/29). Es muss aber kein „environmental magazine" sein, wie Lösung D vorgibt. Brenna macht hier keine Einschränkungen.*

**Task 3: Making it to the White House**

***Hinweis:*** *Im folgenden Text hörst du einen Radiobericht über junge Wissenschaftler, die von US-Präsident Obama in das White House eingeladen worden sind. Es ist Teil von Obamas Initiative, mehr junge Menschen für Naturwissenschaften und Mathematik zu begeistern. Auch in Bayern wurde hierfür die sogenannte MINT-Initiative gestartet, weil gerade auch in diesen Bereichen interessierte jungen Menschen gebraucht werden. Der Text auf dem Angabenblatt unterscheidet sich an manchen Stellen vom Hörtext. Du musst hier die Unterschiede zwischen dem geschriebenen Text und dem Hörtext heraushören. Bei dieser Aufgabe wird pro richtig verbessertem Ausdruck ein Punkt vergeben. Übersteigt die Gesamtzahl der von dir verbesserten Wörter die Zahl der zu findenden Fehler, so wird pro überzähligem Ausdruck ein Punkt abgezogen. Da auf diese Aufgabe sechs Punkte vergeben werden, musst du also insgesamt* **sechs** *Informationen berichtigen.*
*Vor dem ersten Hören hast du genügend Zeit, um dir das Angabenblatt genau anzusehen. So kannst du dich schon gut auf die Höraufgabe einstellen. Wenn du beim ersten Anhören nicht gleich alle Stellen verbessern kannst, dann hilft dir vielleicht der zweite Durchlauf. Achte darauf, schwierige Stellen schon einmal zu kennzeichnen. Die Aufgabensteller suchen oft Begriffe aus, die lautlich eng beisammen liegen. Du musst also genau hinhören. Wenn dir die grobe inhaltliche Aussage des Textes klar ist, dann kannst Du vielleicht die eine oder andere Lösung aus dem Sinnzusammenhang erschließen.*

| | | | |
|---|---|---|---|
| ideals | → | **ideas** | "… to show the President their **ideas.**" |
| greet | → | **meet** | "… to be able to **meet** him and show him what we've done …" |
| teaching | → | **reaching** | "The President aims at **reaching** as many students as possible …" |
| 18 | → | **80/eighty** | "… why he wants $ **80** million in the new government budget ..." |
| lengthen | → | **strengthen** | "… they **strengthen** his faith in the country's future." |
| guides | → | **guys** | "You **guys** inspire me …" |

**Task 4: You can do something!**

***Hinweis:*** *In der nächsten Aufgabe hörst du ein Radiointerview zwischen der Reporterin* ***Julie*** *und* ***Barry Clark****, der ein Mitglied der Organisation* ***„DoSomething"*** *ist. Diese Organisation hat sich zum Ziel gesetzt, mithilfe von verschiedenen Projekten die Welt zu verbessern. Deine Aufgabe besteht darin, die fehlenden Angaben auf dem vorgegebenen Formblatt zu ergänzen. Hierfür ist es nötig, dass du die wesentlichen Inhalte des Hörtextes heraushörst. An mehreren Stellen sind auch unterschiedliche Antworten möglich und richtig. Es genügt aber eine Lösung. Du brauchst keine vollständigen Sätze zu schreiben. Es handelt sich um insgesamt* ***sieben Details****. Auch hier gilt, dass Rechtschreibfehler nicht gewertet werden, solange sie nicht sinnentstellend sind.*

1. aim: **(achieve) social change/get young people active/inspire young people/change the world** (vgl. Z. 7–9)

   ***Hinweis:*** *Eine der vier angegebenen Möglichkeiten reicht für die Lösung aus. Solltest du die erste Lösung gewählt haben, muss das Adjektiv „social" das Nomen „change" näher beschreiben, sonst bekommst du den Punkt leider nicht.*

2. main activity: **national campaigns/launching campaigns** (Z. 11)

   ***Hinweis:*** *Auch hier reicht eine Lösung. Die unterstrichenen Begriffe müssen genannt werden. Wichtig ist, dass du Folgendes beachtest: Es geht um die „****main****" activity, also um die Hauptaktivitäten und nicht um irgendeine Aktivität der Organisation.*

3. issues: **not limited to a special field/(issues) that teens care about/(issues) that are related to young people's lives/(where) teens can get involved/an anti-bullying project (at schools)** (vgl. Z. 14–16)

   ***Hinweis:*** *Hier hast du gleich fünf Lösungsmöglichkeiten zur Auswahl. Wiederum müssen die unterstrichenen Begriffe in der jeweiligen Lösung unbedingt enthalten sein.*

4. requirements for applicants:
   - **12 hours (of office work) per week** (Z. 23)
   - **work with an international team** (Z. 23/24)

   ***Hinweis:*** *Auf diese Aufgabe gibt es zwei Punkte. Deshalb werden auch zwei Linien vorgegeben. Hier musst du also gleich zwei Aspekte herausfinden, die von den Bewerbern erwartet werden.*

5. applications must include:
   - CV
   - **last two school certificates** (Z. 29/30)

   ***Hinweis:*** *Der Lebenslauf (CV – curriculum vitae) als wichtiger Bestandteil der Bewerbung ist bereits vorgegeben. Du sollst nun herausfinden, was die Bewerbungsschreiben darüber hinaus enthalten sollen.*

6. e-mail/contact: **hugh.griffyn**@dosomething.org (Z. 32/33)

   ***Hinweis:*** *Ein Teil der gesuchten E-Mail-Adresse ist bereits vorgegeben. Du musst nur noch den Namen ergänzen. Da der Name im Hörtext buchstabiert wird und die Schreibweise bei einer E-Mail-Adresse sehr wichtig ist, wird hier auch die Rechtschreibung bewertet. Du darfst also bei der Schreibweise keinen Fehler machen, sonst verlierst du den Punkt.*

**Task 5: *Soul Surfer* – a story of real courage**

***Hinweis:*** *In der folgenden Hörtextaufgabe geht es um die Geschichte der Surferin Bethany Hamilton, die bei einem Haiangriff einen Arm verloren hat und die den Mut hatte, trotzdem wieder professionell in den Surfsport einzusteigen. Ihre Geschichte wurde in dem* ***Film*** **Soul Surfer** *verfilmt. Du hörst nun ein Radiointerview zwischen einem* ***Reporter*** *und* ***Bethany Hamilton*** *sowie* ***AnnaSophia Robb****, die im Film die Rolle von Bethany Hamilton spielt. Es gibt für diese Aufgabe insgesamt acht Punkte. Bei dieser Aufgabe musst du die drei Sprecher voneinander unterscheiden.*
*Manchmal sind mehrere unterschiedliche Lösungen möglich. Diese werden dann als zusätzliche Varianten mit einem Schrägstrich angegeben. Die unterstrichenen Begriffe müssen in deiner Antwort enthalten sein, damit du den jeweiligen Punkt bekommst.*

1. **<u>Bethany</u> recommended her.**
   ***Hinweis:*** *"It seems that Bethany herself had recommended me for the role." (Z. 9)*

2. **… to tell the story <u>in a realistic/convincing way</u>**
   ***Hinweis:*** *"My main goal for the film was to tell Bethany's story in a realistic and convincing way." (Z. 13/14). Hier ist es wichtig, dass du die Aufgabenstellung genau liest. Es geht hier darum, was für AnnaSophia <u>am wichtigsten</u> war („most important").*

3. **She's not very talented.**
   ***Hinweis:*** *„… even though I'm not very talented." (Z. 18)*

4. **They spent (a lot of) time together./They discussed her accident (in great detail)**
   ***Hinweis:*** *"So we spent a lot of time together and discussed my accident in great detail." Bei dieser Frage gibt es nur einen Punkt, sodass du nur <u>einen</u> Aspekt finden musst.*

5. **Her love/passion for the sport/a <u>supportive</u> background/Her (strong) belief in God**
   ***Hinweis:*** *„… was my love and passion for the sport." (Z. 24); „… I have a very supportive background." (Z. 25); „… was my strong belief in God." (Z. 26). Es genügen zwei der angegebenen drei Antworten. In der Aufgabenstellung steht ja, dass du zwei Details herausfinden sollst.*

6. **Look for the beauty in yourself (even if life is hard)./Look for the beauty in the people around you (even if life is hard)./Don't give up (even if life is hard).**
   ***Hinweis:*** *"So look for the beauty in yourself and the people around you, even if life is really hard at times." (Z. 28/29). Hier reicht eine der drei vorgegebenen Lösungen. Du siehst bei der dritten Lösungsvariante, dass auch freiere Lösungen akzeptiert werden, wenn sie die richtige Antwort beinhalten.*

7. **It's helping people (deal with their problems).**
   ***Hinweis:*** *"The best thing is seeing that it's really helping a lot of people deal with their problems." (Z. 34).*

Leerseiten verbilligen in diesem Fall die Herstellung des Buches!

# Ihre Meinung ist uns wichtig!

Ihre Anregungen sind uns immer willkommen. Bitte informieren Sie uns mit diesem Schein über Ihre Verbesserungsvorschläge!

| Titel-Nr. | Seite | Vorschlag |
|---|---|---|
| | | |
| | | |
| | | |
| | | |
| | | |
| | | |
| | | |
| | | |
| | | |

Bitte hier abtrennen

Bitte hier abtrennen

**Zutreffendes bitte ankreuzen!**

**Die Absenderin/der Absender ist:**

- ☐ Lehrer/in in den Klassenstufen: ____
- ☐ Fachbetreuer/in
  Fächer: ____
- ☐ Seminarlehrer/in
  Fächer: ____
- ☐ Regierungsfachberater/in
  Fächer: ____
- ☐ Oberstufenbetreuer/in
- ☐ Schulleiter/in
- ☐ Referendar/in, Termin 2. Staatsexamen: ____
- ☐ Leiter/in Lehrerbibliothek
- ☐ Leiter/in Schülerbibliothek
- ☐ Sekretariat
- ☐ Eltern
- ☐ Schüler/in, Klasse: ____
- ☐ Sonstiges: ____

**Unterrichtsfächer:** (Bei Lehrkräften!)

____

22-V29

Bitte ausfüllen und im frankierten Umschlag an uns einsenden. Für Fensterkuverts geeignet.

STARK Verlag
Postfach 1852
85318 Freising

**Kennen Sie Ihre Kundennummer? Bitte hier eintragen.**

**Absender** (Bitte in Druckbuchstaben!)

Name/Vorname

Straße/Nr.

PLZ/Ort/Ortsteil

Telefon privat

Geburtsjahr

E-Mail

**Schule/Schulstempel** (Bitte immer angeben!)

*(Bitte blättern Sie um)*